L'AMI

DES

OUVRIERS,

OU

GUIDE THÉORIQUE

DES ARCHITECTES ; DES MAITRES EN TOUS ÉTATS, MÉTIERS OU PROFESSIONS ;

Des Apprentis, Ouvriers & Compagnons,

Par L. PERRIN,

Auteur du *Code des Constructions et de la Contiguité.*

———

La simple lecture de l'épître qui se trouve en tête de cette Brochure, suffira pour faire comprendre à
MM. les Architectes, et à MM. les Maitres, Entrepreneurs, Apprentis, Ouvriers et Compagnons,
toute l'importance qu'il y a pour eux de se munir de L'AMI DES OUVRIERS ; et
MM. les Propriétaires qui prendront la peine de le parcourir, sentiront
aussi le besoin d'en devenir possesseur.

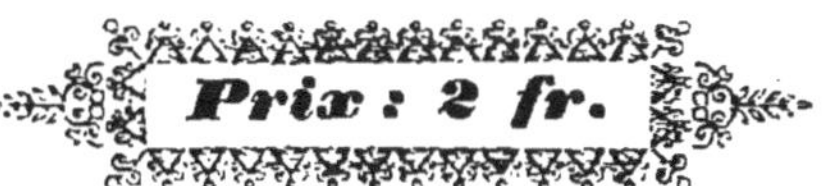

BORDEAUX,

CHEZ PROSPER FAYE, ÉDITEUR-PROPRIÉTAIRE,

FOSSÉS DE L'INTENDANCE, 15.

———

1844.

L'AMI

DES OUVRIERS.

BORDEAUX.— IMPRIMERIE DE PROSPER FAYE,
Fossés de l'Intendance, 15.

L'AMI

DES

OUVRIERS,

OU

GUIDE THÉORIQUE

DES ARCHITECTES; DES MAITRES EN TOUS ÉTATS, MÉTIERS OU PROFESSIONS;

Des Apprentis, Ouvriers & Compagnons,

PAR L. PERRIN,

Auteur du Code des Constructions et de la Contiguité

PRIX : 2 F.

BORDEAUX,

CHEZ PROSPER FAYE, ÉDITEUR-PROPRIÉTAIRE,

FOSSÉS DE L'INTENDANCE, 15.

—

1844.

ÉPITRE

A MESSIEURS LES OUVRIERS.

Messieurs,

L'accroissement progressif des lumières dont, par vos faits de pratique, vous donnez chaque jour des preuves nouvelles, ne suffit pas aux exigences du législateur ; il veut encore que, par l'étude d'une difficile théorie, vous puissiez vous prononcer vous-mêmes, et, au besoin, éclairer les propriétaires sur une multitude de points de législation et de jurisprudence quelquefois controversés et souvent embarrassants pour l'avocat et le magistrat lui-même.

La loi vous soumet d'ailleurs à une garantie

d'autant plus effrayante, que le laps du temps de sa durée se trouve prolongé ; et la responsabilité civile, et par fois *corporelle,* sous le coup de laquelle vous vous trouvez placés par les lois civiles et pénales, ne s'arrête pas aux fautes qui vous sont personnelles, mais elle s'étend aussi aux faits et méfaits des personnes qui travaillent sous vous ou concurremment avec vous, de même qu'aux dommages et préjudices occasionnés par les animaux ou bêtes de somme que vous vous trouvez dans le cas d'employer.

Cependant, où trouver, de nos jours, un guide SUR et COMPLET, à l'aide duquel, MESSIEURS, vous puissiez vous dire et vous croire à l'abri des nombreux dangers qui entourent vos pas ?

Il n'en existe aucun, je le dis hardiment, et je vais le prouver :

1° Les lois sont presque muettes sur la matière, et la lecture des quelques articles qu'un honorable magistrat vient tout récemment d'en extraire pour les placer sous vos yeux (1), ne vous avancerait guère : ces textes sont par eux-mêmes fort insuffisants sans doute, et, sans de plus amples explications, vous resteriez dans de pénibles incertitudes ;

____

(1) Code des Architectes, des Ouvriers, etc., par M. Minier.

2° Les articles 663 et 674 du Code Civil, renvoient *aux réglements particuliers* ou aux usages *constants et reconnus*.

Mais, les réglements seraient probablement difficiles à rencontrer maintenant, car ils sont presque partout oubliés, et on n'arriverait assurément pas, sans de pénibles efforts, à justifier qu'un *usage* invoqué est aussi *constant* et *reconnu* que l'exige la loi, pour qu'il doive faire règle et être exécuté;

3° Les traités jadis publiés par MM. DESGODETS, FOURNEL, et on pourrait ajouter LEPAGE, se trouvent dans beaucoup de mains sans doute; mais, fort bons dans leur ensemble, ces ouvrages sont également très en arrière de la jurisprudence actuelle, et les ouvriers, compagnons et apprentis y chercheraient inutilement d'ailleurs quelque instruction sur les droits qu'ils peuvent avoir, et sur les moyens de faire valoir ces droits; sur leurs devoirs, et sur les obligations auxquelles ils sont tenus envers leurs maîtres, envers la police, envers eux-mêmes enfin. Donc ces traités, fort estimables d'ailleurs, sont tout au moins insuffisants;

4° Que reste-t-il maintenant ?

Les traités des servitudes par MM. PARDESSUS et SOLON.

Mais ces excellents ouvrages laissent aussi les apprentis et simples ouvriers dans l'ignorance sur leurs droits et leurs obligations; ils ont d'ailleurs besoin d'être mis en rapport avec la jurisprudence civile et administrative du jour, et, comme les Merlin, Toullier, Duranton et autres, ils trouvent bien plutôt leur place dans le cabinet d'un légiste, que dans la main d'un ouvrier, peu ou point habitué aux recherches; et qui n'a pas toujours le temps de feuilleter un livre.

5° Que reste-t-il donc enfin ?

Mon *Code des Constructions et de la Contiguïté*, qui, dans sa 3me édition, il est vrai, ne laisse à-peu-près rien à désirer, et qui peut se trouver très utilement placé dans les mains des entrepreneurs.

Mais je dois consciencieusement reconnaître deux choses : la première, que cet ouvrage n'est pas indispensable aux apprentis dont il ne s'occupe pas du tout, pas plus qu'aux ouvriers et compagnons, dont il ne s'occupe guère ; la seconde, que la partie de ce livre, consacrée au Voisinage, à la Contiguïté et aux Servitudes, en augmente tellement le prix d'achat, que ce prix peut bien ne pas se trouver en rapport avec la position pécuniaire de toutes les personnes qui sentent le besoin de le posséder.

Préoccupé de ces différentes vérités, et persévérant dans la volonté de me rendre quelque peu utile, j'ai pensé que, rassembler dans une mince brochure, pour être livrée au prix de la journée du plus modeste ouvrier, TOUTES LES RÈGLES, TOUS LES PRINCIPES jusqu'à ce jour connus, et que la loi ne vous permet pas de méconnaître, pourrait vous devenir agréable, MESSIEURS, et justifier en même temps la réalité du titre sous lequel je vous offre un ouvrage que je crois véritablement utile.

Me serai-je trompé?

Votre plus ou moins d'empressement à vous en munir me fixera bientôt.

PERRIN.

TABLE

DES TITRES, CHAPITRES, SECTIONS, ARTICLES, PARAGRAPHES ET NUMÉROS.

                                                            Pages.

TIT. 1. — Des Personnes 1

CHAP. 1. — DU PROPRIÉTAIRE. 1

Sect. 1. — DES DROITS DU PROPRIÉTAIRE. 1

Sect. 2. — DES OBLIGATIONS DU PROPRIÉTAIRE QUI FAIT BATIR. 1

§ 1. — L'entrepreneur doit être mis en état d'exécuter les travaux 2

§ 2. — Le propriétaire est tenu de payer exactement le prix des travaux et des fournitures. 3

§ 3. — Cas où une indemnité ou gratification a été promise. 4

§ 4. — Cas où des travaux en dehors de ceux prévus sont nécessités ou sont demandés. 4

§ 5. — Responsabilité civile du propriétaire. 7

CHAP. 2. — DE L'ARCHITECTE. 8

Sect. 1. — EN QUOI CONSISTENT LES FONCTIONS D'UN ARCHITECTE ; SES DEVOIRS ET SA RESPONSABILITÉ. 8

§ 1. — Division des fonctions de l'architecte. 9

§ 2. — De l'architecte simplement chargé de fournir des plans et des devis. 9

§ 3. — De l'instruction que l'architecte doit au propriétaire qui le consulte. 10

§ 4. — De l'architecte seulement appelé à vérifier les ouvrages et à en régler les mémoires. 11

§ 5. — De l'architecte appelé à surveiller ou à diriger les travaux 12

§ 6. — De l'architecte qui fait lui-même une entreprise. 14

Sect. 2. — DES DROITS DE L'ARCHITECTE. 14

§ 1. — Cas dans lesquels il est dû des honoraires à un architecte 14

§ 2. — Règle pour la fixation de ses honoraires. 15

VIII

Pages.

§ 3. — Du privilége de l'architecte et des autres moyens de se faire payer. 15

§ 4. — De la prescription du droit d'action de l'architecte. 16

CHAP. 3. — DE L'ENTREPRENEUR. 17

Ce que c'est qu'un entrepreneur et à quelles personnes cette qualification convient. 17

Sect. 1. — DES DEVOIRS, OBLIGATIONS ET RESPONSABILITÉ DE L'ENTREPRENEUR. 18

§ 1. — Des précautions que l'entrepreneur doit prendre avant de conclure le marché. 19

§ 2. — Des devoirs de l'entrepreneur qui exécute sous la surveillance ou sous la direction d'un architecte. 21

§ 3. — Des devoirs de l'entrepreneur qui exécute sans le secours d'un architecte. 24

§ 4. — De la garantie qui pèse sur l'entrepreneur. . . . 31

§ 5. — Des effets de cette garantie et des formalités à remplir lorsqu'un évènement arrive. 34

§ 6. — De la durée de la garantie. 35

§ 7. — De son extinction. 36

§ 8. — De la responsabilité civile de l'entrepreneur. . . . 37

Sect. 2. — DES DROITS DE L'ENTREPRENEUR. 38

§ 1. — En quoi consistent les droits de l'entrepreneur envers le propriétaire. 38

§ 2. — Du cas où le propriétaire ne remplit pas quelques unes des obligations qui dérivent du marché. 39

§ 3. — Du paiement du prix des travaux et fournitures. . . 40

§ 4. — Du privilége de l'entrepreneur, de ses effets, et à quelles sommes il s'applique. 41

§ 5. — Sur quels objets ce privilége s'étend. 42

§ 6. — Comment le privilége se conserve, et comment il se perd. 44

CHAP. 4. — DES OUVRIERS. 46

Personnes à comprendre sous le mot OUVRIERS. 46

Obligation que la loi leur impose de se prêter à l'exécution des jugements. 46

Sect. 1. — DES DEVOIRS DES OUVRIERS ET DES DROITS DE L'ENTREPRENEUR OU DU MAITRE. 47

§ 1. — Du livret des ouvriers. 47

§ 2. — De l'embauchage ou louage. 51

§ 3. — L'ouvrier qui loue ses services doit consciencieusement employer son temps de travail, et y mettre toute son application. 52

§ 4. — L'ouvrier doit avoir de la probité. 53

Pages.

§ 5. — C'est à l'entrepreneur *seul* que les ouvriers doivent obéir. 53

§ 6. — De la garantie de l'entrepreneur contre ses ouvriers. 54

Sect. 2. — DES DROITS DES OUVRIERS ET DES OBLIGATIONS DE L'ENTREPRENEUR. 55

§ 1. — Du salaire des ouvriers. 55

§ 2. — Des égards que l'entrepreneur et les ouvriers se doivent réciproquement. 56

§ 3. — Des droits et devoirs des ouvriers à l'occasion d'un trésor qu'ils découvrent. 56

§ 4. — De la responsabilité civile de l'entrepreneur à l'égard des ouvriers. 58

CHAP. 5. — DES APPRENTIS. 59

Ce qu'est un apprenti. 59

Sect. 1. — DU CONTRAT D'APPRENTISSAGE; DE SA DURÉE ET DE SA RÉSOLUTION. 60

§ 1. — *Ce que c'est qu'un contrat d'apprentissage; de sa forme et de ses effets.* 60

§ 2. — *De la durée du contrat d'apprentissage.* 61

§ 3. — *De la résolution de ce contrat.* 61

Sect. 2. — DES DEVOIRS DE L'APPRENTI; DES OBLIGATIONS DU MAITRE ET DE SA RESPONSABILITÉ CIVILE. 62

§ 1. — *Des devoirs de l'apprenti.* 62

§ 2. — *Des obligations du maître.* 62

§ 3. — *De la responsabilité civile du maître.* 63

CHAP. 6. — DU DROIT D'ACTION, DE SA PRESCRIPTION ET DE LA COMPÉTENCE 64

§ 1. — Du droit d'action du propriétaire. 64

§ 2. — Du droit d'action de l'architecte. 65

§ 3. — Du droit d'action de l'entrepreneur. 65

1º Contre le propriétaire. 65

2º Contre le propriétaire et l'architecte. 67

3º Contre ses ouvriers 68

§ 4. — Du droit d'action des ouvriers. 69

§ 5. — Du droit d'action des apprentis. 71

TIT. 2. — Du Marché ou Devis; des Ouvrages et Matériaux. 72

CHAP. 1. — DU MARCHÉ OU DEVIS. 72

Ce qu'est le marché ou devis. 72

§ 1. — *Forme du contrat; entre quelles personnes peut avoir lieu; ce qu'il doit contenir.* 72

X

Pages.

§ 2. — *De l'interprétation et des effets de ce contrat.* . . . 73
§ 3. — *De la résolution du contrat ou devis.* 75
§ 4. — Des suites de la résolution ou devis. 76

CHAP. 2. — DES OUVRAGES ET MATÉRIAUX. 78

§ 1. — De la réception des ouvrages. 78
§ 2. — De la perte des ouvrages et matériaux. 82

TIT. 3. — Des différentes sortes de Constructions. 84

CHAP. 1. — DES MURS. 84

Art. 1. — DE LA DISTINCTION ET DE LA DIVISION DES MURS. 84
§ 1. — *De la distinction des murs.* 84
§ 2. — De la division des murs. 86
Art. 2. — DU MUR DE CLÔTURE FORCÉE. 86

§ 1. — *De l'obligation de construire le mur de clôture
forcée* 87
§ 2. — *De l'élévation à lui donner.* 89
§ 3. — *Des matériaux à employer, des dimensions à observer et des règles à suivre.* 90
§ 4. — *De l'obligation d'entretenir, réparer et reconstruire; et de la faculté d'abandonner la mitoyenneté.* 92

Art. 3. — DU MUR NON CONTIGU. 92

§ 1. — *Ce que c'est qu'un mur non contigu, et à qui il
appartient* 92
§ 2. — *Ce qu'on peut ou non y faire.* 94
1re DISTINCTION. *L'espace séparatif appartient au propriétaire du mur.* 95
2me DISTINCTION. *Cet espace appartient par moitié aux
deux voisins, ou bien il est destiné à l'usage de quelques particuliers.* 96
3me DISTINCTION. *L'espace intermédiaire dépend du
domaine public ou communal.* 97
§ 3. — Des servitudes dont le mur non contigu peut être
grevé. 97

Art. 4. — DU MUR CONTIGU. 98

§ 1. — *Ce que c'est qu'un mur contigu et de la faculté
d'en construire.* 98
§ 2. — *Des droits du propriétaire et des obligations du
voisin.* 100
1re DISTINCTION. *Le propriétaire du mur veut y pratiquer des lucarnes, des soupiraux de cave, ou bien il en
existe déjà et il veut les conserver.* 102
2me DISTINCTION. *Ce sont des vues légales que le pro-*

Pages.

priétaire veut faire ouvrir, ou bien il veut conserver celles qui existent déjà au mur. 102

3me DISTINCTION. Le propriétaire du mur veut y ouvrir des vues libres, droites ou obliques, ou bien il veut conserver celles qui s'y trouvent déjà. 103

4me DISTINCTION. Le voisin a acquis le droit de conserver des constructions soutenues par le mur contigu ; il veut pratiquer des ouvertures dans ce mur ou conserver celles qui y sont déjà, pour donner de l'air ou de la lumière à ses appartements. 103

§ 3. — Du moyen de distinguer les ouvertures anciennes de vue légale, de celles constituant un droit de servitude 105

§ 4. — Des dimensions et des matériaux. 107

§ 5. — Obligation de céder la mitoyenneté d'un mur contigu 108

§ 6. — Des servitudes auxquelles un mur contigu peut être tenu. 111

Art. 5. — DU MUR MITOYEN. 112

§ 1. Ce que c'est qu'un mur mitoyen, et comment il peut se trouver tel. 112

§ 2. — De la présomption de mitoyenneté. 113

§ 3. — Dans quelles proportions le mur est réputé mitoyen. 114

§ 4. — Des preuves de non mitoyenneté. 115

Art. 1. — Des titres contraires. 117

Art. 2. — Des circonstances non équivoques. 117

Art. 3. — Des signes ou marques. 118

Art. 4. — Du chaperon. 118

Art. 5. — Des corbeaux. 119

Art. 6. — Des filets. 120

Art. 7. — De la possession et de la prescription. . . 121

§ 5. — Des matériaux, dimensions et élévation. 123

§ 6. — Des droits des co-propriétaires. 124

1re DISTINCTION. Des ouvrages qui peuvent être pratiqués par l'un des communistes sans le consentement préalable de l'autre. 126

2me DISTINCTION. Ouvrages qui ne peuvent être entrepris sur ou contre le mur, sans le consentement préalable du co-propriétaire. 127

3me DISTINCTION. Cas d'une expertise et d'une autorisation judiciaire. 129

4me DISTINCTION. Travaux et ouvrages qui ne peuvent être autorisés si le co-propriétaire s'y oppose. 130

§ 7. — Des obligations des co-propriétaires. 131

§ 8. — Des réparations, entretien et reconstruction. . 132

1re DISTINCTION. Du cas où l'un des co-propriétaires peut et doit même procéder, soit aux réparations, soit à la reconstruction, et quand il peut contraindre l'autre à

Pages.

y contribuer. 132

2me DISTINCTION. Comment les frais de réparations et de reconstruction doivent être répartis. 133

3me DISTINCTION. Quand les réparations et la reconstruction peuvent être exigés. 134

4me DISTINCTION. Cas où les sols ou terrains ne sont pas de niveau. 138

§ 9. — Ce que les servitudes deviennent quand on reconstruit le mur. 140

§ 10. — De l'abandon de la mitoyenneté. 141

1° Faculté d'abandonner la mitoyenneté, et cas dans lesquels le co-propriétaire peut s'y refuser. 141

2° Ce qui doit être compris dans l'abandon, et des obligations de celui qui le fait. 142

3° Des obligations de celui qui profite de l'abandon, et des droits de celui qui le fait. 143

§ 11. — De la faculté d'exhausser le mur mitoyen, et des modifications apportées à cette faculté. 144

Art. 1. — Du pouvoir d'exhausser. 144

Art. 2. — De l'obligation de prévenir le voisin, et de la nécessité d'obtenir son consentement. 145

Art. 3. — Les frais de l'exhaussement sont pour le compte de celui qui le fait établir. 145

Art. 4. — De ce qui doit être compris dans ces frais. . . . 146

Art. 5. — Le propriétaire de l'exhaussement doit l'entretenir en bon état. Moyen de reconnaître jusque où va cette obligation. 147

Art. 6. — Du cas où le mur est écrasé par la charge de l'exhaussement; répartition des frais de reconstruction 148

Art. 7. — Du cas où le mur mitoyen est ou n'est pas assez solide, et de l'indemnité pour la charge. 148

Art. 8. — Des matériaux et dimensions. 149

Art. 9. — On peut exhausser le premier exhaussement. 152

Art. 10. — De l'obligation d'entretenir et réparer, et de ses suites. 152

Art. 11. — Fixation de l'indemnité de la charge. 154

§ 12. — De l'acquisition de la mitoyenneté de l'exhaussement du mur mitoyen. 154

§ 13. — De la faculté d'abandonner la mitoyenneté de l'exhaussement d'un mur mitoyen, et du droit de la reprendre 156

Art. 6. — DU MUR JOIGNANT UNE VOIE PUBLIQUE. 157

Art. 7. — DES VOIES DE FAIT ET PRÉJUDICES; DU DROIT D'ACTION ET DE LA COMPÉTENCE. 158

CHAP. 2. — DES MAISONS. 159

Art. 1. — DE LA FACULTÉ D'EN CONSTRUIRE ET DES CONDITIONS. 159

Pages.

Art. 2. — Des maisons dont les différents étages appartiennent divisément a divers ; leur entretien. . 161

Des gros murs. 162
Des toits, puits, fosses d'aisances, allées, cours, portes d'entrée, pompes et autres objets dont la jouissance est commune. 162
Des planchers, carreaux et aires de cave. 162
Des greniers. 162
Des portes, cloisons, fenêtres, volets, murs non de refend mais servant simplement à la division des appartements. 163
Des escaliers. 163
Des plafonds. 163
Des voûtes de cave. 164
Des passages, corridors, portails. 165

Art. 3. — Des maisons contigues a une voie publique quelconque. 166

§ 1. — Nécessité d'obtenir l'alignement et la permission préalablement à tous travaux ; contravention et peines. 166
§ 2. — Nécessité d'une autorisation pour entretenir et réparer. 169
§ 3. — Nécessité d'une autorisation pour démolir. 170
§ 4. — Quand la police peut exiger la démolition. 170
1er Cas, péril. 170
2me Cas, travaux confortatifs. 171
§ 5. — De l'obligation de reculer ou d'avancer ; indemnités. 171
§ 6. — De la hauteur des maisons. 172
§ 7. — De l'obligation de souffrir et conserver les attaches des reverbères et candélabres. 172
§ 8. — Nécessité d'une autorisation pour planter des bornes au devant d'une maison ; contravention, peine. 172

Chap. 3. — De l'aquéduc. 173

Chap. 4. — Des caves (voûtes de). 173

Chap. 5. — Des cheminées. 176

§ 1. — Du contre-cœur. 176
§ 2. — De l'âtre. 177
§ 3. — Des jambages. 178
§ 4. — Du manteau. 178
§ 5. — Du tuyau ou corps. 179
§ 6. — De la tête ou souche et de la fumée. 181
§ 7. — De l'adossement. 182
§ 8. — De l'encastrement ou enfoncement. 183
§ 9. — De l'incendie. 185
§ 10. — De la responsabilité de l'ouvrier. 185

Chap. 6. — Des citernes. 186

Pages.

CHAP. 7. — DES CLOAQUES, ÉGOUTS, PUISARDS, etc. . . . 187

CHAP. 8. — DU CONTRE-MUR. 188

§ 1. — Ce que c'est qu'un contre-mur ; quand peut-il être
exigé ; ses dimensions. 189
§ 2. — De l'incorporation du contre-mur ; quand doit-elle
avoir lieu. 189
§ 3. — Quand un contre-mur est indispensable. 190

CHAP. 9. — DES DÉMOLITIONS. 191

§ 1. — Conditions, si le mur est mitoyen. 191
§ 2. — Obligation de prévenir le maire pour l'extraction
du salpêtre. 192
§ 3. — Droits de la police. 192

CHAP. 10. — DES DISTANCES A OBSERVER EN CONSTRUISANT. 193

CHAP. 11. — DES ÉCURIES, ÉTABLES, BERGERIES, PARCS. 194

CHAP. 12. — DE L'ÉGOUT DES TOITS. 196

§ 1. — *Egout des toits pris comme propriété.* 196
1º Quand peut être réputé tel, et conditions. 196
2º Largeur de l'espace et conditions. 196
3º Si l'égout est pris sur un mur mitoyen, conditions. . 197
§ 2. — *Egout des toits pris comme servitude.* 197
1º Comment doit être justifié. 197
2º Cette servitude ne peut être aggravée ni rendue moins
facile. 198
3º La servitude d'égout des toits n'est point un obstacle à
ce que le mur soit rendu mitoyen ; conditions. 198
4º L'égout du mur mitoyen doit, sauf convention contraire, être supporté par les deux voisins. 198
§ 3. — De l'égout des toits pris sur la voie publique ; conditions, contraventions, peines. 199

CHAP. 13. — DES ÉTABLISSEMENTS DANGEREUX, INSALUBRES,
INCOMMODES 200

*A quoi s'applique ce chapitre. — Précautions à
prendre.* 200

CHAP. 14. — DES FONDATIONS, FONDEMENTS. 201

Proportions à leur donner. 201

CHAP. 15. — DES FORGES, FOURS, FOURNEAUX. 202

§ 1. — Des précautions à prendre ; des distances et contre-
mur 202
§ 2. — Du fourneau potager ou de cuisine. 205

XV

Pages.

1o Distinction à faire entre celui d'un particulier, et celui d'un rôtisseur ou autres. 205

2o Cas où on en veut pratiquer un contre une cloison en bois. 205

§ 3. — Des préjudices et indemnités, et de la responsabilité de l'ouvrier. 205

§ 4. — Du cas où la démolition des ouvrages peut être requise et ordonnée. 206

1o Défaut d'isolement, bien que l'établissement ait eu lieu du consentement du voisin. 206

2o Cas où la maison appartient divisément à deux propriétaires. 206

3o Si c'est une forge destinée à la fabrication d'enclumes et d'essieux. 206

4o Cas de préjudice. 206

§ 5. — De la fumée. — Préjudices. — Indemnité. 207

CHAP. 16. — DES FOSSES D'AISANCES. 207

§ 1. — Ce que c'est qu'une fosse d'aisances; obligation d'en établir et précautions à prendre. 208

§ 2. — Principes à suivre pour la construction d'une fosse d'aisances 209

§ 3. — Des ouvrages intermédiaires ou contre-murs. . . . 211

1re HYPOTHÈSE : près d'un mur de séparation ou de clôture. 211

2me HYPOTHÈSE : près d'un puits, ou d'une citerne, ou d'une fontaine, ou d'une cave. 213

1re DISTINCTION : près le mur mitoyen, les voisins établissent simultanément, l'un un puits, une citerne, une fontaine, une cave, et l'autre établit une fosse d'aisances. 214

2me DISTINCTION : le mur, le puits, la citerne, etc., existent déjà, et le voisin veut établir une fosse d'aisances. . . 214

3me DISTINCTION : le mur et la fosse d'aisances existent déjà, et le voisin veut y adosser un puits, une citerne, une fontaine ou une cave. 215

4me DISTINCTION : il s'agit d'adosser deux fosses d'aisances l'une à l'autre. 216

§ 4. — Des ventouses 216

§ 5. — Des réparations et de la répartition des frais. . . . 217

§ 6. — Curage (vidange) 220

§ 7. — Des préjudices et indemnités, et de la responsabilité de l'ouvrier. 220

CHAP. 17. — DES JAMBES ET CHAINES DE PIERRE. 221

CHAP. 18. — DES POUTRES ET SOLIVES. 226

1o Droit d'en placer dans un mur mitoyen. 226

2o Formalités préalables. 226

3o Comment cette opération doit être pratiquée. 226

Pages.

4° Si, aujourd'hui comme autrefois, il est indispensable de poser les poutres et solives sur des chaînes ou jambes de pierre de taille. 227

CHAP. 19. — DES PUITS. 228

§ 1. — De l'entreprise du creusement d'un puits et des règles à suivre. 228
1° Si le puits est creusé en dedans des limites du terrain du propriétaire, point de difficulté. 229
2° S'il doit être établi sur la ligne qui sépare ce terrain d'avec une voie publique ou communale. 229
3° Dans le voisinage d'un cimetière; distance à observer. 229
4° Cas où le puits doit être pratiqué à joindre l'héritage d'un propriétaire voisin. 230
1re DIVISION : les deux terrains sont contigus et également non bâtis. 230
2me DIVISION : les héritages sont séparés par un mur auquel l'un des voisins veut adosser un puits; ce mur appartient à l'autre voisin, ou bien il est mitoyen. 231
3me DIVISION : le mur séparatif appartient à celui qui fait creuser le puits. 232
4me DIVISION : l'un des voisins a déjà un puits, une citerne, une fontaine, ou une cave, une fosse d'aisances, et l'autre voisin veut y adosser un puits. 233
§ 2. — Des réparations, du curage et des précautions à prendre. 233
Art. 1. — Des réparations. — Responsabilité de l'ouvrier. 233
Art. 2. — Du curage et des précautions à prendre. . . . 234
§ 3. — Des préjudices et indemnités, et de la responsabilité de l'ouvrier 234
§ 4. — Des objets et du trésor trouvés. 336

TIT. 4. — Du Tour d'Échelle et des Ouvertures de Jour ou de Vue. 237

CHAP. 1. — DU TOUR D'ÉCHELLE. 237

§ 1. — Ce que c'est que le tour d'échelle, et de sa largeur. 237
Du tour d'échelle sur la voie publique; — ses effets. 237
Ce droit peut résulter de la propriété du terrain laissé en dehors du mur, ou bien de la création d'une servitude 238
1° Dans le premier cas, précautions que doit prendre le propriétaire de l'espace, et comment peut-il prouver son droit de propriété. 238
2° Dans le second cas, comment le droit de servitude peut-il être justifié. 238

Pages.

§ 2. — Des droits et des devoirs du propriétaire du terrain
du tour d'échelle. — Ce que peut ou ne peut pas faire
le voisin. 239
Du cas où le mur est mitoyen. 239

CHAP. 2. — DES OUVERTURES DE JOUR OU DE VUE. . . . 240

FIN DE LA TABLE.

ERRATA.

Page 222, 1ʳᵉ ligne, au lieu de *or, si rentre;* lisez: *or, il rentre.*

Page 226, troisième ligne après le chapitre, et avant-dernière ligne de la page, au lieu de 56 *millimètres;* lisez: 54 *millimètres.*

Page 227, ligne 7, même erreur.

L'AMI
DES OUVRIERS.

TITRE Ier
DES PERSONNES.

CHAPITRE Ier
DU PROPRIÉTAIRE.

SECTION 1re. — DES DROITS DU PROPRIÉTAIRE.

Les droits du propriétaire contre l'architecte, l'entrepreneur ou l'ouvrier qui se sont chargés pour leur compte de tout ce qui peut concerner une construction ou un ouvrage à faire, se trouvant renfermés dans les obligations de ceux-ci envers lui, il serait superflu de les détailler ici ; ainsi, pour les connaître à fond, il faut recourir ci-après, chap. 2, pag. 8, et chap. 3, pag. 17.

SECTION 2. — DES OBLIGATIONS DU PROPRIÉTAIRE QUI FAIT BATIR.

Observations.

Si, sur ce qu'on va lire, *des obligations du propriétaire*, on pouvait être un moment embarrassé, il faudrait recourir aux chapitres 2 et 3.

1

CHAPITRE 1ᵉʳ.— DU PROPRIÉTAIRE, sect. 2.

DES OBLIGATIONS DU PROPRIÉTAIRE QUI FAIT BATIR.

Division.

§ 1ᵉʳ. — *L'entrepreneur doit être mis en état d'exécuter les travaux.*

§ 2. — *Le propriétaire est tenu de payer exactement
le prix des travaux et des fournitures.*

§ 3. — *Cas où une indemnité ou gratification a été
promise à l'entrepreneur.*

§ 4. — *Cas où des travaux en dehors de ceux prévus
sont nécessités ou sont demandés.*

§ 5. — *Responsabilité civile du propriétaire.*

---

§ 1ᵉʳ. — *L'entrepreneur doit être mis en état d'exécuter les travaux.*

Six obligations principales sont imposées ici au
propriétaire :

1° Disposer et faire connaître à l'ouvrier le terrain ou l'objet des travaux à faire ;

2° Rapporter la preuve *écrite* que l'alignement a
été réglé avec le voisin contigu, ou déterminé par
la police de voirie, si la construction doit border la
voie publique, et, dans ce cas, représenter en outre
une permission suffisante de construire, légalement
accordée, par le préfet si la voie publique dépend de
la grande voirie, ou par l'autorité locale si cette voie
dépend de la petite voirie ;

3° Rapporter le consentement *écrit* du voisin ou
co-propriétaire s'il s'agit de toucher à un mur mitoyen ou à tout autre objet en co-propriété, et faire
cesser tous obstacles apportés par des tiers à ce que
les travaux puissent être commencés ou continués ;

4° Faire, en temps utile, trouver sur le lieu des
travaux, les matériaux de toute espèce qu'il s'est réservé de fournir lui-même ;

5° Fournir ou procurer aux ouvriers le terrain,

le passage et les aisances nécessaires à l'exécution des travaux, c'est-à-dire à la libre circulation, à la pose des échelles, des échafaudages, des dépôts de matériaux, etc., etc.;

6° Enfin, tout disposer pour que les travaux puissent être commencés à l'époque convenue, et continués sans interruption.

Les six obligations qui viennent d'être énumérées, sont toutes de rigueur : si le propriétaire ne les remplit pas exactement, il devient passible de dommages-intérêts envers l'entrepreneur, aux termes des articles 1134, 1135, 1382 et suiv. du C. Civ. *Voy.* ci-après, ch. 3, sect. 2, § 2.

§ 2. — *Le propriétaire est tenu de payer exactement le prix des travaux et des fournitures.*

De cette obligation résulte ce qui suit :

1° Sauf le cas d'une saisie mise dans les mains du propriétaire au préjudice de l'architecte, de l'entrepreneur ou de l'ouvrier exécutant les travaux, le propriétaire ne peut, *par aucun motif*, se dispenser de payer *l'intégralité* du prix aux époques déterminées par la convention, ou incontinent l'acceptation ou la réception des ouvrages si le contrat ne fixe pas d'époque; il ne saurait pas même s'y soustraire sous le prétexte que l'entrepreneur ne payant pas régulièrement ses ouvriers, il a dû les payer lui-même afin de les retenir au chantier, car c'est à l'entrepreneur lui-même à payer ses ouvriers, et le propriétaire ne doit pas s'immiscer dans les comptes qu'ils peuvent avoir entre eux : si, faute d'ouvriers, les travaux ne sont pas terminés aux époques convenues ou d'usage, l'entrepreneur peut être actionné en dommages-intérêts. Pothier, *Traité du Louage,* n° 406 et 410; C. Civ., art. 1142 et suiv., 1382 et suiv.; *Code des Constructions et de la Contiguité,*

CHAPITRE 1er.— DU PROPRIÉTAIRE, sect. 2, § 2.

art. 313; Lepage, *Lois des Bâtiments*, p. 68. *Voy.* ci-après, chap. 3 DE L'ENTREPRENEUR, page 40.

2° Lorsque le marché est à forfait, c'est-à-dire lorsque les travaux à faire ont été entrepris moyennant un prix *fixe* et déterminé, sans fixation d'aucune époque de paiement, le propriétaire ne peut être contraint à payer, soit la totalité du prix stipulé, soit des à-comptes sur ce prix, qu'alors seulement que les ouvrages sont, *en totalité,* terminés, vérifiés, amiablement ou judiciairement reçus ou acceptés; et si les travaux se trouvent en partie acceptables et en partie défectueux, le prix, même de ceux acceptables, ne peut être exigé qu'après que la partie défectueuse a été rétablie et mise en état d'être acceptée ou reçue, c'est ce qui a été jugé par arrêt de la Cour royale de Bordeaux, le 15 Mars 1834, et c'est ce qui résulte des dispositions des articles 1134 et 1135 du C. Civ. rapprochées de l'art. 1791 du même Code. *Voyez* Rogron sur ce dernier article;

3° Ce qui vient d'être dit, ne serait point applicable au cas où le marché aurait été fait à raison de *tant* la mesure. Dans cette hypothèse, l'entrepreneur ou l'ouvrier peut exiger la vérification et la réception au fur et mesure des travaux exécutés, et, s'il n'y a convention contraire, le propriétaire est tenu d'en payer *incontinent* le prix; à plus forte raison encore, lorsque les travaux se font à *tant* la tâche ou la journée; ceci résulte aussi des dispositions de l'art. 1791 du C. Civ. déjà cité;

4° Nul n'est présumé avoir voulu travailler *gratuitement* pour autrui : si donc rien ne prouve que le propriétaire, l'architecte, l'entrepreneur ou l'ouvrier soient convenus d'un prix pour les travaux faits, un prix n'en est pas moins dû, alors surtout que les ouvrages n'ont pas eu lieu à l'insu du propriétaire; et si les parties ne s'en accordent pas, le prix doit alors être fixé par des experts, lesquels experts sont tenus de prendre l'usage du lieu en considération, et le propriétaire doit payer la somme déterminée, incontinent la réception amiable ou judiciaire des travaux; c'est ce qui est enseigné par le nouveau Desgodets (Lepage), page 63, et Duranton, t. 17, n° 248.

§ 3. — *Cas où une indemnité ou gratification a été promise à l'entrepreneur.*

Il arrive quelque fois, qu'indépendamment du prix fixé pour l'entreprise, le propriétaire promet une somme de... à titre de gratification et d'encouragement, *pour le cas où il sera satisfait des ouvrages.* — Cette somme, bien qu'elle soit en dehors du prix stipulé pour l'entreprise, n'en est pas moins due, et, s'il n'en a pas été fait mention au contrat, la preuve de l'engagement pris à cet égard, peut être faite par témoins, si toutefois la somme promise n'excède pas 150 fr., et le propriétaire ne pourrait être dispensé de la payer qu'autant qu'il prouverait que les ouvrages sont défectueux et peu propres à le satisfaire conséquemment. *Voy.* C. Civ. art. 1134, 1341, 1342; Pothier, DU LOUAGE, n° 417; Merlin, RÉPERT., v° LOUAGE, n° 7.

§ 4. — *Cas où des travaux en dehors de ceux prévus, sont nécessités ou sont demandés.*

1° Lorsque le marché est à forfait, l'entrepreneur a du, avant d'y souscrire, voir et examiner les lieux; réfléchir mûrement sur toutes les conséquences de l'entreprise proposée; sur les travaux prévus et même imprévus que cette entreprise pourrait nécessiter; c'est sur tout cela qu'il a pu déterminer un prix *fixe*. Or, l'entreprise à forfait a cela de particulier que le propriétaire ne peut être tenu de payer que le prix des ouvrages nommément expliqués au contrat. — Que s'il veut quelques augmentations, que si encore une circonstance, *qu'il était impossible de prévoir*, vient à en nécessiter, l'entrepreneur doit, avant de les commencer, s'en faire donner l'ordre *écrit* par le propriétaire, faute de quoi celui-ci ne pourrait être contraint à en payer le prix. — Lorsque le propriétaire autorise l'exécution de ces travaux extraordinaires, il est bien que la nouvelle convention à cet égard contienne fixation du prix accordé en sus de celui de l'entreprise. En tout cas, ce prix pourrait être déterminé, soit en proportion de celui de l'entreprise, s'il y avait possibilité, soit par un architecte, ou par des experts ;

2° Le cas dont parle M. Duranton, t. 17, n° 256, est également régi par ce principe : si en effet, le propriétaire n'explique pas suffisamment sa pensée et qu'en conséquence le contrat à forfait ne contienne pas la désignation de toutes les constructions qu'il a l'intention de faire faire, l'obligation de l'entrepreneur ne peut s'étendre néanmoins au delà des termes du contrat ; le prix par lui accepté a été proportionné aux ouvrages expliqués à ce contrat, et non à ceux dont il n'a pas été parlé ; et s'il est ensuite appelé par le propriétaire à exécuter les ouvrages omis, ce doit assurément être le sujet d'un nouveau marché, marché dont les conventions doivent indispensablement être fixées par écrit, faute de quoi le propriétaire pourrait refuser le paiement, encore bien même que les travaux eussent eu lieu sous ses yeux, si toutefois les ouvrages omis au contrat touchaient immédiatement les ouvrages y désignés, ou s'ils s'y liaient ou en formaient dépendance. Dans l'hypothèse, ni la preuve par témoins, ni l'interrogatoire sur faits et articles ne sauraient remplacer le contrat ;

3° Je dois m'empresser de dire, que ce que l'on vient de lire ne s'appliquerait pas également au cas où le marché n'a pas eu lieu à forfait pour un prix fixe et arrêté.

L'ouvrier qui travaille à la tâche, ou à raison de tant la mesure, ne peut point avoir besoin d'une autorisation écrite, du propriétaire, pour exécuter tels ou tels travaux ; le prix de tous ceux qu'il confectionne de l'aveu du propriétaire ou sans opposition de sa part, doit lui être intégralement payé par celui-ci, et il a droit d'action pour l'y contraindre. *Voy.*, sur tout ceci, Duranton, déjà cité ; Arrêt de la Cour royale de Douai, du 20 Avril 1831.

§ 5. — *Responsabilité civile du propriétaire.*

Si, par l'imprudence d'un ouvrier, un accident arrive à autrui, même à un autre ouvrier travaillant au même chantier, le propriétaire de la construction dont les travaux s'exécutent, peut-il être assigné comme civilement responsable ?

Non, si ce propriétaire ne fait pas exécuter les travaux sous sa main, s'il a un entrepreneur ; c'est ce qui résulte d'un arrêt de la Cour royale de Paris, à la date du 24 Nov. 1842, rapporté par M. Devill., 42, 2, 521, par la raison que les ouvriers employés par l'entrepreneur, sont sous les ordres de celui-ci et non sous les ordres du propriétaire qui a donné les travaux à faire à l'entreprise.

Mais s'il a lui-même loué les ouvriers et s'il dirige lui-même les travaux, il est civilement responsable ; l'art. 1384 du C. Civ. peut lui être appliqué. *Voyez* ci-après, ch. 4, DES OUVRIERS, sect. 2, § 4.

———

CHAPITRE II.

DE L'ARCHITECTE.

Un architecte est un homme de génie qui possède l'art des constructions, et qu'il faut distinguer de l'entrepreneur de bâtiments.

SECTION 1re. — EN QUOI CONSISTENT LES FONCTIONS D'UN ARCHITECTE ; SES DEVOIRS ET SA RESPONSABILITÉ.

Division.

§ 1er. — *Division des fonctions d'un architecte.*
§ 2. — *De l'architecte simplement chargé de fournir des plans et devis.*
§ 3. — *De l'instruction que l'architecte doit au propriétaire qui le consulte.*
§ 4. — *De l'architecte seulement appelé à vérifier les ouvrages et à en régler les mémoires.*
§ 5. — *De l'architecte appelé à surveiller ou à diriger les travaux.*
§ 6. — *De l'architecte qui fait lui-même une entreprise.*

SECTION 2. — DES DROITS DE L'ARCHITECTE.

Division.

§ 1er. — *Cas dans lesquels il lui est dû des honoraires.*
§ 2. — *Règle pour la fixation des honoraires dus à l'architecte.*
§ 3. — *Du privilége de l'architecte, et des autres moyens de se faire payer.*
§ 4. — *De la prescription du droit d'action de l'architecte.*

CHAPITRE 2. — DE L'ARCHITECTE.

SECTION 1re. — EN QUOI CONSISTENT LES FONCTIONS D'UN ARCHITECTE ; SES DEVOIRS ET SA RESPONSABILITÉ.

§ 1er. — *Divisions des fonctions d'un architecte.*

Les fonctions d'un architecte qui se respecte lui-même se renferment dans ce qui suit :

1° Fournir les plans et les devis qui lui sont demandés ;

2° Vérifier les ouvrages et en régler les mémoires, quand il en est requis ;

3° Éclairer le propriétaire et même les entrepreneurs ou ouvriers sur ce qui peut être ou ne pas être pratiqué, et sur toutes formalités à remplir, pour ne froisser ni les lois du voisinage, ni les réglements et arrêtés de police ;

4° L'architecte peut, *sans déroger*, accepter du propriétaire la tâche de surveiller et même de conduire ou diriger les ouvrages entrepris par un ouvrier ou entrepreneur, ou encore, exécutés à la tâche ou à la mesure par des ouvriers sous la main du propriétaire ;

5° Mais il ne peut entrer dans les fonctions d'un architecte, de se charger lui-même, pour un prix convenu, de faire exécuter les travaux de construction et surtout d'en fournir les matériaux ; or, l'architecte qui fait un semblable marché, sacrifie ses honorables fonctions à une spéculation et devient momentanément simple entrepreneur.

§ 2. — *De l'architecte simplement chargé de fournir les plans et devis.*

1° Ici, c'est un travail de cabinet dont l'architecte se trouve chargé. Il y doit tous ses soins sans doute ; et, indépendamment de ce qu'il y va de son honneur et de sa réputation, il est responsable de leur mauvaise ou inexacte composition, en sorte que si quelque préjudice éprouvé par la construction provenait *évidemment* de la stricte exécution du plan ou du devis qui aurait été suivie par l'entrepreneur ou l'ouvrier, l'architecte en serait garant et pourrait être poursuivi en dommages-intérêts : par exemple, si les dimensions indiquées par le plan *exactement suivi* se trouvaient trop faibles pour la nature de l'édifice; si les matériaux *désignés* et employés étaient peu propres à l'objet de cet édifice ; si les bois à employer avaient été indiqués dans des proportions trop faibles ou trop courtes ;

2° Sauf l'imperfection des plans ou des devis, les architectes qui ont eu pour toute mission de les fournir, ne peuvent, sous aucun rapport, être garants des préjudices que les constructions pourraient éprouver, le vice provint-il même du sol sur lequel on a bâti, parce que, de même que cela est dit plus haut, n° 1, la composition du plan et du devis se fait dans le cabinet de l'architecte, et que celui-ci est d'ailleurs présumé croire que l'entrepreneur ne bâtira que sur un fonds suffisamment solide.

§ 3. — *De l'instruction que l'architecte doit au propriétaire qui le consulte.*

1° Quand un propriétaire s'adresse à un architecte, de préférence à tout autre, il lui donne là une honorable preuve de confiance ; confiance que cet architecte tromperait s'il faisait ou s'il laissait faire quoique ce soit contre les intérêts de ce propriétaire.

Or, le droit accordé à tout propriétaire, par l'article 544 du C. Civ. d'user et même d'abuser de la chose qui est à lui, est néanmoins renfermé dans de sages limites : pourvu, dit le législateur, qu'il n'en fasse pas un usage prohibé par les lois et par les réglements ;

2° Personne sans doute n'est admis à s'excuser sur son ignorance de la loi ; mais, il en faut convenir, très peu de personnes la comprennent, et l'individu qui veut faire bâtir sur son terrain, telle situation qu'ait ce terrain, se préoccupe bien plutôt de l'élégance ou des commodités que l'édifice devra avoir et de la somme à débourser, que des précautions à prendre pour ne contrevenir, ni aux principes sur le voisinage et la contiguïté des héritages, ni aux réglements et arrêtés de police ; de là l'étroite obligation imposée à l'architecte, quelque fois sous des peines corporelles, d'amende, et toujours à peine de dommages-intérêts, de conduire, d'instruire le propriétaire, et de l'arrêter lorsqu'il se dispose à mal aller ; telles sont les dispositions des art. 471 et 479 du C. Pén.; 1382 et suiv. du C. Civ., applicables, de l'avis des auteurs, à l'architecte ainsi placé. *Voyez* d'ailleurs *Code des Constructions et de la Contiguïté*, art. 235 et sa note.

§ 4. — *De l'architecte seulement appelé à vérifier les ouvrages, et à en régler les mémoires.*

1° C'est la confiance et du propriétaire et de l'entrepreneur qui appèle ici l'architecte, il ne lui est pas permis de l'oublier ; or, son opération doit être profondément consciencieuse... Cette opération peut d'ailleurs, s'il n'y a engagement contraire toutefois, être rejetée par l'une ou l'autre des parties qui peuvent encore en venir à la voie de l'expertise, et c'est ce que l'architecte qui sent sa dignité cherche toujours à éviter ;

2° Quant à l'exécution de cette commission, elle

CHAPITRE 2. — DE L'ARCHITECTE, sect. 1re, § 4.

consiste, de la part de l'architecte, à s'assurer, par tous les moyens qui sont en lui, si les matériaux fournis par l'entrepreneur sont de qualité convenable ou conforme au contrat ou bien à l'usage du lieu ; s'ils ont été employés dans les quantités désignées au devis ; si les façons qui leur ont été données se trouvent conformes aux règles de l'art et à l'usage adopté dans la contrée ; si la maçonnerie a été solidement exécutée. — Puis l'architecte doit fixer, par chaque article des ouvrages, lorsque le propriétaire et l'entrepreneur ne sont pas d'accord sur ce point, le prix d'usage, ou celui qui lui parait raisonnable d'allouer, en prenant seulement en considération les localités et les circonstances.

§ 5. — *De l'architecte appelé à surveiller ou à diriger les ouvrages.*

On pourrait croire que les obligations et la responsabilité d'un architecte ainsi placé, se trouvent entièrement dans les dispositions des art. 1372, 1382 et suiv., et 1984 et suiv., du C. Civ., car, dans ce cas, il y a contrat ou quasi-contrat. — Il faut distinguer toutefois :

1° Si l'architecte est seulement chargé de la *surveillance* de quelques ouvrages dont il n'a fourni ni plan ni devis, sa mission alors n'est autre que celle d'un mandataire ordinaire, et les articles qui viennent d'être indiqués sont les seuls qui lui soient applicables ;

2° Si, chargé de la surveillance, l'architecte a, en outre, fourni les plans et devis, indépendamment des obligations qui lui sont imposées comme ayant volontairement géré l'affaire d'autrui, il est en oütre garant, tant de la bonne composition de ses plans et devis, que de leur parfaite exécution ;

3° Si l'architecte n'est pas là comme un simple surveillant, mais bien avec la charge de conduire ou diriger les travaux, il peut alors être assimilé en quelque sorte à un entrepreneur, et il est assujéti aux mêmes obligations et à la même garantie que celui-ci. *Voyez* ci-après, chap. 3.

Ainsi, il est responsable, s'il n'en a pas été déchargé par un contrat, de la fausse application des plans et devis, soit qu'il les ait fournis lui-même, soit que ces plans et devis proviennent de tout autre ; des préjudices résultant de l'emploi de mauvais matériaux fournis par le propriétaire ou par l'entrepreneur ; de toutes malfaçons ; de tout vice de construction ; de toute fraude, sauf de celle qui pourrait avoir été sourdement pratiquée par l'entrepreneur ou les ouvriers, avec de telles précautions qu'elle ait nécessairement dû échapper à la plus active surveillance, comme si, par exemple, profitant d'un instant d'absence *légitime* de cet architecte, l'entrepreneur employait promptement des matériaux défectueux, qu'avec adresse et talent il masquerait aussitôt. — En un tel cas, aucune faute ne pourrait être reprochée à l'architecte, et toute la responsabilité peserait sur l'entrepreneur seul.

Empressons nous de dire toutefois, que si l'entrepreneur était l'homme du choix de l'architecte, s'il l'avait indiqué au propriétaire, si surtout il l'avait lui-même mis à l'œuvre, il serait alors garant du méfait, comme civilement responsable. C. Civ., art. 1383, 1384, 1792, 1797 ;

4° Enfin, que l'architecte se soit chargé de la direction et même de la simple surveillance des ouvrages ou des travaux, il est, dans l'un ou l'autre cas, responsable de toute infraction aux lois du voisinage et aux réglements ou arrêtés de police, parce qu'il ne lui est pas permis d'ignorer ces lois.

CHAPITRE 2. — DE L'ARCHITECTE, sect. 1er.

§ 6. — *De l'architecte qui fait lui-même l'entreprise.*

L'architecte qui se charge de construire ou faire construire pour autrui, moyennant un prix fixé, ou à des conditions quelconques, fait là une véritable entreprise qui doit le mettre au nombre des entrepreneurs de bâtiments. Tout ce qui se trouve ci-après, chap. 3, DE L'ENTREPRENEUR, lui est donc applicable ; sans préjudice toutefois à sa responsabilité relative à ses plans et devis, s'il en a fourni.

SECTION 2. — DES DROITS DE L'ARCHITECTE.

§ 1er. — *Cas dans lesquels il lui est dû des honoraires.*

L'architecte a droit à des honoraires dans les quatre cas suivants :

1° Pour le travail des plans et des devis, ouvrage de cabinet ;

2° Pour ses déplacements et avis lors qu'avant ou après des travaux de construction, il est appelé à se transporter sur les lieux à l'effet de les visiter et examiner ;

3° Pour la surveillance ou la conduite des travaux de construction, lorsqu'il a rempli cette tâche sur l'invitation du propriétaire ;

4° Enfin, pour la vérification des ouvrages et le réglement des mémoires de l'entrepreneur ou des ouvriers, quand il en a été chargé.

Ce n'est pas ici le lieu de parler de ce qui peut être dû à l'architecte qui a fait une entreprise : il a dérogé, nous l'avons déjà dit ; il ne peut lui être dû d'honoraires, et pour ses salaires et ses prix de fournitures, il doit recourir ci-après au chap. 3, DE L'ENTREPRENEUR.

CHAPITRE 2. — DE L'ARCHITECTE, sect. 2.

§ 2. — *Règle pour la fixation des honoraires dus à l'architecte.*

1° Il est bien que le propriétaire et l'architecte s'accordent sur le chiffre des honoraires dus à celui-ci ; mais cette utile précaution peut ne pas avoir été prise. Or, on doit comprendre toute la difficulté que les tribunaux eux-mêmes auraient à déterminer *justement* la somme à allouer, soit pour la composition des plans et des devis, soit pour les déplacements et visites des lieux, soit pour les avis donnés par un architecte ; il n'y a, pour ces divers cas, aucune donnée, aucune règle positives, donc il faut dire que le propriétaire doit s'en remettre à la loyauté, à la délicatesse de l'architecte. Ajoutons toutefois, que si les prétentions de celui-ci paraissaient évidemment exhorbitantes, les tribunaux pourraient être appelés à les réduire, et ils emploiraient probablement pour cela la voie de l'expertise ;

2° Pour le cas spécial où il s'agit de déterminer le montant des honoraires dus à un architecte pour avoir vérifié des ouvrages et réglé les mémoires, Delvincourt, sur l'art. 1793 du C. Civ., enseigne qu'il est d'usage de fixer le chiffre à raison de cinq pour cent du montant des mémoires réglés par l'architecte. Nous ajouterons que, dans ce cas, c'est effectivement l'usage qui doit être pris pour règle, c'est-à-dire l'usage de la contrée.

§ 3. — *Du privilége de l'architecte et des moyens que lui offre la loi pour obtenir son paiement.*

1° Dans tous les cas énumérés ci-dessus, § 1ᵉʳ, nᵒˢ 1, 2, 3 et 4, le paiement de l'architecte ne saurait lui être refusé ; en tout cas, l'art. 2103, nᵒ 4, du C. Civ. lui en assure le privilége sur les ouvrages

CHAPITRE 2. — DE L'ARCHITECTE, sect. 2, § 3.

pour lesquels le propriétaire a recouru à ses lumières, et si, en suivant les indications ci-après, ch. 3,
DE L'ENTREPRENEUR, il a soin de conserver ce privilége, sa créance prime celle de tous autres créanciers, et ne peut venir en concurrence qu'avec
quelques créances de la même nature que la sienne;

2° Indépendamment du privilége dont il vient
d'être parlé, l'architecte a aussi droit d'action contre
le propriétaire; or, si la somme due ne dépasse pas
celle de 200 fr., il peut porter sa demande devant le
juge de paix du domicile du propriétaire; ou devant
le tribunal civil, après tentative de conciliation, si
la somme excède 200 fr. *Voyez* la loi du 6 Mai 1836,
art. 1ᵉʳ, sur les justices de paix; le C. de Proc. Civ.,
art. 48; et ci-après, chap. 6, sect. 1ʳᵉ, art. 1ᵉʳ, § 2.

§ 4. — *De la prescription du droit d'action de l'architecte.*

1° En principe, toutes les actions, tant réelles que
personnelles, sont sujettes à se prescrire (C. Civ.,
art. 2262), le laps du temps requis les différencie;
or, quel délai le législateur a-t-il entendu accorder
à l'architecte pour réclamer, en justice, le paiement
des honoraires qui lui sont dus, soit pour avoir visité les lieux et donné son avis avant toute entreprise
de travaux, ou pendant leur exécution; soit pour
avoir fourni des plans, des devis; soit pour avoir
surveillé ou dirigé les ouvrages; soit enfin, pour.
après la confection des travaux, les avoir vérifiés et
en avoir réglé les mémoires? Les art. 2271, 2272 du
C. Civ. pourraient-ils recevoir une saine application
ici? Je ne le pense assurément pas, et personne, je
le crois, ne le pensera non plus.

Un architecte est un homme *de génie*, je l'ai déjà

dit ; donc il ne peut ni ne doit être confondu pour ses créances, avec *l'ouvrier*, *l'artisan*, le *mécanicien* même, et il ne peut non plus être considéré comme marchand, car il ne vend rien ; or, la prescription de six mois, pas plus que celle d'un an ne peut, dans les cas ci-dessus énumérés, atteindre l'architecte ; d'où il suit que son droit d'action dure trente ans, aux termes de l'art. 2262 du C. Civ.

Je crois l'opinion que j'émets conforme à celle des auteurs ; *voyez* principalement MM. Hua, DES PRESCRIPTIONS ; Duranton, t. 21 ; Troplong, DES PRESCRIPTIONS, art. 954 ; Vazeille, art. 699. On pourrait voir aussi ce qu'a dit M. Bigot de Préameneu, lors de la présentation du titre de la prescription ;

2° Je n'ai pas besoin de faire observer que ce qui précède pourrait être sujet à modification si, au lieu d'honoraires pour les cas ci-dessus expliqués, un architecte venait réclamer le prix de travaux qu'il aurait lui-même entrepris à forfait. Ce serait alors *un salaire* dont il demanderait le paiement. Et dans ce cas, il faudrait recourir à ce qui est dit ci-après, chap. 6, DU DROIT D'ACTION DE LA COMPÉTENCE et de la PRESCRIPTION.

CHAPITRE III.

DE L'ENTREPRENEUR.

L'entrepreneur de bâtiments ou de constructions est ordinairement un artiste qui, moyennant salaire, se charge d'exécuter, par lui-même ou par des ouvriers sous sa direction, un ouvrage de maçonnerie,

CHAPITRE 3. — DE L'ENTREPRENEUR.

une construction, et tous travaux et objets y relatifs.

Or, la qualité d'entrepreneur convient à un architecte qui se charge de faire ou faire faire une construction moyennant paiement ; et cette qualité peut également convenir aux maçons, couvreurs, charpentiers, menuisiers, serruriers, vitriers, plâtriers, fumistes, forgerons, sculpteurs, paveurs, carreleurs et peintres en bâtiments, parce que chacun d'eux peut en particulier se charger de faire et fournir à la construction, ce qui est spécialement de ses talents, de sa fabrication ou de son industrie. C. Civ., art. 1799.

SECTION 1ʳᵉ. — DES DEVOIRS, OBLIGATIONS ET RESPONSABILITÉ DE L'ENTREPRENEUR.

Division.

§ 1ᵉʳ. — *Des précautions que l'entrepreneur doit prendre avant de conclure le marché.*

§ 2 — *Des devoirs de l'entrepreneur qui exécute sous la surveillance ou sous la direction d'un architecte.*

§ 3. — *Des devoirs de l'entrepreneur qui exécute sans le secours d'un architecte.*

§ 4. — *De la garantie qui pèse sur l'entrepreneur.*

§ 5. — *Des effets de cette garantie, et des formalités à remplir lorsqu'un évènement arrive.*

§ 6. — *De la durée de la garantie.*

§ 7. — *De son extinction.*

§ 8. — *De la responsabilité civile de l'entrepreneur.*

SECTION 2. — DES DROITS DE L'ENTREPRENEUR.

Division.

§ 1ᵉʳ. — *En quoi consistent les droits de l'entrepreneur envers le propriétaire.*

CHAPITRE 3. — DE L'ENTREPRENEUR.

§ 2. — *Du cas où le propriétaire ne remplit pas quel-*
ques unes des obligations qui dérivent du
marché.

§ 3. — *Du paiement du prix des travaux et four-*
nitures.

§ 4. — *Du privilége de l'entrepreneur ; de ses effets,*
et à quelles sommes il s'applique.

§ 5. — *A quoi le privilége s'étend.*

§ 6. — *Comment il se conserve ou se perd.*

SECTION 1re. — DES DEVOIRS, OBLIGATIONS ET RES-
PONSABILITÉ DE L'ENTREPRENEUR.

§ 1er. — *Des précautions à prendre par l'entre-*
preneur avant de conclure le marché.

Avant de terminer définitivement son marché
avec le propriétaire, l'entrepreneur doit, car *tout*
désormais sera *à sa charge et sur sa responsabilité :*

1° Visiter attentivement, sonder même le terrain
sur lequel on lui propose de bâtir, afin de s'assurer
de la suffisante solidité du fonds, car le contrat une
fois passé, il répondra des fâcheux évènements qui
pourront arriver à la construction, *même par le vice*
du terrain ou du fonds ; et il ne pourrait être affranchi
de cette sérieuse obligation, que sur la représentation d'une déclaration écrite et en dûe forme, du
propriétaire, portant de la part de celui-ci, que
malgré les observations qui lui ont été faites par
l'entrepreneur, avant l'entreprise, et malgré le danger qu'il lui a signalé et fait connaître, il l'autorise
néanmoins à exécuter les travaux de construction
sur le sol désigné par le contrat. Tout cela résulte
des dispositions des articles 1792, 1135, 1991 du
C. Civ., et cela résulte encore de cette règle du

CHAPITRE 3. — DE L'ENTREPRENEUR, sect. 1re, § 1er.

droit, que nul ne peut avoir raison, devant la loi, de se plaindre de ce que, sciemment, il a voulu qui fut fait;

2° Exiger du propriétaire, l'exhibition de la preuve *écrite* de l'alignement accordé avec le voisin ou légalement fixé; et si la construction projetée est destinée à longer immédiatement une voie publique ou communale quelconque, se faire aussi représenter la preuve écrite, non seulement de l'alignement déterminé par la police de voirie ou par l'autorité locale, mais aussi l'autorisation de bâtir, délivrée par la même autorité, c'est-à-dire par l'autorité compétente; en sorte que, si cette voie publique dépend de la grande voirie, l'alignement et l'autorisation doivent émaner du préfet; si la voie publique dépend de la petite voirie, le maire est compétent pour délivrer l'un et l'autre. *Voy. Code des Constructions et de la Contiguité*, aux mots : ALIGNEMENT, MURS SUR LA VOIE PUBLIQUE, MAISONS SUR LA VOIE PUBLIQUE;

3° Indiquer au propriétaire les formalités préalables qu'il peut avoir à remplir, soit à l'égard des voisins, soit à l'égard de l'autorité locale ou de la police;

4° Fixer ce propriétaire sur les établissements et sur les ouvertures de portes et de vues qu'il peut ou qu'il ne peut pas avoir la faculté de pratiquer; avoir égard pour cela aux distances prescrites par les lois et les réglements, distances qu'il ne peut prendre qu'en se servant des mesures maintenant adoptées et permises par la loi;

5° Rejeter toute exigence du propriétaire qui lui paraîtrait contraire à la décence, aux mœurs, à l'ordre public, aux réglements et arrêtés de police et aux règles du voisinage;

6° Vérifier, avec une religieuse attention, les ma-

CHAPITRE 3. — DE L'ENTREPRENEUR, sect. 1re, § 1er.

tériaux que le propriétaire se propose de fournir et de faire employer à la construction projetée ; agréer consciencieusement les bons, et rejeter, consciencieusement aussi, les défectueux, car il en répondra, qu'il y prenne bien garde. *Voy. Code des Constructions et de la Contiguité*, art. 238, 243.

Si l'entrepreneur refuse quelques uns des matériaux qui lui sont offerts par le propriétaire, ce peut être le cas d'une décision par experts, car ces matériaux semblent bons au propriétaire ; or, si des experts sont appelés, il est bien, lorsqu'ils déclarent les matériaux suffisamment bons, qu'ils établissent leur détermination par un procès-verbal ; cet acte viendra, *au besoin*, au secours de l'entrepreneur ;

7° Calculer, avec maturité et probité, le laps du temps nécessaire à l'achèvement des travaux, et ne pas donner de fausses espérances au propriétaire, s'il veut éviter une action dont le droit pourrait être pris dans les termes et l'esprit de l'article 1382 du C. Civ.

§ 2. — *Des devoirs de l'entrepreneur travaillant sous la surveillance ou sous la direction d'un architecte.*

1° La position de l'entrepreneur ainsi placé, est en quelque sorte pire qu'alors qu'il exécute sans le secours d'un architecte ; car, indépendamment de ce que, travaillant sous la direction de cet homme de génie, il n'est affranchi d'aucune des obligations qui lui sont imposées lorsqu'il exécute seul, il se trouve, en outre, assujéti à suivre les avis et les ordres qu'il plaît à l'architecte de lui donner, et il répond des fâcheuses conséquences qui pourraient résulter d'une servile exécution de ces mêmes ordres ou indications. *Voy. Code des Constructions et de la Contiguité*, art. 227 et suiv ,

CHAPITRE 3. — DE L'ENTREPRENEUR, sect. 1re, § 2.

2° Mais, tout en rendant hommage aux lumières de l'architecte sous la direction duquel il se trouve placé, le sage entrepreneur peut rendre sa responsabilité moins lourde, tantôt en se refusant d'exécuter les ordres de l'architecte et même les plans qui lui sont présentés, tantôt en ne les exécutant que sur un ordre ou une autorisation *écrite* et signée de l'architecte et même du propriétaire.

Ainsi, par exemple, s'agit-il d'enfreindre les réglements, les arrêtés de police en pratiquant quelques travaux ? de blesser-la décence, l'ordre public ?

L'entrepreneur *doit*, sans hésitation, nettement s'y refuser ; il en est personnellement et corporellement responsable : l'exhibition qu'il ferait d'un ordre écrit, signé, soit du propriétaire, soit de l'architecte, ne saurait l'affranchir des peines de la loi ; et s'il avait eu la faiblesse d'y consentir, les articles 1131 et 1133 du C. Civ. pourraient être utilement invoqués par lui, parce qu'un pareil consentement, inconsidérément donné, ne peut produire aucun effet : il est illicite et nul. *Voyez* ci-après, chap. 6, § 3, n° 3.

S'agit-il de pratiquer des ouvrages seulement nuisibles aux particuliers, aux voisins ? ou bien encore de pratiquer quelque méthode inusitée, susceptible de nuire actuellement ou plus tard au propriétaire qui fait bâtir ou à ses voisins ?

L'entrepreneur doit tout d'abord s'y refuser, parce qu'il est de son devoir de n'exécuter les travaux de construction que suivant les règles généralement reconnues, adoptées et pratiquées ; s'il s'en écarte et qu'il en résulte quelque préjudice pour le propriétaire ou pour le voisin, il en est responsable et peut valablement être actionné ;

3° Mais il n'en est pas de ces hypothèses, comme dans celles où il s'agit de pratiquer contrairement aux

CHAPITRE 3. — DE L'ENTREPRENEUR, sect. 1re, § 2.

réglements ou aux arrêtés de police : dans ce cas, rien ne saurait relever l'entrepreneur de sa responsabilité personnelle, nous l'avons déjà dit; ici au contraire, il peut appeler l'architecte à sa garantie. — Si donc, malgré les observations faites par l'entrepreneur à l'architecte, ce dernier persiste et donne au premier un ordre *écrit* de pratiquer ainsi qu'il l'exige, l'entrepreneur doit s'y conformer, car, s'y refuser serait peut-être mettre des entraves à la propagation des lumières. — Observez toutefois que, dans l'hypothèse, l'entrepreneur qui aurait quelques raisons de douter de la solvabilité de l'architecte, ferait d'autant mieux de se refuser, malgré l'offre d'une autorisation écrite, que, bien que placé sous la conduite de l'architecte, il n'en est pas moins personnellement garant envers le propriétaire et les voisins, sauf son recours contre cet architecte. *Voy. Code des Constructions et de la Contiguité*, art. 228 et suivants;

4° Il résulte de ce qui précède, que, si les plans confiés à l'exécution de l'entrepreneur ne lui paraissent pas suffisamment expliqués ; si les devis lui présentent quelque doute sur certains ouvrages à faire ; si, pendant le cours des travaux, l'architecte ou le propriétaire lui-même lui demande quelque changement au plan ou au devis; si, pour leur exécution, il fallait s'écarter des règles ordinaires de l'art ou de la pratique; si l'architecte lui indique des procédés nouveaux dont il ne veuille pas répondre des suites ; dans ces cas et dans tous autres semblables, l'entrepreneur fait sagement de ne rien exécuter avant d'être muni d'un ordre ou d'une autorisation signée, tant du propriétaire que de l'architecte. *Voy.* C. Civ., art. 1793 ; Delvincourt, sur cet article ; et Lepage, t. 2, p. 40. *Voyez* aussi, ci-après, § 4, n° 9.

CHAPITRE 3. — DE L'ENTREPRENEUR, sect. 1ʳᵉ.

§ 3. — *Des devoirs de l'entrepreneur qui exécute seul sans la direction d'un architecte.*

1° Six obligations principales, desquelles dérivent toutes les autres, sont imposées à l'entrepreneur :

Faire lui-même, ou faire exécuter par personnes capables et dont il répond des faits, les ouvrages dont il s'est chargé ;

Commencer et terminer les travaux aux époques et dans les délais convenus ;

Les bien faire ;

Employer consciencieusement les matériaux qui lui sont fournis par le propriétaire, et par lui agréés ;

Ne rien pratiquer en contravention aux lois du voisinage, à la décence, à l'ordre public, aux réglements et aux arrêtés de police. *Voyez* ci-après, n° 11, et § 5, n° 1ᵉʳ ;

Faire un bon emploi de ceux qu'il fournit lui-même et les donner de bonne qualité ;

Enfin, apporter à la conservation et à l'économie des choses et des objets qui lui sont confiés par le propriétaire ou dans son intérêt, tous les soins d'un bon père de famille. *Voyez* Pothier, DU LOUAGE, n° 419 ;

2° Il n'est pas rare, toutefois, de voir celui qui a fait une entreprise s'en arranger ensuite avec un sous-traitant, et l'usage parait le tolérer.

Mais une semblable cession ne saurait avoir d'exécution contre la volonté du propriétaire, surtout si la considération du talent de l'entrepreneur et son mérite personnel avaient déterminé ce propriétaire à le choisir par préférence à tout autre. — Par exemple, dit Pothier (n° 420 et 421), un sculpteur chargé d'ordonner de certains ouvrages, un corps d'édifice, ne pourrait se faire remplacer par un au-

CHAPITRE 3.— DE L'ENTREPRENEUR, sect. 1re, § 3.

tre sculpteur, contre le gré du propriétaire. Cette doctrine est également enseignée par MM. Merlin, *Répert.* v° OUVRIER, n° 1; et Duranton, t. 17, n° 257;

3° Le propriétaire a le droit d'exiger que les ouvrages soient commencés à l'époque fixée et qu'ils soient continués sans interruption jusqu'à la fin. L'entrepreneur peut y être contraint, même avec dommages-intérêts, quand il y a lieu, c'est-à-dire lorsqu'il ne justifie pas de cause légitime d'empêchement. Toutefois, les tribunaux peuvent, selon les circonstances, impartir à l'entrepreneur un délai moral pour remplir définitivement son engagement, et dire que, ce délai expiré, le propriétaire restera autorisé à faire commencer ou à faire continuer les ouvrages aux frais de l'entrepreneur. Tout cela résulte de l'ensemble des dispositions des art. 1142, 1144, 1147, 1148 et 1382 et suiv. du C. Civ., et tel est le sentiment de Pothier, déja cité, n° 424, 442; Merlin, *Répert.* v° OUVRIER, n° 1; Duranton, t. 17, n° 257;

4° Lorsque le propriétaire fournit les matériaux nécessaires à la construction, ces matériaux restent pour le compte de l'entrepreneur dès l'instant qu'il les vérifie et les accepte; or, s'il les gâte, s'il en fait un mauvais emploi, ou si encore ces matériaux se perdent ou sont volés, c'est à l'entrepreneur à en supporter la perte : il doit les payer ou en fournir d'autres en mêmes quantité et qualité. *Voyez* C. Civ., art. 1382 et suiv.; Pothier, n° 427; Merlin, au lieu cité;

5° L'entrepreneur répond des faits de ses sous-traitants; de même aussi des faits de ses appareilleurs, ouvriers, compagnons, apprentis, et généralement de toutes les personnes qu'il emploie. *Voyez* C. Civ., art. 1384, 1797; Delvincourt, sur ce dernier article et sur l'art. 1799; ci-après, § 5, n° 1;

3

CHAPITRE 3.— DE L'ENTREPRENEUR, sect. 1re, § 3.

6° Ce sont les règles de l'art et l'usage local qui doivent être suivis en toute construction ; si donc l'entrepreneur s'en écarte, il est tenu de réparer les défectuosités à ses frais ; la démolition peut être ordonnée à son préjudice, dans certains cas, et il peut en outre être condamné aux dommages-intérêts du propriétaire, s'il y a lieu. *Voy.* C. Civ., art. 1143, 1382 ; Pothier, n° 425 ; Merlin, au lieu déjà cité ;

7° Cette règle est, dans tous les cas, applicable, soit que l'entrepreneur exécute seul, soit qu'il se trouve placé sous la direction d'un architecte, soit qu'il pratique sur les indications qui lui sont données par le propriétaire lui-même ou par un tiers pour lui, soit enfin qu'il se trouve chargé de suivre les plans et les devis qui lui ont été remis par le propriétaire ou de la part de celui-ci ; dans ces divers hypothèses, on ne peut admettre aucune différence possible, car, ainsi que cela a déjà été expliqué, bien que l'entrepreneur soit tenu, sous peine de dommages-intérêts et même de démolition, de se conformer aux plans et devis qui lui sont remis, il n'en doit pas moins rejeter tout ce qui s'y rencontre de défectueux ; et la responsabilité ne pèserait pas moins toute entière sur lui, encore bien même qu'un fâcheux évènement survenu, eût moins sa cause dans des malfaçons, que dans le vice du sol ou dans la mauvaise qualité des matériaux fournis par le propriétaire, et que de plus, il fut évident que la construction, dans l'état où elle est, peut néanmoins résister quelques années encore. *Voy. Code des Constr. et de la Contig.*, art. 228 et suiv., et leurs notes ; C. Civ., art. 1143, 1382 et suiv.;

8° L'entrepreneur est tenu de se conformer aux plan et devis qui lui sont donnés, cela est certain ; mais il doit rejeter ce qu'il y rencontre de défectueux, voilà ce qui est aussi vrai. Or, l'entrepre-

CHAPITRE 3. — DE L'ENTREPRENEUR, sect. 1ʳᵉ, § 3.

neur a le plus grand intérêt à ne commencer aucun travaux avant d'avoir soigneusement examiné ces plan et devis, et s'ils lui offrent quelques doutes, il doit se conduire ainsi que cela est enseigné ci-dessus, chap. 3, § 2, nᵒˢ 2 et 3 ;

9° Il n'est pas permis à l'entrepreneur d'apporter de changement au plan ni au devis qui lui sont fournis ; mais il le peut, il le doit même si tel est le désir du propriétaire, dont la volonté, dans ce cas, doit être établie *par écrit*. Cette espèce de nouveau contrat n'a pas besoin d'être fait en double original ; la signature du propriétaire suffit à sa validité, mais il doit expressément contenir l'indication précise des changements demandés et *la fixation de leur prix*, faute de quoi, non seulement ce prix pourrait être refusé à l'entrepreneur, et considéré comme compris dans la somme déterminée par le contrat d'entreprise, mais encore les ouvrages en dehors des plan et devis, pourraient être condamnés à la démolition, aux frais de l'entrepreneur, avec dommages-intérêts même s'il y avait lieu. — Si le prix de ces travaux n'excédait pas la somme de 150 fr., cette règle pourrait toutefois être modifiée, en prouvant le nouveau marché, par témoins ; mais, dans le cas contraire, l'entrepreneur n'aurait d'autre ressource que dans le serment qu'il pourrait déférer au propriétaire, (C. Civ., art. 1358), et on sait avec quelle facilité un serment se prête, de nos jours. *Voyez* C. Civ., art. 1793 ; Delvincourt, sur cet article ; Lepage, t. 2, p. 44, 45 ; C. de cass., arrêt du 16 Août 1826 ;

10° Les fondations et fondements d'une construction doivent, en profondeur et en épaisseur, être calculés en raison de la nature des matériaux, de la destination de l'édifice et du plus ou moins de solidité du terrain. Or, qu'il y ait ou qu'il n'y ait pas de plan ni de devis, c'est, dans tous les cas, à l'entre-

CHAPITRE 3. — DE L'ENTREPRENEUR, sect. 1ʳᵉ, § 3.

preneur à se conformer à cette règle : il en est responsable. *Voyez* Lepage, t. 2, p. 16 et suiv.;

11° On a déjà vu plus haut, § 2, n° 2 et § 3, n° 1, que l'entrepreneur doit, dans telle position qu'il se trouve placé, prendre garde à ne pas contrevenir aux réglements et arrêtés de police; or, il lui est défendu, sous les peines portées au Code pénal, art. 471, de faire ou de souffrir qu'il soit fait, sans nécessité et sans permission de l'autorité locale, aucun dépôt de pierres ou autres objets susceptibles, non pas seulement d'encombrer la voie publique, mais même de simplement gêner la libre circulation. *Voy. Code des Constructions et de la Contiguité*, art. 251, 252; et ci-après, § 5, n° 1;

12° Il peut échafauder sans doute, mettre des étaies, poser des échelles, mais rien de cela ne doit être fait avant d'en avoir obtenu l'autorisation; et il faut bien que les entrepreneurs sachent qu'aux termes d'une ordonnance royale, rendue en conseil d'état, le 5 Décembre 1842, l'autorisation qu'ils obtiennent de la police, pour construire ou réparer un bâtiment bordant la voie publique, n'emporte pas *nécessairement* avec elle l'autorisation d'échafauder, surtout si la permission de construire ou de réparer a été délivrée à la condition *de ne rien placer en saillie sur la voie publique, sans se conformer aux réglements. Voy. Code des Constructions et de la Contiguité*, art. 253;

13° Il est bien aussi d'informer les ouvriers que, suivant un arrêt de la Cour de cassation, à la date du 27 Septembre 1843, l'ouvrier, mieux encore, toute personne qui laisse, pendant la nuit, une échelle sur la voie publique, est passible des peines de l'art. 471, n° 7, du Code pénal, même dans le cas où cette échelle est nécessaire à des travaux en cours d'exécution. *Voyez* le *Recueil* de M. Deville-

CHAPITRE 3. — DE L'ENTREPRENEUR, sect. 1re, § 3.

neuve, année 1843, première partie, page 815;

14° Pour qu'il y ait lieu à l'application de la peine, il faut toutefois que l'encombrement de la voie publique ait eu lieu *sans nécessité*, voilà les termes du n° 4, de l'art. 471 du C. pén., et il a été décidé par divers arrêts de la Cour suprême, dans les années 1828, 1833 et 1843, que la nécessité est suffisamment justifiée par la présentation d'une lettre du maire, par laquelle ce magistrat reconnait la difficulté qu'il y avait à enlever les matériaux ou décombres au moment de leur extraction. — De même, la nécessité est suffisamment justifiée, alors qu'il est démontré que le prévenu n'a pu déposer ses matériaux ailleurs. *Voy. Code des Constructions et de la Contiguité*, art. 1219 et ses notes; *Journ. du Palais*, 1843, t. 2, p. 357;

15° Si, pour échafauder ou pour tout autre besoin, il devient nécessaire de pratiquer quelque trou, quelque excavation, l'ouvrier ou tout autre individu doit se garder d'y procéder sans en avoir préalablement obtenu la permission de l'autorité compétente, (*Voyez* ci-dessus § 1, n° 2), et, ainsi qu'on vient de le voir (n° 12), l'autorisation de bâtir ou de réparer ne suffit pas, il faut indispensablement une permission spéciale, faute de quoi il y a contravention;

16° Lorsque les dépôts, les encombrements, les échafaudages, les trous ou les excavations ont légalement eu lieu, les entrepreneurs ou toutes autres personnes les ayant pratiqués sont encore tenus, sous les peines portées par l'art. 471, n° 4, du Code pénal, de les éclairer *suffisamment* pendant la nuit; une petite lanterne de laquelle ne sortirait qu'une très-faible lumière pourrait bien ne pas suffire à la sécurité des passants et aux exigences de la police; il faut que chaque individu soit effectivement et suf-

CHAPITRE 3. — DE L'ENTREPRENEUR, sect. 1re, § 3.

fisamment averti que le danger est là ; cela est de droit et doit être exécuté *indépendamment* de tout réglement de police. — Sous aucun prétexte et par aucun motif, celui qui est tenu d'éclairer ne peut être excusé de ne pas l'avoir fait. Vainement présenterait-il pour excuse le mauvais temps qui aurait éteint la lumière ; un clair de lune sans altération ; un réverbère éclairant suffisamment ; une déclaration du maire portant qu'il n'y avait pas nécessité d'éclairer ; rien de tout cela ne saurait autoriser la relaxance du délinquant ; il devrait, sous peine de cassation du jugement de police, être rigoureusement condamné. *Voy. Code des Constructions et de la Contiguïté*, art. 1388 ; *Journal du Palais*, 1843, t. 2, p. 357 et 509, où il rapporte quelques arrêts de la Cour suprême, et principalement celui du 27 Avril 1843;

17° L'entrepreneur qui travaille ou fait travailler au haut d'un mur, surtout situé sur une voie publique, ou à la toiture d'une maison, doit, à peine d'amende et de dommages-intérêts en faveur de ceux qui auraient raison de se plaindre, suspendre à une longue corde fixée au toit, une ou plusieurs lattes ou autres objets propres à attirer les regards des passants et à éviter les accidents. Cette obligation est écrite, non seulement dans le C. Civ., art. 1382, 1383, mais encore dans une foule d'auteurs et d'arrêts. *Voy. Code des Constructions et de la Contiguïté*, art. 254, à la note; et *Miroir, formul. municipal*, t. 1, p. 26, n° 23;

18° Les entablements des maisons, les balcons et toutes autres saillies sur la voie publique principalement, doivent, sous peine d'amende, de démolition et de dommages-intérêts, être posés et pratiqués avec une telle solidité qu'on ne puisse raisonnablement redouter aucun accident. Et si, pendant l'exécution des travaux une pierre ou tout autre objet

CHAPITRE 3. — DE L'ENTREPRENEUR, sect. 1re, § 3.

tombe du toit ou de l'échafaud, et blesse quelqu'un, ce ne peut être pris comme un cas fortuit ; l'action civile en dommages-intérêts, et l'action pénale, sont ouvertes contre l'entrepreneur et l'ouvrier ;

19° L'entrepreneur ou l'ouvrier qui, travaillant à une bâtisse quelconque, reçoit, de la part du voisin, une sommation de cesser les travaux, ce que l'on nomme *acte en dénonciation de nouvel œuvre*, (*Code des Constructions et de la Contiguïté*, art. 2967 et suiv.), doit effectivement s'arrêter, en informer de *suite* le propriétaire, et ne reprendre les travaux que sur un *ordre écrit* de ce propriétaire : cela est tout au moins prudent. C. Civ., art. 1382 et suiv.; *Code des Constructions et de la Contiguïté*, art. 247, aux notes ;

20° Si, en travaillant à un ouvrage quelconque, l'entrepreneur ou l'ouvrier découvre lui-même et lui seul un trésor, la moitié de ce trésor lui appartient, et l'autre moitié est acquise au propriétaire du fonds dans lequel les travaux s'exécutent. L'entrepreneur ne peut s'approprier le tout sans commettre un vol passible des peines portées par le Code pénal. *Voy.* C. Civ., art. 716 ; *Code des Constructions et de la Contiguïté*, art. 2710 et suiv.;

21° Au cas d'incendie, les entrepreneurs sont tenus, sans être requis, de se transporter sur le lieu avec leurs ouvriers munis des outils nécessaires, lorsqu'ils sont en leur pouvoir ; c'est un devoir qui leur est imposé par les ordonnances des 10 Juillet 1706, et 10 Février 1735, art. 20 ; par la loi du 22 Juillet 1791, et par le n° 12 de l'art. 475 du Code pénal.

§ 4. — *De la garantie qui pèse sur l'entrepreneur.*

1° Tout entrepreneur, tout ouvrier qui a entrepris un ouvrage, un travail quelconque, garantit,

CHAPITRE 3. — DE L'ENTREPRENEUR, sect. 1ʳᵉ, § 4.

sans aucune exception, la solidité de l'objet qu'il s'est chargé d'exécuter. Il répond également de l'exacte observance des lois du voisinage, des réglements et arrêtés de police; c'est ce qu'on a déjà vu ci-dessus, § 3, nᵒˢ 1 et 11.

Il ne reste plus qu'à ajouter, que cette garantie s'étend aussi aux préjudices éprouvés par les constructions déjà existantes, soit qu'elles appartiennent au propriétaire de l'objet nouvellement entrepris, soit qu'elles appartiennent aux voisins; elle est d'ailleurs de droit, et n'a pas besoin d'être stipulée dans un contrat : l'entrepreneur ne saurait en être déchargé sous le prétexte, ou que le sol ou les matériaux étaient vicieux, ou que le genre ou l'importance de l'édifice se trouvait au-dessus de ses lumières, de ses capacités, ou que, ne sachant pas lire, il ne connaissait ni les lois du voisinage, ni les réglements et arrêtés de police; ou enfin, que le vice ayant amené le fâcheux accident n'est pas de son fait, qu'il provient des malfaçons, de la fraude de ses ouvriers qui l'ont adroitement trompé. *Voyez* ci-dessus, § 3, nᵒ 5;

2ᵒ Mais l'entrepreneur n'est responsable des fâcheux évènements qui arrivent par cas fortuit ou par force majeure, qu'alors seulement qu'il en a volontairement pris l'engagement par un contrat.

Or, la garantie légale ne saurait lui être appliquée dans le cas où le préjudice proviendrait de la foudre, d'un tremblement de terre, d'un volcan, d'une inondation, d'un incendie dont les causes ne pourraient lui être imputées, de quelques évènements de guerre, etc.

Mais, remarquez-le bien, dans tous ces cas, l'entrepreneur *est tenu de prouver* que le préjudice arrivé est réellement dû *à un cas fortuit ou de force majeure.* C. Civ., art. 1148, 1302; Delvincourt, sur ce dernier article;

3° Lorsque plusieurs ouvriers, tels que maçon, charpentier, menuisier, serrurier ou autres se sont *séparément* chargés de faire à la construction, chacun ce qui dépend de son talent et de sa profession, dans ce cas chacun répond *séparément* aussi de l'objet de son entreprise ; il n'y a alors aucune solidarité entre eux : chaque ouvrier est *seul* garant des matières qu'il fournit, de ses fautes et de ses malfaçons. Il y a plus, c'est que, si la faute ou les malfaçons de l'un entraînait la perte ou la dégradation des ouvrages des autres, le propriétaire n'en devrait pas moins le prix à ceux-ci, si toutefois il en avait déjà accepté les travaux ou s'il avait été mis en demeure de les recevoir, sauf à ce propriétaire son recours contre l'ouvrier par la faute duquel le préjudice serait arrivé. C. Civ., art. 1788 et suiv.

Mais il n'en serait pas ainsi dans le cas où, ni acceptation, ni mise en demeure n'aurait eu lieu ; dans ce cas, aucun des divers entrepreneurs ne pourrait contraindre le propriétaire à le payer ; il aurait, tout aussi bien que le propriétaire, une action directe en dommages-intérêts contre l'ouvrier en faute. Code civil, art. 1382, 1383, 1384 ;

4° Il ne faudrait pas appliquer ce qui vient d'être dit à un ouvrier qui, sans avoir fait une entreprise avec le propriétaire, aurait néanmoins fourni quelque objet de sa fabrication. — Par exemple, la Cour de Cassation a jugé, par arrêt du 13 Décembre 1839, qu'un serrurier qui avait fourni à l'entrepreneur d'un pont, une barre de fer nécessaire à ce pont, ne pouvait être responsable de la chute du pont, bien que cette chute provint de la cassure de la barre.

Il faut bien le reconnaître toutefois, la Cour eut évidemment jugé le contraire et condamné le serrurier envers l'entrepreneur, si celui-ci eut prouvé que le vice de la barre de fer provenait de la mal-

CHAPITRE 3. — DE L'ENTREPRENEUR, sect. 1re, § 4.

façon donnée par le serrurier. *Voy. Code des Constructions et de la Contiguité*, art. 275 et sa note.

§ 5. — *Des effets de la garantie qui pèse sur l'entrepreneur, et des formalités à remplir lorsqu'un évènement est arrivé.*

1° La garantie qui pèse sur l'entrepreneur, a pour effet d'assurer au propriétaire le dédommagement qui lui est dû en raison des pertes qu'il a éprouvées, soit au sujet de la construction entreprise, soit au sujet des ses anciennes constructions si elles ont souffert, soit aux indemnités auxquelles il peut être tenu envers ses voisins, soit enfin, à l'égard de tous autres préjudices généralement quelconques, sans en excepter même les meubles et effets dont les constructions se trouvaient ornées et garnies.

Si cependant les meubles et ornements étaient d'une grande importance et d'un prix très-élevé, et qu'il n'y eût ni dol, ni fraude de la part de l'entrepreneur, qu'il n'y eût simplement qu'impéritie de sa part, cette règle pourrait être modifiée par les tribunaux. *Voyez* la note de l'art. 285 du *Code des Constructions et de la Contiguité ;*

2° Aussitôt qu'il a connaissance d'un fâcheux évènement, le propriétaire doit faire sommer l'entrepreneur, par acte d'huissier, d'avoir à nommer un expert et d'agréer celui qu'il a lui-même choisi, à l'effet d'examiner les lieux. — L'entrepreneur peut prendre l'initiative, devancer le propriétaire; il agit prudemment en le faisant, surtout s'il pense que le vice ne peut lui être reproché.

Les experts indiquent, par un procès-verbal, la cause de l'évènement et le remède à y apporter.

Si, pour l'opération des experts, il est besoin de déblayer ou de faire tous autres travaux, le procès-verbal doit en contenir la mention. — Les parties doivent prudemment s'arranger, à la vue du procès-verbal des experts; si cependant elles ne le font pas, le droit d'action est ouvert. *Voy. Code des Constructions et de la Contiguïté*, art. 286;

3° Les travaux provisoires ou définitifs, indiqués par le procès-verbal des experts, peuvent être exécutés par l'entrepreneur, si toutefois cela lui convient, car il ne peut point y être contraint contre sa volonté, de même qu'il n'a pas le droit de les faire contre le gré du propriétaire, duquel d'ailleurs il peut avoir perdu la confiance; donc le propriétaire est libre d'en charger tout autre ouvrier que cet entrepreneur, comme il est également libre de ne pas faire exécuter ces travaux et de conserver l'indemnité convenue ou fixée par jugement. *Voy.* Lepage, t. 2, p. 5 et suiv.

§ 6. — *De la durée de la garantie de l'entrepreneur.*

1° La garantie qui ne se rapporte qu'à la solidité de la construction entreprise, compte du jour de la réception amiable ou judiciaire des ouvrages, et cette garantie dure dix ans. Ces dix années expirées sans accident, la solidité de la construction est réputée suffisante tant à l'égard des mineurs, interdits et tous autres incapables, que contre les majeurs. Or, sauf la preuve de dol ou de fraude, l'entrepreneur est définitivement déchargé de toute responsabilité, même dans le cas *singulier* où l'édifice croulerait dès le premier jour de la onzième année. *Voy.* à cet égard la note de l'art. 279 du *Code des Constructions et de la Contiguïté;*

2° Remarquez bien que cette règle ne serait pas du tout applicable s'il existait quelque vice de construction *caché*, ou même *apparent*, par exemple, l'entrepreneur était chargé de la fourniture des matériaux : il les a employés quoique défectueux, mais

CHAPITRE 3.— DE L'ENTREPRENEUR, sect. 1re, § 6.

il en a adroitement caché, masqué les vices ; il a traversé la cheminée par une pièce de bois, il en a posé l'âtre sur le plancher ; il n'a pas fait de contre-mur alors qu'un contre-mur était nécessaire ; dans ces divers cas, il a voulu gagner illicitement sur le prix de la matière, sur la quantité, sur la qualité des matériaux qu'il était tenu de fournir, sur la main-d'œuvre enfin ; il y a conséquemment eu dol, fraude de sa part ; or, la garantie qu'il doit ne compte alors qu'à partir de la découverte de la fraude, c'est-à-dire du jour où l'évènement arrivé a permis de reconnaître la fraude ; et, dans ce cas, le droit d'action du propriétaire contre cet entrepreneur, a une durée de trente ans à partir de ce même jour ; ces trente années ne commencent à courir, à l'égard du propriétaire mineur ou incapable, qu'à compter de sa majorité ou de la libre disposition de ses droits civils. Cette règle est également applicable au cas où il y a eu infraction aux réglements de police. *Voyez* les notes des art. 280 et suiv. du *Code des Constructions et de la Contiguité.*

§ 7. — *De l'extinction de la garantie de l'entrepreneur.*

1° La garantie qui pèse sur l'entrepreneur s'éteint par la prescription, ainsi que cela est expliqué au paragraphe 6. *Voyez* C. Civ., art. 1792, 2270 ;

2° Elle cesse aussi par la volonté *expresse* ou même *tacite* ou présumée du propriétaire majeur et maître de ses droits.

La volonté est *expresse*, lorsque le propriétaire en a donné une déclaration par écrit ;

Elle est tacite, si, ayant eu connaissance de l'évènement survenu à la construction, le propriétaire a néanmoins payé le prix des ouvrages, sans faire aucune réserve ; et il en est de même aussi dans le cas où, bien qu'il connut l'accident arrivé, ce proprié-taire a cependant pris livraison des ouvrages, sans réserves ni poursuites contre l'entrepreneur ; de même encore, si, sans réserves, le propriétaire a fait réparer l'objet endommagé ; si, avant ou après l'évènement, il a fait faire quelques travaux, quelques changements à la construction vicieuse ; si enfin, il a fait un acte quelconque duquel on puisse raisonnablement penser que son intention a dû être de renoncer à son recours contre l'entrepreneur ou l'ouvrier. Tel est le sentiment de MM. Lepage, t. 2, p. 3 et suiv.; et Delvincourt, t. 2, p. 166 ;

3° Enfin, la garantie reste sans effet, lorsqu'évidemment, la cause du dommage ou du préjudice arrivé ne peut légitimement être reprochée à l'entrepreneur. *Voyez* à cet égard les art. 263 et 291 du *Code des Constructions et de la Contiguïté,* ils fournissent quelques cas bons à connaître.

§ 8. — *De la responsabilité civile de l'entrepreneur.*

1° L'entrepreneur est *civilement* responsable des faits des personnes de même que des animaux qu'il emploie (C. Civ., art. 1384 et 1385); ainsi, l'entrepreneur peut être poursuivi civilement, comme aussi il peut être appelé dans une poursuite au criminel, en police correctionnelle ou en simple police, pour la réparation des torts et des préjudices imputés à ses sous-traitants, appareilleurs, compagnons, apprentis et tous autres ouvriers ou manœuvres ; et il le peut aussi à l'égard de tous dégât, délit, préjudice et contravention commis par les animaux, voitures ou charrettes dont il se sert pour le transport des matériaux ou pour tout autre besoin. (Code pénal, art. 475, n° 3 et suiv.) ;

2° Il faut bien remarquer que, dans ces cas, la responsabilité de l'entrepreneur est purement ci-

CHAPITRE 3. — DE L'ENTREPRENEUR, sect. 1ʳᵉ, § 8.

VILE; qu'elle ne se rapporte qu'aux indemnités, qu'aux dommages-intérêts qui peuvent être adjugés au demandeur ou plaignant, et nullement à la peine encourue par le coupable et à l'amende prononcée contre lui; la simple raison nous le dit, et la Cour de Cassation l'a consacré par quelques arrêts, notamment par celui du 6 Octobre 1832, rapporté par M. Devilleneuve, t. 33, 1ʳᵉ partie, p. 25. — La même Cour a aussi décidé que la condamnation aux frais et dépens ne pouvant être considérée comme peine, leur paiement entre aussi dans la responsabilité civile. L'arrêt est à la date du 26 Mai 1835. *Voy.* le *Recueil période.* de M. Dalloz, année 1836, 1ʳᵉ partie, p. 295;

3° Mais il faut le bien remarquer encore, la responsabilité civile ne peut avoir lieu qu'alors que le fait qui y a donné lieu est arrivé pendant l'exercice des travaux ou pendant le temps que le délinquant était sous la surveillance de l'entrepreneur; hors cela, il ne peut exister de responsabilité, comme par exemple si, après le travail de la journée, l'ouvrier, l'apprenti même, le charretier en se retirant chez eux, commettaient une action dommageable. Tel est, sans nul doute, le sens des art. 1384 et 1385 du Code civil;

4° Quant à la responsabilité civile qui peut atteindre l'entrepreneur à l'occasion d'un accident arrivé à l'un de ses ouvriers, par le fait, la faute ou la maladresse d'un autre ouvrier également employé par lui, *voyez* ci-après, chap. 4, sect. 2, § 4.

SECTION 2. — DES DROITS DE L'ENTREPRENEUR.

§ 1ᵉʳ. — *En quoi consistent les droits de l'entrepreneur envers le propriétaire.*

Les droits de l'entrepreneur sont sans doute renfermés, du moins en partie, dans les obligations imposées au propriétaire, c'est pourquoi les entrepreneurs et ouvriers doivent, au besoin, recourir ci-dessus, chapitre 1er, section 2 ; mais il nous reste encore bien des choses à leur mettre sous les yeux relativement au mode d'exercer leurs droits.

Il n'y a d'ailleurs aucune différence à faire entre l'entrepreneur qui exécute SEUL les travaux, et l'entrepreneur qui se trouve placé sous la surveillance ou la direction d'un architecte. Quant à la manière d'exercer leurs droits, ils peuvent l'un et l'autre et par les moyens ci-après indiqués, contraindre le propriétaire à l'exécution complète du marché, sauf quelques modifications dont il sera ci-après parlé, titre 2, DES DEVIS, § 3, et conserver ou assurer leur paiement.

§ 2. — *Du cas où le propriétaire ne remplit pas quelques unes des obligations qui dérivent du marché.*

Si le propriétaire néglige de remplir quelques unes des obligations détaillées ci-dessus, chap. 1er, sect. 2, § 1, l'entrepreneur peut lui faire sommation, par le ministère d'un huissier, d'avoir à y satisfaire dans un délai donné ; et si cette sommation reste sans effet, le propriétaire peut être assigné devant les tribunaux, après tentative de conciliation, pour voir résilier le marché, et s'entendre condamner aux dommages-intérêts de l'entrepreneur. Mais *voyez* ci-après, chap. 6, *du droit d'action.*

Ces dommages-intérêts se déterminent en ayant égard aux pertes éprouvées par l'entrepreneur. — Ces pertes peuvent résulter du temps perdu ; des matériaux que, sur la foi du traité, il a acheté ; de ceux de ces matériaux qu'il a déjà travaillé ; de la quantité d'ouvriers que son entreprise l'a mis dans

CHAPITRE 3. — DE L'ENTREPRENEUR, sect. 2, § 2.

le cas de louer ; des bénéfices qu'il est présumable qu'il eût dû faire si le marché eût eu son exécution ; enfin, des occasions de gagner par l'effet d'une autre entreprise dont il n'a pu profiter puisqu'il était déjà lié. C. Civ., art. 1142, 1382 et suiv. ; *Code des Constructions et de la Contiguité*, art. 260 et ses notes.

§ 3. — *Du paiement du prix des travaux et four-*
nitures.

1° Lorsque les ouvrages sont terminés, et qu'ils ont, amiablement ou judiciairement été acceptés ou reçus, l'entrepreneur peut exiger le paiement du prix convenu, en se conformant toutefois aux conventions stipulées à cet égard. — Le paiement des fournitures qu'il a légalement faites, de même que celui du prix des ouvrages en dehors du marché primitif, qu'il a faits avec autorisation écrite ou prouvée, suivent la même règle ; et, sauf le cas d'une saisie légalement mise dans les mains du propriétaire au préjudice de l'entrepreneur, ce propriétaire ne peut se dispenser de payer. Mais *voyez* ci-après, ch. 6, *du droit d'action, etc.;*

2° Il n'en serait pas ainsi cependant, et le propriétaire pourrait suspendre le paiement, si un accident survenait à la construction, dans le cas même où le vice proviendrait de la mauvaise qualité des matériaux par lui fournis, si toutefois la défectuosité de ces matériaux, quoique peu apparente, n'avait pu échapper à l'œil exercé d'un homme de l'art. — Il n'est pas besoin de dire que si l'évènement était dû à la force majeure ou à un cas fortuit, aucune suspension de paiement ne serait admissible, à moins que l'entrepreneur ne se fût formellement chargé des évènements fortuits. *Voyez* sur tout cela *Code des Constructions et de la Contiguité*, art. 262, 263, 291, 300 et suiv , et leurs notes ;

3° Ce qui précède, s'applique tout aussi bien aux entreprises verbales, qu'aux entreprises écrites ; mais, attendu que la preuve par témoins est refusée alors qu'il s'agit d'une somme excédant 150 francs, (C. Civ., art. 1341 et suiv.), et que, d'un autre côté, le marché verbal pourrait peut-être faire prendre l'entrepreneur pour un simple ouvrier, un simple homme de travail, auquel on peut opposer la prescription de six mois, aux termes de l'art. 2271 du même Code, il est bien que l'entrepreneur qui a fait un marché verbal, se fasse payer de suite, ou qu'il exige une reconnaissance *écrite* de la somme qui lui est due par le propriétaire. *Voyez* à cet égard, ci-après, chap. 6, sect. 1ʳᵉ, art. 1ᵉʳ, § 3 ;

4° Il a été jugé par la Cour royale de Colmar, que, bien que des ouvrages autres que ceux de simples réparations locatives n'aient été commandés que par un locataire, le propriétaire qui les a vu pratiquer sans s'y opposer, est considéré comme les ayant commandées lui-même, et en doit le prix conséquemment. Toutefois, la prudence doit porter les entrepreneurs qui se trouvent dans un pareil cas, de ne rien entreprendre avant de s'être entendus avec le propriétaire lui-même. (19 Nov. 1830, Colmar. — S.–Devilleneuve, 31, 2, 286 ; Dalloz, R. P., 31, 2, 215).

§ 4. — *Du privilége de l'entrepreneur ; de ses effets et à quelles sommes il s'applique.*

1° Les architectes, entrepreneurs, maçons et ouvriers employés pour édifier, reconstruire ou réparer des bâtiments, canaux ou autres ouvrages *quelconques*, ont leur privilége sur ces ouvrages ; et si ce privilége est conservé par les moyens indiqués ci-après, § 6, il prime tout autre créancier, sans en excepter le vendeur, alors même que, postérieurement à la vente, les ouvrages commencés antérieurement ont été continués et terminés pour le compte de l'acquéreur; c'est ce qui résulte des dispositions de l'art. 2103, n° 4, du C. Civ., et de deux arrêts rappelés à la note de l'art. 260 du *Code des Constructions et de la Contiguité.* Voy. ci-après, n°s 7 et 9;

2° Il n'y a de privilégiée que la somme positivement établie au procès-verbal de réception des ouvrages; — il faut donc y faire soigneusement comprendre tout ce qui peut être dû, tant pour prix du travail que pour celui des matériaux et autres objets fournis, car, ce qui serait omis tomberait dans la classe des créances ordinaires, non privilégiées, et pourrait se perdre si le propriétaire devenait insolvable. *Voyez* la note de l'art. 267 du *Code des Constructions et de la Contiguité;*

3° Remarquez que les à-comptes que le propriétaire paye sur le prix des ouvrages, s'imputent sur la portion de la créance dont le privilége a été conservé, et non sur la portion omise au procès-verbal de réception et conséquemment non privilégiée. (Delvincourt, t. 3, p. 519).

§ 5. — *Sur quoi le privilége s'étend.*

1° Le privilége ne porte que sur l'augmentation de valeur que les travaux ont fait acquérir à l'immeuble, et non sur la valeur que cet immeuble avait avant ces travaux; or, il faut une ventilation, c'est-à-dire qu'on doit séparément estimer ce que l'immeuble pouvait valoir avant les ouvrages faits, et ce qu'il vaut actuellement; on ne pourrait prendre pour base de détermination le prix de vente, si cet immeuble avait été aliéné. *Voyez* Delvincourt, sur l'art. 2103 du C. Civ.; Lepage, t. 2, p. 93 et suiv.; et un arrêt de la Cour royale de Bordeaux, du 2 Mai

1826, rapporté par Sirey, t. 26, 2ᵐᵉ partie, p. 292; *Voyez* aussi ci-après, nᵒˢ 4 et 5;

2° Lorsque l'entreprise a été faite par divers ouvriers, mais séparément les uns des autres, chacun exerce son privilége au prorata des ouvrages et des fournitures qu'il a faits et qui ont été établis au procès-verbal de réception. — S'il y a insuffisance de valeur pour payer l'intégralité de ces divers privilégiés, le procès-verbal de ventilation doit alors déterminer la réduction proportionelle que chaque espèce d'ouvrage aura à subir. *Voyez* la note précédente;

3° Dans le cas où un premier ouvrage fait est immédiatement suivi d'un second ouvrage sur le même objet, l'augmentation de la valeur de cet objet est sans doute due au premier et au second ouvrage, et chaque entrepreneur qui a su conserver son privilége, doit être payé en proportion de son travail particulier et de ses fournitures.

Mais, si, pour pratiquer les derniers travaux, les premiers ouvrages ont dû être détruits, ceux-ci, dans ce cas, n'ont pu donner une augmentation de valeur à l'immeuble, et le privilége reste au bénéfice des seconds ouvrages, sans égard aux premiers;

4° On a vu plus haut, nᵒ 1, que le privilége ne porte pas sur la valeur que pouvait avoir l'immeuble avant l'entreprise, mais seulement sur la plus value que les ouvrages lui ont donné, qu'en conséquence, il fallait une ventilation. Il faut donc qu'une ventilation soit possible; et elle ne serait pas possible si des travaux antérieurs au procès-verbal relatif aux nouveaux ouvrages, empêchaient de reconnaître et d'apprécier l'état et la valeur de l'immeuble avant qu'aucuns travaux n'aient été exécutés. Dans ce cas, l'entrepreneur des nouveaux ouvrages ne pourrait, suivant arrêt de la Cour suprême, du 20 Novembre 1839, être admis à réclamer de privilége. *Voy. Code des Constructions et de la Contiguité*, art. 271;

5° Le privilége ne porte pas sur la valeur qu'avait l'immeuble avant les ouvrages entrepris, voilà ce qu'on vient de voir, art. 1 et 4.

Mais il en serait autrement s'il était reconnu que sans les nouveaux ouvrages, l'objet eût dû périr; par exemple, ce privilége porte sur l'objet même comme sur les travaux de conservation qui lui ont été faits, lorsqu'il s'agit d'une digue à rétablir; d'un pont, d'un *gros mur* à réparer ou à reconstruire, etc. Dans ces divers cas, je le répète, le privilége est dû, tant sur la valeur antérieure aux travaux, que sur la plus value que ces travaux ont fait acquérir à l'objet. *Voy.* Delvincourt, sur l'article 2103, n° 2;

6° Nous avons vu, n° 1er ci-dessus, que le privilége dont il s'agit prime toute autre créance; et en effet ce privilége ne peut concourir qu'avec un privilége de même nature, et, redisons-le encore, il ne peut y avoir aucune exception, pas même en faveur du vendeur : pour ce qui lui est dû sur le prix de la vente, il a sans doute privilége sur l'objet vendu, mais non sur la plus value donnée à cet objet par les travaux. *Voy.* Delvincourt, au lieu cité.

§ 6. — *Comment le privilége de l'entrepreneur se conserve et se perd.*

1° Pour la conservation du privilége de l'entrepreneur, deux procès-verbaux sont indispensables : faute de l'un ou de l'autre, il y a déchéance; ils doivent d'ailleurs être signés l'un et l'autre par l'expert légalement nommé *d'office*, par le président ou par le tribunal civil de la situation de l'immeuble. Cet expert doit préalablement prêter serment devant un magistrat commis à cet effet;

CHAPITRE 3. — DE L'ENTREPRENEUR, sect. 2, § 6.

2° Le premier de ces procès-verbaux doit être requis par une requête du propriétaire ; il doit être signé par ce propriétaire, ou contenir mention de la réquisition qui lui en a été faite par l'expert, et des motifs d'empêchement ; enfin, le même procès-verbal doit contenir désignation de l'état *actuel* des lieux et des ouvrages que le propriétaire se propose de faire faire à l'entreprise ;

3° Cette pièce, enregistrée, doit être déposée par l'expert, au greffe du même tribunal ; c'est au propriétaire à en prendre expédition pour, ensuite, en faire le dépôt au bureau de la conservation des hypothèques du même arrondissement, et, ceci fait, l'entreprise peut avoir lieu en toute sécurité.

Il est bien de dire ici, qu'il a été jugé qu'encore bien que l'exécution de quelques travaux aient eu lieu avant le premier procès-verbal de visite, le privilége n'en existe pas moins pour cela. Mais cette décision est isolée, et nous conseillons aux entrepreneurs de ne pas trop s'y fier. *Voyez* les notes des art. 265 et 266 du *Code des Constructions et de la Contiguité* ;

4° Le second procès-verbal doit être rédigé, et ce, à peine de déchéance du privilége, dans les six mois, à compter du jourde la confection reconnue des ouvrages. Ce procès-verbal doit contenir, de la part de l'expert, mention qu'il a visité et accepté les ouvrages (s'ils sont acceptables), puis l'expert le dépose au greffe du tribunal plus haut désigné, et la partie qui y a intérêt en prend expédition et la dépose au même bureau de la conservation des hypothèques : l'inscription prise en vertu de cette pièce, a pour effet de faire remonter le privilége à la date du premier procès-verbal de visite dont il est question aux numéros précédents. *Voyez* les notes ci-dessus.

CHAPITRE IV.

DES OUVRIERS.

Sous le mot générique OUVRIERS on comprend ordinairement tous les hommes qui travaillent de la main pour le compte d'autrui et moyennant un prix.

Mais ici, il ne faut comprendre sous ce mot, que les compagnons, garçons, ouvriers ou manœuvres qui louent leurs services à un maître, à un entrepreneur, et vont travailler chez lui ou dans son atelier, magasin ou chantier.

Il pourrait donc paraître inutile de rappeler aux ouvriers dont nous nous occupons spécialement ici, les dispositions de la loi du 22 Germinal an 11, art. 4, portant injonction à tout ouvrier légalement requis d'exécuter, moyennant salaire, les travaux nécessaires pour pouvoir ramener un jugement à exécution, comme l'ouverture ou le bris d'une porte, par exemple, car c'est ordinairement à un ouvrier *établi* que la réquisition se fait; toutefois, nous ne croyons pas pouvoir nous en dispenser : d'abord, parce que la loi ne distingue pas, et ensuite parce qu'à leur tour, les compagnons et garçons doivent aussi devenir maîtres, c'est-à-dire travailler pour leur propre compte; or, il faut bien qu'ils sachent que la disposition législative qui vient d'être rappelée est exécutoire par eux, à peine, pour la première fois, d'un emprisonnement de trois jours, et, dans le cas de récidive, de dix jours au moins et de trente jours au plus.

CHAPITRE 4. — DES OUVRIERS.

SECTION 1ʳᵉ. — DES DEVOIRS DES OUVRIERS, ET DES DROITS DE L'ENTREPRENEUR OU DU MAITRE.

Division.

§ 1ᵉʳ. — *Du livret des ouvriers.*
§ 2. — *De l'embauchage ou louage.*
§ 3. — *L'ouvrier qui a loué ses services, doit consciencieusement employer son temps de travail, et y mettre toute son application.*
§ 4. — *L'ouvrier doit avoir de la probité.*
§ 5. — *C'est à l'entrepreneur, seul, que les ouvriers
doivent obéir.*
§ 6. — *De la garantie de l'entrepreneur contre ses
ouvriers.*

SECTION 2. — DES DROITS DES OUVRIERS ET DES OBLI-GATIONS DE L'ENTREPRENEUR.

Division.

§ 1ᵉʳ. — *Du salaire des ouvriers.*
§ 2. — *Des égards que l'entrepreneur et les ouvriers
se doivent réciproquement.*
§ 3. — *Des droits et devoirs des ouvriers à l'occasion
d'un trésor qu'ils découvrent.*
§ 4. — *De la responsabilité civile de l'entrepreneur
à l'égard des ouvriers.*

SECTION 1ʳᵉ. — DES DEVOIRS DES OUVRIERS, ET DES DROITS DE L'ENTREPRENEUR ET DU MAITRE.

§ 1ᵉʳ. — *Du livret.*

1° Le *livret* est un petit registre sur papier libre,
que l'ouvrier paye cinquante centimes, et qui est
coté, paraphé et délivré, sans autres frais, savoir :

CHAPITRE 4. — DES OUVRIERS, sect. 1re, § 1er.

à Paris et autres villes où il existe un commissaire de police générale, par un commissaire de police ; et dans tous autres lieux, par le maire ou un adjoint. — Tout ouvrier est tenu de se munir d'un pareil livret, même dans le cas où il ne voyage pas et qu'il travaille seulement dans sa propre ville. — Celui qui voyage sans livret est considéré comme vagabond ;

2° Le premier livret d'un ouvrier lui est délivré : 1° sur la présentation de son acquit d'apprentissage ; 2° ou sur la demande de la personne chez laquelle il a appris et est devenu ouvrier ; 3° enfin, sur l'affirmation de deux citoyens patentés, de sa profession, et domiciliés, portant que le pétitionnaire est libre de tout engagement : soit pour raison d'apprentissage, soit pour raison d'obligation de travailler comme ouvrier.

Ces deux numéros sont tirés des dispositions de la loi du 22 Germinal an 11, art. 11 et 12 ; de l'arrêté du 9 Frimaire an 12, art. 2, 3 et 11 ; et de l'arrêté du 10 Ventôse de la même année ;

3° Lorsque le premier livret a besoin d'être renouvelé, c'est sur sa représentation qu'un second est accordé, et le fonctionnaire public qui le délivre doit y rapporter les dettes écrites dans le premier. (Arrêté du 9 Frimaire, art. 12) ;

4° Si le premier livret est perdu, l'ouvrier peut, sur la représentation de son passeport, en règle, être autorisé à travailler, mais dans le lieu même, sans pouvoir être autorisé à aller ailleurs, et à la charge de donner à l'officier de police de ce lieu, la preuve qu'il est libre de tout engagement, et tous les renseignements nécessaires pour autoriser la délivrance d'un nouveau livret, sans lequel il ne peut partir. (*Idem*, art. 13) ;

5° L'ouvrier qui, à Paris, se trouve sans livret, peut s'en procurer un sur l'attestation de deux témoins qui constatent son identité et sa position. (Ordonn. du préfet de police, du 1er Avril 1831);

6° Les apprentis, les journaliers, les contre-maîtres ne sont point assujétis à se munir d'un livret; c'est ce qui résulte d'un arrêt de la Cour de Cassation, à la date du 29 Février 1839, rapporté par MM. Devilleneuve, 39, 1, 891 ; Dalloz, *Recueil périod.*, 39, 1, 273; et par le *Journal du Palais*, 1839, t. 2, p. 382;

7° Aux termes de la loi du 22 Germinal an 11, art. 12, et de l'arrêté du 9 Frimaire an 12, art. 4 et 5, nul ne peut, à peine de dommages-intérêts, recevoir un ouvrier, s'il n'est porteur de son livret portant le certificat d'acquit de ses engagements, délivré par celui de chez qui il sort; et tout entrepreneur, fabricant ou autre, employant un ouvrier, est tenu, quand cet ouvrier sort de chez lui, d'inscrire sur le livret de celui-ci, un congé portant acquit de ses engagements, s'il les a remplis.

Ce congé doit être inscrit sans lacune à la suite du dernier, et énoncer le jour de la sortie de l'ouvrier.

Si la personne de chez laquelle l'ouvrier sort, ou celle chez laquelle il entre ne sait pas écrire, ce qui précède doit être fait, sans frais, par l'un des fonctionnaires dont il est question ci-dessus, n° 1 ; dans l'un et l'autre cas, l'ouvrier est tenu de déposer le livret entre les mains de son maître, s'il l'exige, ce que, par prudence, il doit faire;

8° Il est à remarquer, que la défense faite par la loi et l'arrêté précités, à toute personne de recevoir un ouvrier sans livret portant acquit de ses engagements précédents, n'est faite qu'à peine de dommages-intérêts, et non sous quelque peine de police, encore bien même que les dispositions de ces loi et arrêté eussent été reproduites par un arrêté municipal. —

Les commissaires de police sont d'ailleurs sans qualité pour poursuivre un pareil fait. Ces deux points ont été décidés par la Cour suprême, les 9 Janvier 1835 et 22 Février 1840. *Voy.* S.-Devilleneuve, 35, 1, 309, et 40, 1, 256;

9° L'ouvrier auquel, sans motif, le maître ne veut pas remettre le livret lors de sa sortie, ou auquel le congé d'acquit est refusé, peut, conformément à l'art. 6 de la loi du 22 Germinal an 11, se pourvoir en police correctionnelle, et, en outre de l'amende de 100 fr. à 3,000 fr., et d'un emprisonnement dont le maximum est fixé à un mois; le maître pourrait encore être condamné aux dommages-intérêts de l'ouvrier. *Voyez* la loi citée, et l'art. 1382 du Code civil; *voyez* aussi ci-après, § 2;

10° De son côté, le maître peut, dans certains cas, retenir le livret ou refuser le congé d'acquit : par exemple, si l'ouvrier a reçu des avances sur son salaire et qu'il ne les ait pas encore gagnées; s'il doit au maître pour prix de malfaçons par lui pratiquées, ou pour quelque somme résultant de condamnation prononcée contre lui et que le maître a payée comme civilement responsable; si le temps qu'il s'est engagé à donner n'est pas encore expiré; tout cela résulte des dispositions de l'art. 7 de la loi du 22 Germinal, et des art. 1142 et suiv., et 1236 du C. Civ. *Voyez* ci-après, § 2;

11° Mais, dans le cas où un ouvrier est obligé de se retirer parce qu'on lui refuse du travail ou son salaire, il a droit à se faire remettre son livret revêtu du congé d'acquit, même dans le cas où il n'aurait pas gagné ou remboursé les avances par lui reçues; le maître n'a d'autre droit, dans ce cas, que de faire mention de la dette sur le livret, sans préjudice d'en poursuivre le paiement par les voies ordinaires; et sans préjudice aussi aux dommages-intérêts de l'ouvrier, selon le cas. *Voy.* la loi de Germinal, art. 8, et C. Civ., art. 1134, 1142 et suiv., et 1382 ;

12° Dans le cas dont il vient d'être parlé, le maître auquel l'ouvrier doit, peut s'adresser à la personne chez laquelle cet ouvrier entre, et cette personne est autorisée, jusqu'à entière libération, de faire, contre l'ouvrier, une retenue qui ne peut, dans aucun cas, excéder les deux dixièmes de ses salaires journaliers. Lorsqu'au moyen de cette retenue, la dette se trouve acquittée, il en doit être fait mention sur le livret. Celui qui a exercé la retenue est tenu d'en prévenir celui auquel il est dû, et d'en tenir le montant à sa disposition. — Comme on le voit, dans cette matière il n'est pas besoin de saisie ou opposition. Même loi, art. 9.

§ 2. — *De l'embauchage.*

1° L'embauchage est un louage d'ouvrage ou d'industrie. C. Civ., art. 1779 ;

2° Le contrat qui intervient entre le maître et l'ouvrier qui loue ses services, est presque toujours verbal, et on peut en attribuer la cause à ce que, suivant l'art. 1780 du C. Civ., on ne peut louer ses services ou ses talents que pour un temps ou pour une entreprise déterminée. — Le temps convenu étant expiré ou l'entreprise terminée, les deux parties sont réciproquement libres de se laisser : l'ouvrier ne peut contraindre le maître à le garder, et le maître ne peut retenir l'ouvrier malgré lui, quelque soit le besoin qu'il puisse en avoir. Cela résulte des dispositions de la loi du 22 Germinal an 11, art. 10 et 14. *Voyez* d'ailleurs, ci-dessus, § 1, nᵒˢ 9 et 10 ;

3° Cependant cette règle recevrait modification s'il y avait coalition entre les ouvriers, tendant à faire augmenter leurs salaires. En un cas pareil, le maître pourrait, bien que le temps de l'engagement fût expiré, et qu'il eût même été averti suivant l'usage des lieux, retenir néanmoins l'ouvrier, lui refuser le paiement de ce qui lui est dû, de même que la remise de son livret et le congé d'acquit de ses engagements. Tout ceci ressort de la loi de Germinal, art. 7, et a été consacré par arrêt de la Cour de Cassation, à la date du 1er Juillet 1824. *Voyez* Dalloz, *Dictionn.*, v° OUVRIER, n° 11 ;

4° Enfin, l'engagement doit être respectivement exécuté par le maître et l'ouvrier, à peine de dommages-intérêts contre le contrevenant ; ainsi, jusqu'à ce que le temps convenu soit expiré ou l'entreprise terminée, le maître ne peut, à moins de motifs graves et personnels à l'ouvrier, renvoyer celui-ci, pas plus que l'ouvrier, sauf les mêmes motifs, ne peut abandonner le maître. Code Civ., art. 1142 et suiv., 1382.

§ 3. — *L'ouvrier qui a loué ses services doit consciencieusement employer son temps de travail, et y mettre toute son application.*

1° Que l'ouvrier ait loué ses services à la journée, à la tâche ou tout autrement, il n'en doit pas moins convenablement employer toutes les heures de travail qu'il est d'usage de donner. Se reposer trop fréquemment, c'est perdre du temps et porter préjudice au maître ; or, celui-ci, dans ce cas, est autorisé à retenir, sur les salaires de l'ouvrier, le temps mal à propos perdu, si toutefois il en peut justifier par preuve suffisante, même par la déclaration des autres ouvriers. *Voy.* C. Civ., art. 1134, 1135, 1142, 1382 ; et Lepage, *Loi des bâtiments*, t. 2, p. 50 et suiv.;

2° L'ouvrier doit, en outre, dans l'exécution des travaux, toute l'application dont il est susceptible et qu'exige l'espèce d'ouvrage qui lui est confié. — Le maître est autorisé à lui faire retoucher, à ses frais, aux travaux qu'il a mal faits ; même à les lui faire recommencer, ou à lés faire refaire à son compte. Code civil, art. 1143, 1144, 1382 ; Lepage, au lieu cité.

§ 4. — *L'ouvrier doit avoir de la probité.*

1° Celui qui embauche ou loue un ouvrier est nécessairement obligé de lui accorder quelque confiance ; or, cet ouvrier est doublement coupable lorsqu'il trahit cette confiance, soit en négligeant de faire ce que l'intérêt de son maître exige de lui, soit en trompant ou dupant par tout autre moyen ;

2° Aux termes de l'art. 386, n° 3, du Code pénal, la peine de la réclusion est encourue par l'ouvrier qui s'est rendu coupable de vol dans l'atelier, la maison ou le magasin du maître qui l'emploie. *Voyez* un arrêt de la Cour suprême, à la date du 29 Octobre 1830, rapporté par Sirey, t. 30, 1re partie, p. 368.

§ 5. — *C'est à l'entrepreneur seul que les ouvriers doivent obéir.*

1° Tout homme qui se loue volontairement à un autre, doit être disposé à obéir aux ordres de celui-ci, pourvu toutefois qu'il ne lui soit rien commandé d'illicite, de contraire à la décence, à l'ordre public, aux lois ou aux réglements et arrêtés de police. — Il pourrait d'ailleurs se dégager de l'engagement qu'il en aurait inconsidérément pris, parce qu'aux termes de l'art. 1131 du C. Civ., l'obligation qui a pour objet une chose illicite, est nulle ;

2° C'est à la personne *seule*, à l'entrepreneur qui l'a embauché, que l'ouvrier doit obéir, par la raison que cette personne, que cet entrepreneur est *seul* responsable de ses malfaçons et de ses faits civils. — Or, l'ouvrier doit écouter, respectueusement sans doute, entendre les ordres ou les indications qu'il plaît au propriétaire ou à un architecte de lui donner, mais, dans aucun cas, il ne doit les suivre, à moins que l'entrepreneur ne l'y engage lui-même. Bien plus, l'ouvrier ne p ut, par trop de complaisance, suspendre ses travaux pour écouter le propriétaire ou l'architecte ; toutes ses heures de travail appartiennent à l'entrepreneur. C. Civ., art. 1382, 1384, 1797 ; Lepage, t. 2, p. 50 et suiv.

§ 6. — *De la garantie de l'entrepreneur contre ses ouvriers.*

L'entrepreneur a le droit d'appeler ses ouvriers à sa garantie, mais *seulement* pour les faits et dans les cas suivants :

1° Lorsqu'un accident arrivé à la construction provient de la fraude par eux pratiquée et qu'ils ont eu l'adresse de masquer et de cacher ; mais cette fraude doit être prouvée ;

2° Pour les dommages-intérêts auxquels l'entrepreneur peut être condamné envers le propriétaire, pour retard dans l'exécution des travaux, si cet entrepreneur prouve que le retard provient de la négligence des ouvriers, de leur défaut d'aptitude, alors surtout qu'ils se sont dits capables ;

3° Pour l'emploi, sans en avoir prévenu l'entrepreneur, de matériaux tellement mauvais qu'en les travaillant leur défectuosité n'ait raisonnablement pu échapper à leurs lumières ;

4° Pour inobservance des règles de l'art dans l'exécution de leurs travaux ;

5° La garantie dont il est question ci-dessus a pour durée *un an,* à compter de l'acceptation des ouvrages ; cette année étant révolue, les ouvriers ne peuvent plus être assujétis, à moins qu'il n'y ait eu DOL ou FRAUDE de leur part, ce qu'il faudrait prouver.

Sur ces cinq numéros, on peut voir : C. Civ., art. 1142 et suiv. et 1382 ; Lepage, t. 2, p. 51 ; Merlin, *Répert.*, t. 1, v° BATIMENT, p. 672, n° 6 ; Desgodets, sur l'art. 127 de la *Cout. de Paris.*

SECTION 2. — DES DROITS DES OUVRIERS ET DES OBLIGATIONS DE L'ENTREPRENEUR.

§ 1er. — *Du salaire des ouvriers.*

1° Sauf le cas où l'entrepreneur et l'ouvrier ont pu convenir d'un prix, ce qui est susceptible d'être justifié, les salaires d'un ouvrier se déterminent par l'usage généralement reçu dans la contrée ; peut-être, dans certains cas et pour certains travaux extraordinaires, pourrait-on en venir à une décision par experts, s'il y avait contestation ;

2° C'est à l'entrepreneur *seul* qu'il appartient de payer ses ouvriers. On a vu ci-dessus, chap. 1er, sect. 2, § 2, n° 1er, que le propriétaire lui-même n'a pas le droit de le faire pour lui ; la raison en est, qu'ainsi qu'on l'a déjà vu, l'entrepreneur peut avoir, dans différentes circonstances, quelques retenues à faire sur les salaires de ses ouvriers ;

3° Pour le paiement de leurs salaires, les ouvriers ont, contre l'entrepreneur, tous les moyens offerts par la loi : ainsi ils peuvent faire saisir dans les mains du propriétaire, et celui-ci est tenu, après les formalités légalement remplies, de payer, mais seulement jusqu'à concurrence de ce qu'il reste devoir à cet entrepreneur ; si donc il ne doit rien, il ne peut être tenu de payer ; s'il doit un reste, ce reste se distribue au marc le franc entre les ouvriers saisissants. C. Civ., art. 1798 ;

4° Indépendamment de ce qui précède, les ouvriers peuvent, pour le paiement de leurs salaires, actionner l'entrepreneur à l'effet de l'y faire condamner. *Voyez* ci-après, chap. 6, sect. 1ʳᵉ, art. 2, § 1ᵉʳ.

Ils ont d'ailleurs un droit *direct* sur les sommes dues par le propriétaire à l'entrepreneur, et ce droit peut être exercé par préférence à tous autres créanciers de l'entrepreneur, même dans le cas où il se trouverait en faillite. Ceci résulte de l'esprit des art. 1798 et 2103, n° 4, du C. Civ., et c'est aussi ce qui a été décidé par la Cour royale de Douai, les 30 Mars et 13 Avril 1833. *Voyez* S.–Devilleneuve, 33, 2, 536, et 53; Dalloz, R. P., 34, 2, 72;

5° Pour savoir devant quelle autorité les actions peuvent être portées, et dans quel délai elles doivent être formées, on doit voir ci-après, chap. 6, § 4.

§ 2. — *Des égards que l'entrepreneur et les ouvriers*
se doivent réciproquement.

Tous les hommes, en général, se doivent des égards réciproques, et à bien plus forte raison encore lorsqu'ils ont besoin les uns des autres.

Or, les ouvriers travaillant pour le compte d'un maître, lui doivent toute la considération, tout le respect qu'il mérite, et ils sont tenus d'écouter et de suivre ses avis, ses conseils, ses indications, ses avertissements, car il est d'ailleurs civilement responsable de leurs faits.

De son côté, le maître, l'entrepreneur doit traiter ses ouvriers avec égard, douceur et politesse, et il ne doit rien exiger qui soit au-dessus de leur force ni de leur capacité.

§ 3. — *Des droits et devoirs des ouvriers sur le trésor*
qu'ils découvrent.

1° L'article 716 du Code civil accorde à l'ouvrier

qui, en travaillant chez autrui, y découvre un trésor, la moitié de ce trésor quelle que soit son importance ; l'autre moitié est réservée au propriétaire du terrain ou de la construction qui contenait l'objet. Or, l'ouvrier qui se trouve dans ce cas, doit, sous peine d'être traduit comme voleur, devant une Cour d'assise et puni des peines portées par le Code pénal, s'empresser de faire part de sa découverte à ce propriétaire et de la partager avec lui ;

2° C'est à celui-là *seul* qui fait la découverte du trésor, que la loi en attribue la moitié ; en sorte que, dans un chantier où plusieurs ouvriers seraient employés à un même ouvrage, la moitié du trésor que l'un d'entre eux découvrirait, lui appartiendrait *en totalité*, sans que les autres puissent en réclamer le partage, à moins toutefois qu'ils se soient trouvé tellement rapprochés les uns des autres au moment de la découverte du trésor, qu'il soit évident que tous ont dû le découvrir au même instant. *Voyez* les notes des art. 2710 et suiv. du *Code des Constructions et de la Contiguité ;*

3° Par cette même raison que c'est à celui-là seul qui découvre un trésor, auquel la moitié en est dévolue, l'entrepreneur n'y peut rien prétendre s'il n'a pas lui-même fait la découverte ; l'ouvrier ne peut être tenu de lui en allouer aucune part. *Voyez* les notes ci-dessus indiquées ;

4° Remarquez que pour qu'une somme d'argent ou quelques objets précieux, cachés ou enfouis, soient réputés trésor, dans le sens de la loi, et susceptibles d'être partagés entre le propriétaire et l'ouvrier, il faut indispensablement, et que la découverte que l'ouvrier en fait soit due au *hasard*, et que personne ne puisse prouver que l'objet lui appartient, par exemple, que son auteur l'avait caché ; et que l'ouvrier n'ait pas été appelé par le propriétaire, tout exprès pour fouiller ou démolir dans le but de découvrir les objets qu'il soupçonnait cachés. — Dans ce dernier cas, il est fort clair que le propriétaire surveille l'ouvrier pendant les travaux, et cette surveillance prouve suffisamment le motif qui l'a conduit à faire fouiller ou démolir ; il n'est point tenu de confier son secret à l'ouvrier, et, dans ce cas, répétons-le, cet ouvrier ne peut prétendre à aucune part dans l'objet découvert. *Voyez* Delvincourt, t. 2, p. 209, note 6 ; Duranton, t. 4, n° 316 ; Zachariæ, t. 1, p. 418 ; 15 Mars 1810, et 5 Avril 1823, Cours royales de Bruxelles et d'Orléans. *Voyez* aussi *Code des Constructions et de la Contiguité*, art. 2715 ;

5° Si le propriétaire travaillant concurremment avec l'ouvrier, découvrait un trésor, concurremment aussi avec cet ouvrier, chacun y aurait droit sans doute ; mais quelle devrait être la part de chacun ?

Je pense qu'une moitié appartiendrait au propriétaire, dans cette qualité de propriétaire, et qu'il viendrait, en outre, partager l'autre moitié avec l'ouvrier, comme ayant fait la découverte concurremment avec lui. — La raison dit que, le propriétaire ainsi placé, ne peut pas être plus mal traité qu'un étranger ou un second ouvrier travaillant avec le premier.

§ 4. — *De la responsabilité civile de l'entrepreneur à l'égard des ouvriers.*

1° Suivant l'article 1384 du Code civil, l'entrepreneur est *civilement* responsable des faits de ses ouvriers, compagnons, garçons et manœuvres ; ceci a déjà été dit ci-dessus, ch. 3, DE L'ENTREPRENEUR, sect. 1re, § 8 ;

2° Sur la question de savoir si cette responsabilité

pèse sur l'entrepreneur, même à l'égard de ce qui peut se passer entre les ouvriers eux-mêmes, par exemple, lorsque, par la faute, la maladresse ou l'imprudence de l'un, un accident grave arrive à l'autre, les Cours royales de Lyon, de Toulouse et de Douai ont jugé négativement; la Cour de Cassation elle-même avait jugé dans ce sens, le 5 Février 1828; mais, par arrêt, à la date du 28 Juin 1841, cette Cour a cassé l'arrêt de Toulouse, peut-être en eut elle fait de même de ceux de Douai et de Lyon, s'ils lui eussent été déférés. *Voy.* S.-Devilleneuve, 41, 1, 476; 42, 2, 49 et 521.

En tout cas, ces décisions doivent faire comprendre aux entrepreneurs, chefs d'ateliers et propriétaires qui font eux-mêmes exécuter quelques travaux, combien il leur importe de faire un bon choix d'ouvriers et la scrupuleuse surveillance qu'ils doivent exercer sur eux. *Voy.* ci-dessus, chap. 1er, DU PROPRIÉTAIRE, sect. 2, § 5.

CHAPITRE V.

DE L'APPRENTI.

Un apprenti est ordinairement un jeune homme, souvent un enfant, qui entre chez un maître pour y apprendre un art ou un métier.

CHAPITRE 5. — DES APPRENTIS.

SECTION 1ʳᵉ. — DU CONTRAT D'APPRENTISSAGE ; DE SA DURÉE ET DE SA RÉSOLUTION.

Division.

§ 1ᵉʳ. — *Ce que c'est qu'un contrat d'apprentissage ; de sa forme et de ses effets.*
§ 2. — *De la durée du contrat d'apprentissage.*
§ 3. — *De la résolution de ce contrat.*

SECTION 2. — DES DEVOIRS DE L'APPRENTI ; DES OBLIGATIONS DU MAITRE, ET DE SA RESPONSABILITÉ CIVILE.

Division.

§ 1ᵉʳ. — *Des devoirs de l'apprenti.*
§ 2. — *Des obligations du maître.*
§ 3. — *De la responsabilité civile du maître.*

———

SECTION 1ʳᵉ. — DU CONTRAT D'APPRENTISSAGE ; DE SA DURÉE ET DE SA RÉSOLUTION.

§ 1ᵉʳ. — *Ce que c'est qu'un contrat d'apprentissage ; de sa forme et de ses effets.*

1° Le contrat qui intervient entre un maître et un apprenti, est ce que l'on nomme *brevet* d'apprentissage ; il est soumis, par la loi du 22 Frimaire an 7, sur l'enregistrement, à un droit fixe d'un franc et le décime ;

2° Ce contrat, qui peut être souscrit par acte sous signature privée tout comme par acte public, peut aussi avoir lieu entre toutes personnes capables de s'engager ; et comme il regarde presque toujours les mineurs, ce sont les pères, mères, tuteurs ou administrateurs qui y figurent et qui répondent de son exécution ;

3° Le brevet d'apprentissage est un contrat synalagmatique dont l'effet est de lier réciproquement les parties ; en sorte que toute les conventions qui s'y trouvent énoncées et celles même qui en dérivent nécessairement, bien qu'il n'en soit pas fait mention, doivent être ponctuellement exécutées, à peine de dommages-intérêts contre le contrevenant. C. Civ., art. 1134, 1135, 1142. *Voyez* ci-après, sect. 2, § 1er et 2.

§ 2. — *De la durée du contrat d'apprentissage.*

Le temps d'apprentissage est ordinairement déterminé par le contrat, et, comme nous l'avons déjà dit, ce contrat doit être exécuté. — Si cependant aucune époque n'avait été fixée, ce serait alors l'usage qui viendrait tenir lieu de conventions.

§ 3. — *De la résolution du contrat d'apprentissage.*

1° C'est dans les dispositions de la loi du 22 Germinal an 11, qu'il faut chercher les causes propres à entraîner la résolution du brevet d'apprentissage ; or, voici ces causes :

Inexécution des engagements de l'une ou l'autre partie ;

Mauvais traitements de la part du maître envers l'apprenti. *Voyez* ci-après, sect. 2, § 2, n° 2 ;

Inconduite notoire de l'apprenti ;

Ces trois circonstances doivent être prouvées ;

Enfin, le contrat d'apprentissage peut aussi être résolu dans le cas où le temps promis pour tenir lieu du prix d'apprentissage, est exorbitant, et jugé excéder le taux ordinaire et d'usage ;

2° La force majeure est une cause de résolution de ce contrat. Par exemple si par un accident, une maladie grave ou quelque infirmité, l'apprenti était

CHAPITRE 5. — DES APPRENTIS, sect. 1re, § 2.

empêché de continuer son apprentissage, le contrat serait résolu de plein droit et sans dommages-intérêts. *Voyez* le *Dictionn.* de M. Dalloz, au mot OUVRIER, n° 8.

SECTION 2. — DES DEVOIRS DE L'APPRENTI ; DES OBLIGATIONS DU MAITRE ET DE SA RESPONSABILITÉ CIVILE.

§ 1er. — *Des devoirs de l'apprenti.*

1° L'apprenti doit à son maître tout le temps promis ou stipulé ; de plus, respect et soumission ; de plus encore, il est tenu de porter aux leçons, avertissements, remontrances et conseils du maître, toute l'attention dont il est susceptible ;

2° L'apprenti doit avoir de la probité ; il doit bien se garder de profiter de la confiance que, dans plus d'une occasion, le maître est forcé de lui témoigner, pour commettre quelque vol dans sa maison, ses magasins, ateliers ou chantiers ; s'il est assez malheureux pour le faire, il encourt la peine de la réclusion, aux termes de l'art. 386 du Code pénal ;

3° Jusqu'à ce que l'apprenti ait fini son temps d'apprentissage, il n'est pas assujéti à se munir d'un livret, parce qu'il n'est pas ouvrier dans le sens de la loi ; mais à l'expiration de ce temps, il est tenu de s'en munir, encore bien même qu'il ne quitte pas son endroit, si du moins il va travailler chez autrui en qualité d'ouvrier ou de garçon. *Voyez* ci-dessus, chap. 4, sect. 1re, § 1er.

§ 2. — *Des obligations du maître.*

1° Il est dit ci-dessus, section 1re, § 1er, n° 2, que le contrat d'apprentissage doit être sérieusement exécuté ; or, ce contrat oblige le maître à donner tous les soins et toute l'attention nécessaires à l'instruction de son élève ; il est d'ailleurs intéressé à mettre promptement celui-ci en état de lui rendre service et de lui procurer quelques bénéfices ;

2° On vient aussi de voir, section 1re, § 3, n° 1er, que les mauvais traitements que le maître fait éprouver à l'apprenti, sont une cause de résolution du contrat ; et en effet, le maître n'a que le droit d'instruire, de remontrer son élève, et non de le brutaliser, de le maltraiter, et il est responsable même des mauvais traitements que l'apprenti éprouverait de la part de quelque personne de sa maison ou sous ses ordres. C. Civ., art. 1384 ;

3° Une des obligations principales du maître envers son apprenti, est celle de congédier celui-ci dès le jour même qui termine son temps d'apprentissage ; il ne peut, par aucun motif, le retenir malgré lui, et lui refuser le congé ou certificat d'apprentissage, sous peine de dommages-intérêts dont la loi du 22 Germinal an 11 fixe, par ses art. 10 et 14, le chiffre à la valeur du triple au moins des journées écoulées depuis le dernier jour du temps de l'apprentissage.

§ 3. — *De la responsabilité civile de l'entrepreneur.*

Le maître est *civilement* responsable des dommages causés à autrui par son apprenti, et ce, pendant tout le temps que dure l'apprentissage, à moins qu'il ne prouve qu'il n'a pu être à son pouvoir d'empêcher le mal. — Par exemple, si par convention, l'apprenti ne couchait pas chez le maître, et qu'en s'y rendant ou s'en retirant, il commit une action nuisible, le maître ne pourrait être pris comme civilement responsable ; telle est l'interprétation qu'il convient de donner à l'art. 1384 du C. Civ.

CHAPITRE VI.

DU DROIT D'ACTION, DE SA PRESCRIPTION, ET DE LA COMPÉTENCE.

Division.

§ 1er. — *Du droit d'action du propriétaire.*
§ 2. — *Du droit d'action de l'architecte.*
§ 3. — *Du droit d'action de l'entrepreneur.*
§ 4. — *Du droit d'action des ouvriers.*
§ 5. — *Du droit d'action des apprentis.*

---

§ 1er. — *Du droit d'action du propriétaire.*

1° Le propriétaire a droit d'actionner, soit l'architecte, soit l'entrepreneur, pour les contraindre à remplir les engagements qu'ils ont contractés envers lui. — Ce droit d'action ne se prescrit que par trente ans (C. Civ., art. 2262), et la demande doit être portée devant le Tribunal civil, après avoir préalablement tenté la conciliation devant le Juge de paix. (Code de procédure, art. 48).

Remarquez que, ni l'architecte, ni l'entrepreneur ne peuvent, dans ce cas, être considérés comme ayant fait acte de commerce qui peut les conduire devant la juridiction commerciale : leurs promesses, leurs engagements envers le propriétaire, le contrat d'entreprise enfin ne sont rien autre chose que des actes purement civils. *Voyez* l'article 1787 du C. Civ.; Carré, 2, 558; et ci-après, § 3, n° 2;

2° Le droit d'action appartient aussi au propriétaire contre l'architecte et l'entrepreneur, pour réparation du préjudice qu'il a éprouvé par leur faute, leur ignorance, leurs malfaçons, ou quelque

CHAPITRE 6.— DU DROIT D'ACTION, DE SA PRESCRIPTION,
ET DE LA COMPÉTENCE, § 1er.

fraude pratiquée par eux ou par leurs ouvriers ; car, sauf les évènements de force majeure ou de cas fortuits, aucun motif ne saurait les relever de leur obligation de garantir.

Dans cette hypothèse, le droit d'action du propriétaire dure dix ans à compter du jour de la réception des ouvrages (C. Civ., art. 1792, 2270), et dans le cas *de dol ou de fraude*, ce droit de poursuite ne se prescrit que par trente ans, à partir du jour de la découverte de la fraude. *Voyez* ci-dessus, chap. 3, sect. 1re, § 6. C'est encore devant le Tribunal civil, qu'après essai de conciliation, la demande doit être portée, même dans le cas où l'objet de l'entreprise pourrait être rangé dans la classe des travaux publics ou communaux, comme la construction d'un temple, par exemple. C'est ce que la Cour suprême a décidé le 20 Novembre 1843. (S.-Devilleneuve, 44, 1, 243).

§ 2. — *Du droit d'action de l'architecte.*

Les droits de l'architecte contre le propriétaire, sont suffisamment énumérés ci-dessus, chap. 2, sect. 2, § 3 et 4 ; ces droits sont autant d'obligations pour le propriétaire, qui, pour leur stricte exécution, peut être actionné par l'architecte, devant le Tribunal civil de son domicile, après avoir préalablement été cité en bureau de conciliation. Le droit d'action de l'architecte ne se prescrit que par trente ans. (C. de procéd., art. 48 ; C. civil, art. 2262).

§ 3. — *Du droit d'action de l'entrepreneur.*

1° CONTRE LE PROPRIÉTAIRE, pour obtenir de lui l'accomplissement des obligations qui dérivent du marché, faute de quoi, la résolution du contrat avec dommages-intérêts (*Voir* ci-dessus, chap. 1er,

CHAPITRE 6.— DU DROIT D'ACTION, DE SA PRESCRIPTION,
ET DE LA COMPÉTENCE , § 3.

sect. 2, et chap. 3, sect. 2, § 2 et 3), l'entrepreneur
conserve son droit pendant trente ans (Code civil,
art. 2262), et, après citation en bureau de conciliation, l'action doit être portée devant le Tribunal
civil du domicile du propriétaire. (Code de procédure, art. 48 et 59);

2° Quand un entrepreneur ne réclame simplement que le prix de l'entreprise, c'est-à-dire le
prix des travaux faits, son droit d'action ne prescrit
que par trente ans, non plus; la prescription de six
mois ou d'un an dont parlent les art. 2271 et 2272
du C. Civ. ne peut lui être appliquée, car il n'est ni
ouvrier à la journée, ni marchand; tel est le sentiment de MM. Troplong *(Prescription)*, n° 954; et
Vazeille, n° 699. C'est aussi ce qui résulte d'un
arrêt de la Cour suprême, à la date du 12 Mars
1834. (S.-Devilleneuve, 35, 1, 63; Dalloz, 34,
1, 344).

Quant à la compétence, elle appartient aux Tribunaux civils. *Voyez* le même arrêt, et ce qui est
établi ci-dessus, § 1er, n° 1er;

3° Il peut y avoir plus de difficulté lorsqu'indépendamment du prix des travaux exécutés à titre
d'entreprise, l'entrepreneur réclame aussi le prix
de la matière ou des matériaux qu'il a fournis.

Un arrêt de la Cour royale de Paris, à la date du
22 Novembre 1833, rapporté par Dalloz, R. P.,
34, 2, 118, et S.-Devilleneuve, 34, 2, 184, a décidé que la prescription d'un an, établie par l'article 2272 du Code civil, était applicable à un
entrepreneur de serrurerie, pour le paiement de
ses fournitures, et c'est aussi le sentiment de
MM. Delvinc., t. 3, p. 117; Tropl., *(Louage)*,
t. 3, n° 962 et suiv.; Zachariæ, t. 3, n° 45. —
MM. Duranton, t. 17, n° 250, et Duverg., *(Louage)*,

CHAPITRE 6.— DU DROIT D'ACTION, DE SA PRESCRIPTION,
ET DE LA COMPÉTENCE, § 3.

t. 2, p. 334, 335, rejètent cette doctrine, et je partagerais leur opinion, par la raison que celui qui
s'est chargé de bâtir une maison, n'a fait en cela que
louer son travail, ses talents, son industrie; que si,
indépendamment de cela, il s'est engagé à fournir
ou procurer les matériaux nécessaires, cette fourniture ne saurait être prise que comme l'accessoire
du marché principal, celui d'entreprise, dont elle
ne peut changer la nature, et d'un louage, en former
un contrat de vente.

Empressons nous de dire toutefois, que le contraire résulte positivement des termes des art. 1711
et 1787 du C. Civ.

L'article 1711 porte, en effet, que les *devis, marché* ou *prix fait* pour l'entreprise d'un ouvrage,
moyennant un prix déterminé, sont aussi un louage
*lorsque la matière est fournie par celui pour qui
l'ouvrage se fait;* et l'art. 1787 dispose que, celui
qui se charge de fournir son travail et son industrie,
peut aussi être chargé de fournir la matière.

Il nous paraît résulter de ces deux dispositions
que, quand l'entrepreneur fournit les matériaux,
il y a louage et vente, ainsi que le dit Lepage, t. 2,
p. 60; que ces deux engagements, renfermés dans
le même contrat, sont néanmoins très-distincts l'un
de l'autre, d'où la conséquence que le droit d'action
pour le paiement du prix des travaux est régi par
l'art. 2262 du C. Civ.; et que celui en paiement de
la valeur des matériaux fournis par l'entrepreneur,
se prescrit au contraire par un an (même Code,
art. 2272), parce que, dans ce dernier cas, il y a
vente et non pas louage;

4° CONTRE LE PROPRIÉTAIRE ET L'ARCHITECTE, si,
ainsi qu'il est dit ci-dessus, chap. 3, sect. 1re, § 2,
n° 1, l'entrepreneur a eu la faiblesse de s'engager

CHAPITRE 6.— DU DROIT D'ACTION, DE SA PRESCRIPTION,
ET DE LA COMPÉTENCE, § 3.

envers le propriétaire ou l'architecte à exécuter quelque ouvrage contraire aux réglements ou arrêtés de police, ou à l'ordre public, le droit d'action lui est réservé pendant trente ans, à compter du jour de son engagement, pour s'en faire relever. (C. Civ., art. 1109, 1131, 1133, 2262).

Il résulte de là, que, s'il s'aperçoit de l'erreur dans laquelle il a été induit, il peut se refuser à y donner exécution et assigner en résolution de cette convention; que s'il l'exécute et est poursuivi par l'autorité, il peut appeler le propriétaire, l'architecte à sa garantie, et demander, selon le cas, des dommages-intérêts contre eux (C. Civ., art. 1382); que s'il ne les appèle pas en garantie dans le procès qui lui est fait, il conserve, pendant trente ans, son droit d'action *civile* contre eux, et ces trente ans ne commencent à courir que du jour de la condamnation contre lui prononcée. *Voyez* MM. Troplong, *De la vente,* n° 437 et suivants; Rolland Devillargue, *Garantie,* n° 9, 10 et 11.

Le même droit d'action civile est acquis à l'entrepreneur, et la durée de ce droit est aussi la même, alors que, sur l'autorisation *écrite* du propriétaire et de l'architecte, ou bien sur celle de l'un ou de l'autre, il a exécuté des travaux froissant les intérêts d'autrui, et contraires aux lois du voisinage ou aux règles ordinaires de l'art, travaux à l'occasion desquels il vient à être poursuivi. (C. Civ., art. 1382 et suivants);

5° CONTRE SES OUVRIERS : l'entrepreneur peut, pendant trente ans, actionner ses ouvriers, dans tous les cas ci-dessus rapportés, chap. 4, sect. 1re; le contrat d'embauchage ou du louage des services des ouvriers, doit avoir son entière exécution aussi bien que tous les autres contrats. (C. Civ., art. 1134, 1135, 1142).

CHAPITRE 6. — DU DROIT D'ACTION, DE SA PRESCRIPTION,
ET DE LA COMPÉTENCE, § 3.

Lorsque les faits qui donnent lieu à l'action sont purement civils, c'est devant les prud'hommes que les réclamations doivent être portées, et dans les lieux où il n'existe pas de conseils de prud'hommes, la connaissance en appartient exclusivement aux Juges de paix ; cela résulte nettement des dispositions de la loi du 25 Mai 1838, art. 5, et c'est ainsi que cela a été jugé, conformément à la doctrine enseignée par M. Curasson, *Compétence des Juges de paix* (2me édition), t. 2, p. 571 et suiv., par les Cours royales de Paris et de Limoges, les 5 Janvier 1841, 5 Janvier et 8 Mai 1842. — Les arrêts sont recueillis par S.-Devilleneuve (41, 2, 439 ; 43, 2, 1, 6 et 17 ; pal., 44, t. 1, 497).

Quand la cause des poursuites du maître contre son ouvrier doit conduire celui-ci en simple police, c'est devant le commissaire général de police du lieu de la situation de l'atelier dans lequel l'ouvrier a pris du travail, ou devant le maire, s'il n'y a pas de commissaire de police, qu'il doit être traduit (Loi du 22 Germinal an 11, art. 19 et 21). Dans ce cas, le droit d'action se prescrit par un an, aux termes de l'art. 640 du Code d'instruction criminelle. *Voyez* un arrêt de la Cour de Cassation, du 22 Décembre 1835, recueilli par S.-Devilleneuve, 36, 1, 23, et Dalloz, R. P., 36, 1, 24 ;

5° CONTRE SES APPRENTIS : à peu près tout ce qui se trouve sous le numéro précédent peut être appliqué ici : le maître a les mêmes droits contre son apprenti que contre son ouvrier. Le droit d'action a la même durée ; mais, lorsqu'il s'agit de l'inexécution du brevet d'apprentissage, c'est devant l'autorité du domicile de l'apprenti, c'est-à-dire du parent qui a stipulé pour lui, que la demande doit être portée. Code de procédure, art. 48 et 59. *Voyez* dans S.—

CHAPITRE 6. — DU DROIT D'ACTION, DE SA PRESCRIPTION,
ET DE LA COMPÉTENCE, § 3.

Devilleneuve, 36, 1, 23, et Dalloz, R. P., 36, 1, 34,
un arrêt de la Cour de Cassation, à la date du 22 Décembre 1835. *Voyez* aussi ci-après, § 5.

Il n'en serait pas ainsi dans le cas où il s'agirait
d'une contravention de police ou d'un délit. Dans ce
cas, la connaissance en appartiendrait au Tribunal
du lieu de la situation de l'atelier où l'apprenti travaille ; ceci résulte des termes de l'art. 21 de la loi
du 22 Germinal an 11, dont la Cour de Cassation a
fait l'application par l'arrêt ci-dessus rappelé.

§ 4. — *Du droit d'action des ouvriers.*

1° Les droits des ouvriers contre leur maître,
sont établis ci-dessus, chap. 4, sect. 2 ; et, de ces
droits dérive la faculté qu'ils ont d'actionner le maître
ou l'entrepreneur pour le faire contraindre à remplir
ses engagements. — La principale cause de l'action
d'un ouvrier contre le maître, se trouve dans le
refus ou le défaut du paiement des salaires de cet
ouvrier ; or, la demande doit être portée devant le
Conseil de prud'hommes, dans les lieux où il y en a
d'établi, et, à défaut, devant le Juge de paix du
lieu de la situation du chantier. *Voyez* ci-dessus,
§ 3, n° 4. — Mais l'action de l'ouvrier se prescrit
par six mois dans ce cas, aux termes de l'art. 2271
du C. Civ.;

2° S'il arrive, *qu'injustement*, le maître retienne
le livret de son ouvrier, ou bien se refuse, injustement aussi, à lui délivrer le congé d'acquit, cet
ouvrier a son droit d'action devant la même juridiction, et, dans ce cas, l'action rentre dans les
règles du droit commun relativement à la prescription. Mais *voyez* ci-dessus, chap. 4, sect. 1re, § 1er,
n° 9 ; et § 2, n° 3 ;

3° Il est dit ci-dessus, chap. 4, sect. 2, § 1er

CHAPITRE 6. — DU DROIT D'ACTION, DE SA PRESCRIPTION,
ET DE LA COMPÉTENCE, § 4.

nº 4, que, pour le paiement des salaires qui lui sont dus par l'entrepreneur, l'ouvrier a un droit direct et de préférence sur les sommes dues par le propriétaire; or, ce propriétaire peut être actionné par l'ouvrier pour avoir à déclarer quelle somme il doit. C'est, dans ce cas, une action civile qui doit d'ailleurs être formée dans les six mois de la cessation des travaux de l'ouvrier.

§ 5. — *Du droit d'action des apprentis.*

1º L'apprenti ou celui qui a stipulé pour lui, a son droit d'action contre le maître pour le contraindre à remplir toutes les obligations qui résultent du brevet d'apprentissage. *Voyez* ci-dessus, chap. 5;

2º Les apprentis ne sont considérés, ni comme ouvriers, ni comme gens de travail, donc les dispositions de l'art. 2271 du C. Civ. ne peuvent leur être applicables, et leur droit de demande, pour quelque cause que ce soit, contre leur maître, ne peut se prescrire que par trente ans. Code civil, art. 2262;

3º Toutes les demandes *civiles* des maîtres contre leurs apprentis, et des apprentis contre leurs maîtres, sont de la juridiction des conseils de prud'-hommes, dans les villes où il en existe, et dans les lieux où il n'en existe pas, c'est devant le Juge de paix que l'action doit être portée; l'art. 5 de la loi du 25 Mai 1838, lève toute incertitude à cet égard.

TITRE II.

DU MARCHÉ OU DEVIS;
DES OUVRAGES ET DES MATÉRIAUX.

CHAPITRE Ier.

DU MARCHÉ OU DEVIS.

Le marché est la convention par laquelle l'entrepreneur prend l'engagement d'exécuter certains ouvrages de construction ; et le propriétaire, celui de payer le prix de ces ouvrages. C'est donc un contrat de louage. C. Civ., art. 1708, 1710.

Division.

§ 1er. — *Forme du contrat ; entre quelles personnes peut avoir lieu ; ce qu'il doit contenir.*
§ 2. — *De l'interprétation et des effets de ce contrat.*
§ 3. — *De la résolution du contrat ou devis.*
§ 4. — *Des suites de la résolution du devis.*

---

§ 1er. — *Forme du contrat ou devis ; entre quelles personnes peut avoir lieu ; ce qu'il doit contenir.*

1° Le contrat ou devis peut être établi par acte sous signature privée, en double original dans ce cas, et signé des deux parties ; il peut aussi être passé par devant notaire ; il peut même avoir lieu verbalement. — Ce contrat, alors qu'il ne contient aucune obligation de somme et valeur, ni quittance, n'est assujéti qu'à un droit fixe d'un franc et le dé—

cime d'enregistrement. — Les marchés ou adjudications pour constructions doivent un pour cent d'enregistrement. (Loi du 22 Frimaire an 7, art. 68, n° 29, et 69, n° 1);

2° Le marché ou devis ne peut être souscrit qu'entre parties majeures et ayant l'exercice de leurs droits civils. (C. Civ., art. 1123 et suiv.);

3° Le contrat ou devis est l'expression de la volonté *libre* des parties, et il doit contenir l'état énonciatif de la nature, de la qualité, de l'ordre et de la distribution des ouvrages à faire; de la nature, de la qualité et de la quantité des matériaux à employer; plus, le prix convenu, et la fixation des époques pour commencer et terminer les travaux.

Quand l'entrepreneur se charge de fournir tout ou partie des matériaux, il en doit être fait mention au devis; mais si cet entrepreneur fournissait non seulement les matériaux, mais aussi le terrain sur lequel la construction devrait être établie, il y aurait alors vente, et non louage. *Voy. Code des Constructions et de la Contiguité,* art. 178 et suiv.

§ 2. — *De l'interprétation du contrat et de ses effets.*

1° Tout ce qui se trouve nettement établi au contrat ou devis n'a sans doute pas besoin d'être interprété; mais quand il y a quelque difficulté, c'est par l'interprétation du contrat qu'elle doit être levée; or, il faut rechercher quelle a dû être l'intention des parties et suivre à cet égard ce qui est indiqué par le C. Civ., art. 1134, 1135, 1156 et suiv.;

2° Supposons que le contrat porte seulement que tel entrepreneur se charge de construire une maison logeable, sur le terrain de tel propriétaire, et pour le compte de celui-ci. En un tel cas, il a dû entrer dans la pensée des parties, que les travaux seront commencés et terminés dans un délai moral; que la maison sera proportionnée au terrain qu'elle devra occuper, à la position sociale du propriétaire, et à son état de fortune; que la division en appartements et en servitudes sera réglée en proportion de la grandeur de l'édifice et suivant la destination qu'on se propose de lui donner; que si l'entrepreneur s'est chargé de fournir les matériaux, il les doit employer de bonne qualité; que les travaux seront exécutés d'après les principes et les règles de l'art; que le propriétaire paiera le prix du travail et des matériaux immédiatement après la réception des ouvrages; et si les parties ne s'accordent pas sur la fixation de ce prix, c'est le cas d'invoquer l'usage du lieu et de l'appliquer à chaque espèce d'ouvrage dont la maison se trouve composée, ou bien d'appeler un architecte, ou des experts amiablement convenus, faute de quoi, nommés d'office par les Tribunaux. Lepage, t. 2, p. 63 et suiv.;

3° Nous avons dit ci-dessus, § 1er, n° 1, que le marché peut aussi être verbal. Dans ce cas, le commencement des travaux exécutés par l'entrepreneur, au su du propriétaire qui ne s'y est pas opposé, prouve suffisamment, contre l'un et l'autre, l'existence du marché; et tout ce qui est expliqué au numéro précédent est également applicable ici. Or, sauf un empêchement *absolu* et non pas un empêchement relatif à la personne de l'entrepreneur, car s'il a entrepris au-dessus de ses forces c'est sa faute, cet entrepreneur est tenu, à peine de dommages-intérêts (C. Civ., art. 1382 et suiv.) de continuer les travaux; et, de son côté, le propriétaire est tenu de payer le prix déterminé, ainsi que cela vient d'être dit. Lepage, t. 2, p. 62;

4° Comme on vient de le voir, le contrat ou devis a pour effet d'obliger les parties à l'exécution des conventions qui y sont exprimées; or, aucun changement ne peut y être apporté sans le commun consentement du propriétaire et de l'entrepreneur, et on voit ci-dessus, tit. 1er, chap. 3, sect. 1re, § 2, 3, n° 7 et suiv., qu'aucune innovation, aucune augmentation, bien que demandées, ne peuvent être faites par l'entrepreneur, sans un ordre *écrit* du propriétaire. Si donc de graves circonstances *imprévues* s'offraient, comme si on découvrait d'anciens fondements à enlever, un roc à percer, de l'eau à épuiser, etc., l'entrepreneur devrait se faire donner une autorisation *écrite* du propriétaire, portant engagement de payer le prix de ces travaux imprévus, et, sur le refus du propriétaire, l'entrepreneur devrait suspendre les travaux et faire judiciairement décider la question, après avoir préalablement et contradictoirement fait constater le fait par un procès-verbal d'experts.

Sauf les cas ci-dessus, rien ne peut dispenser l'entrepreneur d'exécuter le contrat : ni la cherté des matériaux, ni l'augmentation du salaire des ouvriers, ni aucun autre motif, sauf un cas fortuit ou de force majeure, ne sauraient l'en dégager. *Voy. Code des Constructions et de la Contiguité*, art. 189 et suivants.

§ 3. — *De la résolution du contrat ou devis.*

Le contrat se résout :

1° Par le libre consentement des deux parties. C. Civ., art. 1134 ;

2° Par la seule volonté du propriétaire, en tel état que les ouvrages se trouvent, et sans qu'il puisse être tenu d'en faire connaître les motifs, et il peut ensuite les faire continuer par qui bon lui semble.

L'entrepreneur n'a pas le même droit : il ne peut pas faire résilier le contrat si le propriétaire n'y veut pas consentir. C. Civ., art. 1794 et 1148 ;

CHAPITRE 1ᵉʳ, § 3.

3° Par la mort de l'entrepreneur, dans le cas même où il laisse des héritiers de sa profession.

Ici, il n'y a pas non plus de réciprocité, en sorte que le contrat ne continue pas moins d'exister, bien que le propriétaire contractant décède avant la fin des travaux; or, ces travaux doivent être activement continués par l'entrepreneur, tant qu'il ne reçoit pas d'opposition légale de la part des héritiers. (C. Civ., art. 1742);

4° Le contrat n'est résolu, ni par la mort de l'architecte qui, n'ayant pas fait lui-même l'entreprise, était seulement appelé à diriger ou conduire les travaux; ni par la faillite de l'entrepreneur, suivant arrêt de la Cour royale de Caen, à la date du 20 Février 1827.

Je pense toutefois que le cas de faillite de l'entrepreneur est un cas de résolution, un cas de force majeure, et la Cour de Caen l'a tellement senti elle-même, qu'elle a en même temps décidé que les syndics de la faillite ne pouvaient être contraints à continuer les travaux. (C. Civ., art. 1134);

5° Le contrat d'entre le propriétaire et l'architecte surveillant, dirigeant ou conduisant les travaux, n'est pas résolu par la mort de l'entrepreneur. (C. Civ., art. 1134);

6° Enfin, le marché cesse d'exister alors qu'un cas fortuit ou un évènement de force majeure, dont l'entrepreneur ne s'est pas formellement chargé, vient s'opposer à son exécution. C. Civ., art. 1148, 1302, 1303.

§ 4. — *Des suites de la résolution du contrat ou devis.*

1° Lorsque la résolution du contrat résulte purement du caprice ou de la volonté du propriétaire, l'entrepreneur a droit de réclamer contre lui, non seulement le paiement de *tous les ouvrages faits,* à dire d'experts et en proportion du prix porté par le marché, mais aussi le prix des matériaux par lui fournis et employés; plus, une indemnité calculée, d'abord en raison des bénéfices qu'il aurait dû faire sur son entreprise, et ensuite, en raison de la perte qu'il peut éprouver sur les matériaux non employés, lui appartenant, et sur le nombre d'ouvriers que son entreprise l'a contraint à embaucher, et sur tous autres préjudices enfin.

. La somme fixée, peut être exigée de suite, déduction faite de ce que le propriétaire justifie avoir payé; et dans le cas où les avances excèdent cette somme, l'entrepreneur a droit à un délai moral pour se libérer, parce que son impuissance momentanée ne peut lui être imputée, mais bien au propriétaire lui-même. (C. Civ., art. 1382, 1794);

2° Lorsque la résolution du contrat arrive par le décès de l'entrepreneur, ses héritierspeuvent exiger du propriétaire, le paiement : 1° du prix des ouvrages faits, s'ils sont recevables, en prenant pour base-le prix convenu pour l'entreprise, ou à dire d'experts; 2° celui des matériaux fournis et employés par le défunt; et le prix aussi des matériaux non employés, s'ils se trouvent utilement préparés, ce qui encore peut être soumis à la décision d'un architecte, ou à celle d'experts. (C. Civ., art. 1796);

3° On a vu ci-dessus, § 3, n° 3, que le contrat n'est pas résolu par la mort du propriétaire, et que ses héritiers ont tous les droits qu'il avait lui-même; et on a vu aussi que le propriétaire peut anéantir le marché par sa seule volonté.

Or, l'héritier du propriétaire peut, par sa seule volonté, résoudre le marché. S'il en manifeste légalement l'intention, s'il adresse un acte à l'entrepreneur, celui-ci doit *aussitôt* cesser tous travaux; il n'a plus que le droit de réclamer son paiement. (C. Civ., art. 1794, 1796.)

CHAPITRE 1er, § 4.

4° Si, de plusieurs héritiers, un ou deux seulement manifestaient la volonté de résilier, et que les autres gardassent le silence, l'entrepreneur devrait assigner les premiers aux fins qu'ils aient à faire prononcer les autres, faute de quoi, voir ordonner qu'après un temps moral, les travaux seront repris et continués.

Dans ce cas, l'entrepreneur peut aussi conclure au paiement de son indemnité résultant du retard des travaux. (Delvincourt, sur l'art. 1794 du Code civil; Lepage, t. 2, p. 81 et suiv.);

5° S'il y avait un légataire de l'objet en construction, et que le marché manquât d'exécution par le fait ou la volonté de ce légataire, lui seul serait tenu d'indemniser l'entrepreneur. Celui-ci, d'ailleurs, peut appeler le légataire et en même temps les héritiers naturels, sauf à eux ensuite à se débattre. *Voy.* Code civil, art. 1794; et Delvincourt, dans son explication du t. 3, p. 447 et 448.

CHAPITRE II.

DES OUVRAGES ET MATÉRIAUX.

Division.

§ 1er. — *De la réception des ouvrages.*
§ 2. — *De la perte des ouvrages et matériaux.*

§ 1er. — *De la réception des ouvrages.*

1° L'entrepreneur ou l'ouvrier ne peut contraindre

le propriétaire à le payer, qu'alors que les ouvrages ont été, amiablement ou judiciairement, reçus ou acceptés ; ou que le propriétaire a été mis en demeure, par une sommation ;

2° Mais le propriétaire peut, sans sommation préalable, accepter les ouvrages, par lui-même ou par personnes capables, en sa présence ou lors sa présence. — S'il y a quelques difficultés, elles se lèvent par des experts choisis par les parties, faute de quoi, nommés d'office par le juge ; et, dans ce cas, les frais, tant de la nomination des experts que des honoraires de leur opération, sont supportés : par le propriétaire, s'il est décidé que les ouvrages sont bien et recevables ; et, dans le cas contraire, par l'entrepreneur qui peut être tenu alors de remédier aux vices de la construction, d'indemniser le propriétaire, même en raison du retard. Il reste d'ailleurs garant des évènements même fortuits qui pourraient survenir, et le propriétaire demeure autorisé à ne lui rien payer jusqu'à ce que les ouvrages aient été définitivement reçus ou acceptés ;

3° Quand le propriétaire se refuse décidément à recevoir ou accepter les ouvrages, l'entrepreneur lui adresse sommation, par huissier, d'avoir à les accepter dans tel délai, avec option de les faire visiter par un architecte ou par des experts.

Si cette sommation reste sans fruit, l'entrepreneur assigne le propriétaire pour s'entendre condamner à recevoir les ouvrages et à lui payer le prix de l'entreprise, sous l'option encore de faire préalablement visiter les travaux par personnes capables.

Ces démarches doivent d'autant moins être négligées, que, sans leur exécution, tous les fâcheux évènements, même par cas fortuits, qui pourraient arriver à la construction, seraient au compte de l'entrepreneur, tandis que, dans le cas contraire, ils seraient supportés par le propriétaire, si du moins il ne prouvait pas que les ouvrages étaient mal conditionnés et inacceptables conséquemment. (Lepage, t. 2, p. 7 et suiv.);

4° Il n'est pas indispensable que la réception ou acceptation des ouvrages soit constatée par écrit, elle peut suffisamment résulter de quelques circonstances dont l'acceptation devrait nécessairement s'induire; comme si, par exemple, le propriétaire prenait par lui-même ou par quelqu'un pour lui et par ses ordres, possession de la construction; s'il en recevait ou faisait recevoir les clés; s'il y faisait faire quelques travaux de telle nature que ce soit; s'il meublait, décorait les appartements; s'il payait, sans faire de réserve, le prix total des ouvrages, soit à l'entrepreneur, soit à son mandataire, etc. (C. Civ., art. 1138; Lepage, t. 2, p. 7 et suiv.);

5° Dans le cas où l'entrepreneur est en retard de livrer les ouvrages, le propriétaire peut le mettre en demeure par une sommation, puis l'assigner en délivrance et en dommages-intérêts. — Dans ce cas encore, tous les risques pèsent sur l'entrepreneur : si la construction périt, elle périt pour son compte, à moins qu'il ne prouve que cette construction fût également périe dans les mains du propriétaire si la délivrance lui en eût été faite. (C. Civ., art. 1788 et suiv.; Delvincourt, t. 3, p. 115; Lepage, *Nouveau Desgodets*, t. 2, p. 7 et suiv.);

6° Sauf le cas de la résolution du contrat, l'entrepreneur ne peut être fondé à exiger que la réception ou acceptation soit faite par le propriétaire si les ouvrages convenus ne sont pas terminés; mais ici, il y a lieu de distinguer :

Le marché peut être un forfait, c'est-à-dire avoir eu lieu en bloc pour la construction entière, moyennant un seul prix convenu ou même à déterminer;

ou bien la construction peut avoir été entreprise à raison de tant le mètre ou la toise, ou à raison de tant chaque pièce.

Dans le premier cas, l'acceptation des ouvrages ne peut être exigée que lorsque la construction de l'objet *total* est parachevée, et, jusque là, tous les risques, même de cas fortuits, sauf condition contraire, pèsent sur l'entrepreneur.

Dans le second cas, l'entrepreneur peut exiger que chaque toise ou chaque pièce soit reçue ou acceptée par le propriétaire, aussitôt sa confection ; il n'est pas tenu d'attendre que tous les travaux de l'édifice soient terminés, et il est, au fur et mesure des acceptations partielles, déchargé de tous risques, sans préjudice toutefois à la garantie dont il est question ci-dessus, titre 1er, chap. 3, sect. 1re, § 4 et suiv.

Dans ce dernier cas surtout, le paiement fait par le propriétaire à l'ouvrier, de l'intégralité du prix des travaux entrepris à la mesure ou à la pièce, équivaut à une acceptation formelle de ces travaux. (C. Civ., art. 1791, 1792 ; Delvincourt, t. 3, p. 114 ; *Nouveau Desgodets*, t. 2, p. 73) ;

7° Le propriétaire ne peut revenir contre l'acceptation qui résulte soit de sa volonté, soit d'un jugement, soit même des présomptions énumérées ci-dessus, n° 4.

Il le pourrait cependant si, avant l'expiration de dix années à partir du jour de l'acceptation des ouvrages, la construction éprouvait un accident.

Dans ce cas, il pourrait y avoir lieu à une visite par experts, à l'effet de constater si l'accident arrivé à l'édifice peut ou non être imputé à l'entrepreneur.

— S'il y avait vice de construction, les experts le constateraient par procès-verbal, et indiqueraient le remède. Dans ce cas, les nouveaux travaux à faire,

CHAPITRE 2. — § 1er.

de même que tous les frais sans exception, seraient au compte de l'entrepreneur; dans le cas au contraire où les causes de l'accident ne pourraient, d'après les experts, être imputées à l'ouvrier, les frais seraient au compte du propriétaire. (C. Civ., art. 1792, 1797; *Nouveau Desgodets*, t. 2, p. 75 et suivantes).

§ 2. — *De la perte des ouvrages et des matériaux.*

1° Jusqu'à l'acceptation légale des ouvrages ou une sommation de les recevoir, suivie de poursuites, et tant que les travaux ne sont pas terminés, tous les risques pèsent sur l'entrepreneur, encore bien qu'il travaille sous la direction d'un architecte; en sorte que, si les ouvrages et les matériaux par lui fournis ou employés périssent par un évènement quelconque, même par cas fortuit, il en supporte seul la perte, même dans le cas où la cause de l'accident reste inconnue, parce que la présomption est contre lui. — Mais il peut faire cesser cette présomption, en démontrant et justifiant que les causes de l'évènement ne peuvent, en aucune manière, être imputées ni à lui, ni à ses ouvriers, ni aux matériaux qu'il a fournis ou employés.

Si, par exemple, l'accident provenait du vice caché et tellement non apparent des matériaux fournis par le propriétaire, que ce vice ait dû échapper à ses investigations, dans ce cas, tout comme dans celui où la faute proviendrait du propriétaire ou des personnes de sa maison, l'entrepreneur ne serait nullement responsable; bien plus, le prix de ses ouvrages et fournitures lui serait dû et devrait lui être payé, et il aurait également droit à une indemnité pour les travaux qu'il ne lui serait plus possible d'exécuter.

Si, dans ce cas d'exemple, il y avait néanmoins

possibilité, au moyen de quelques travaux en dehors du marché fait, de reprendre et continuer les
ouvrages, l'entrepreneur devrait exécuter ces travaux extraordinaires, et le prix lui en serait dû *en
sus de celui convenu pour l'entreprise.* (Code civil,
art. 1382 et suiv., 1788 et suiv., 1136, 1137, 1148;
Delvincourt, sur les art. 1790 et 1792 du C. Civ.;
Lepage, *Nouveau Desgodets*, t. 2, p. 4, 6, 7, 47, 48,
73 et suiv.);

2° Dans le cas où l'évènement est dû à un cas
fortuit, si quelques ouvrages ont échappés, qu'ils
puissent être vérifiés et qu'ils soient acceptables,
l'entrepreneur a droit d'en exiger le prix. (C. Civ.,
art. 1788; Delvincourt, sur cet article; *Nouveau
Desgodets*, t. 2, p. 73);

3° Dans tous les cas où la perte des ouvrages ou
des matériaux fournis par le propriétaire peut être
imputée à l'entrepreneur, non seulement celui-ci
perd le prix de ses travaux et de ses fournitures,
mais il est en outre et sans diminution, tenu d'indemniser le propriétaire de toutes les pertes qu'il a
éprouvées, et même du retard. (C. Civ., art. 1135,
1149, 1150, 1302, 1382 et suiv., 1797; Delvincourt, t. 1, p. 113; Merlin, *Répert.*, t. 1, p. 313
et 672; Lepage, t. 2, p. 73).

TITRE III.

DES DIFFÉRENTES SORTES DE CONSTRUCTIONS.

Les deux principaux objets des constructions sont LE MUR et LES MAISONS ; or, nous pensons devoir commencer ce titre par le mur, et immédiatement les maisons, pour suivre ensuite l'ordre alphabétique à l'égard des autres sortes de constructions.

CHAPITRE Ier.

DES MURS.

ART. 1er. — DE LEURS DISTINCTION ET DIVISION.

Division.

§ 1er. — *De la distinction des murs.*
§ 2. — *De leur division.*

§ 1er. — *De la distinction des murs.*

On distingue neuf espèces de murs, savoir :
1° Le mur de SIMPLE CLÔTURE. L'unique destination de celui-ci est de séparer les héritages contigus, sans supporter de bâtiment de part ni d'autre ;

2° Le mur SÉPARATIF OU DE SÉPARATION, qui, comme le premier, sépare les héritages, mais qui, de plus, est destiné à recevoir et supporter des bâtiments d'un côté et de l'autre ;

3° Le mur DE FACE OU DE FAÇADE. Les quatre gros murs qui forment une maison pourraient, dans certains cas, recevoir cette dénomination, mais c'est ordinairement au seul mur formant le devant d'une maison qu'elle est donnée. — Un pareil mur, longeant la voie publique, est légalement assujéti à recevoir les attaches des réverbères et candélabres ; il ne peut d'ailleurs être construit, réparé ni démoli, sans une autorisation de la police, ainsi que cela est expliqué ci-après, chap. 2, art. 3;

4° Le mur D'APPUI OU MURETTE, qui sert aux terrasses et que l'on monte ordinairement à un mètre à partir du sol de la terrasse ; il sert à soutenir les terres et à appuyer les bras ou les coudes ;

5° Le mur DE REFEND, dont la destination est de diviser la maison en appartements.

Ce mur doit être érigé aplomb des deux côtés, et avoir 44 centimètres d'épaisseur ; cependant l'usage est de le remplacer par un parpaing, par une cloison ;

6° Le mur DE SOUTÈNEMENT. Celui-ci est une murette, un contre-mur servant à garantir, fortifier, soutenir un mur, une terrasse ou des terres ; son élévation et son épaisseur doivent être proportionnées au service qu'il est appelé à rendre;

7° Le CONTRE-MUR. Ce qui précède a déjà fait pressentir ce qu'est un *contre-mur*. On a vu que sa destination est de protéger, garantir, préserver, soutenir un mur ou tout autre objet. Quant aux principes qui lui sont relatifs, il faut voir ci-après, chap. 8 ;

8° Le GROS MUR. La dénomination *de gros mur*

est donnée, non pas seulement aux quatre murs qui forment l'édifice ou la maison, mais bien aussi aux murs de refend, aux pignons, jambes de pierre, pans de bois, cloisons en charpente et maçonnerie quand elles règnent de fond en comble; aux cloisons formant la séparation des appartements, lorsqu'elles portent des planchers et qu'elles sont formées de poteaux assemblés à tenons et mortaises, par le haut et par le bas, dans des sablières stables. Enfin, les murs de clôture, de séparation et de soutènement sont aussi des *gros* murs; tout ceci est enseigné par Lepage, t. 1, p. 52 et 53; et par Toussaint, *Code de la Propriété*, au mot MUR;

9° Enfin, le MUR DE CLÔTURE FORCÉE. Le mur de clôture forcée n'est rien autre chose que le mur, soit de simple clôture, soit de séparation dont il est question ci-dessus (n° 1 et 2), mais qui se trouve situé dans une ville ou un faubourg.

§ 2. — *De la division des murs.*

Les murs se divisent d'ailleurs ainsi qu'il suit :

1° MUR NON CONTIGU. C'est celui qui est séparé de l'hérilage du voisin par un espace quelconque ;

2° MUR CONTIGU. C'est celui qui touche immédiatement la propriété du voisin ;

3° MUR MITOYEN. Celui-ci porte sur la ligne séparative des deux héritages contigus, et appartient en commun aux propriétaires de ces héritages.

Nous allons commencer par le mur de clôture forcée.

ART. 2. — DU MUR DE CLÔTURE FORCÉE.

Division.

§ 1er. — *De l'obligation de construire le mur de clôture forcée.*

§ 2. — *De l'élévation à donner au mur de clôture forcée.*

§ 3. — *Des matériaux à employer, des dimensions à observer et des règles à suivre.*

§ 4. — *De l'obligation d'entretenir, réparer et reconstruire, et de la faculté d'abandonner le droit de mitoyenneté.*

———

§ 1er. — *De l'obligation de construire le mur de clôture forcée.*

1° Il n'y a d'obligation d'établir un mur de clôture forcée que pour les villes et leurs faubourgs; partout ailleurs, la clôture est purement facultative. « Chacun peut contraindre son voisin, *dans les villes et faubourgs*, porte l'art. 663 du C. Civ., à contribuer aux constructions et réparation de la clôture faisant séparation de leurs maisons, cours et jardins *assis es-dites villes et faubourgs*; »

2° Il résulte de là, que, quand il n'existe pas de mur commun entre deux héritages bâtis ou non bâtis, mais situés dans une ville ou un faubourg, l'un des voisins n'a pas le droit, de son autorité privée, d'en construire un, dont il poserait la moitié de l'épaisseur précisément sur la ligne séparative de ces héritages; mais il a celui d'exiger de son voisin que cette clôture soit ainsi établie à frais communs. — En d'autres termes, chaque voisin, dans ce cas, est tenu de fournir la moitié du terrain nécessaire à l'épaisseur du mur, et, de plus, il doit payer la moitié des frais de la construction, tant en matériaux qu'en main-d'œuvre;

3° L'un des voisins ne saurait se soustraire à cette obligation, encore bien qu'il eût déjà clôturé son terrain, par une haie, une palissade, un fossé, un mur à pierres sèches, et même par un mur construit à chaux et à sable, si, dans ce dernier cas, il avait laissé un espace quelconque de terrain en dehors de ce mur. Si, au contraire, aucun espace n'avait été laissé, c'est-à-dire si le propriétaire du mur avait pris tout son terrain, ce mur alors joindrait, sans moyen, l'héritage du voisin, et ce voisin aurait le droit, ainsi qu'on le verra ci-après, de le rendre mitoyen;

4° Remarquons, que le but de la clôture forcée n'étant autre que d'empêcher les voisins de voir trop facilement les uns chez les autres, il est indifférent que le mur de clôture soit mitoyen ou bien qu'il appartienne exclusivement à l'un des voisins; si donc les deux voisins contigus s'en accordent, ce mur peut appartenir exclusivement à l'un, et l'autre voisin, dans ce cas, n'est assujéti, sauf convention contraire, qu'à souffrir, sur son héritage, le passage des ouvriers, pour les travaux d'entretien, de réparations ou de reconstruction de ce mur, et conséquemment la pose des échelles, des échafaudages, des outils et matériaux;

5° Il faut bien remarquer aussi, que, dans les termes et l'intention de la loi, la clôture est exigée aussi bien à l'égard des terrains non bâtis qu'à l'égard des maisons ou constructions, d'où il suit, d'abord, que l'un des voisins peut contraindre l'autre à établir, à frais communs, un mur entre leurs terrains non bâtis, quelle que soit leur nature, et ensuite, qu'après l'établissement de la clôture commune, l'un des voisins pourrait, sans que l'autre put s'en plaindre, laisser son terrain vacant, ou bien démolir les constructions qu'il y avait au moment de l'édification du mur de clôture forcée.

Sur les cinq numéros précédents, on peut voir : C. Civ., 663; Malleville, sur cet article; Locré, t. 8, p. 342; Solon, n° 210; Toullier, t. 3, n° 462;

Lepage, t. 1, p. 103, 104; Pardessus, nᵒˢ 227, 228; un arrêt de Cassation, du 5 Décembre 1832, et un de la Cour royale d'Amiens, du 25 Août 1838;

6° On a vu ci-dessus, n° 1, que l'obligation de contribuer à l'élévation d'un mur de clôture n'est imposée aux voisins qu'alors que les deux héritages se trouvent l'un et l'autre situés dans une ville ou un faubourg. Il résulte de là, que celui qui posséderait un héritage, bâti ou non, et situé à l'extrémité d'une ville ou d'un faubourg, n'aurait pas le droit de contraindre son voisin contigu, dont l'héritage se trouverait en dehors de cette ville ou de ce faubourg, à établir, à frais communs, la clôture dont parle l'art. 663 du C. Civ. — Il n'en serait pas ainsi dans le cas où la propriété voisine se trouverait située en partie dans la ville ou le faubourg, et en partie en dehors; dans ce cas, la première de ces parties, quelque minime qu'elle fût, serait régie par les dispositions de cet article de la loi. *Voy. Code des Constructions et de la Contiguité*, art. 414 et suivants;

7° Une ville peut avoir été administrativement divisée, savoir, en partie urbaine et en partie rurale. On se demande si les dispositions de l'art. 663 du C. Civ. sont aussi bien applicables à la partie rurale qu'à la partie urbaine?

Cette proposition pourrait bien ne pas être sans quelques difficultés; toutefois, je l'ai à peu près négativement résolue par l'art. 2845 de mon *Code des Constructions et de la Contiguité.*

§ 2. — *De l'élévation à donner au mur de clôture forcée.*

1° Il faut tout d'abord savoir que le Code civil n'a pas d'effet rétroactif (art. 2), que, conséquemment, ce qui va suivre ne peut s'appliquer aux murs dont l'existence remonte au-delà du 10 Février 1804, qu'alors seulement qu'il devient nécessaire de les reconstruire en totalité ;

2° Quant aux murs établis depuis le 10 Février 1804, l'art. 663 du C. Civ. en détermine la hauteur à 32 décimètres, compris le chaperon, pour les villes de 50,000 âmes et au-dessus ; et à 26 décimètres, pour les autres villes.

Remarquez toutefois, que la loi ne fixe cette élévation que pour les lieux où il n'existe ni réglements, ni usage constants et reconnus par des actes ou par des jugements ; que dans les villes où il en existe, ce sont ces réglements ou ces usages qui doivent être suivis.

Remarquez aussi que l'élévation prescrite par les réglements, les usages ou la loi, ne peut être moindre, mais que rien n'empêche qu'elle soit excédée ; ainsi les deux voisins ou l'un d'eux peut exhausser le mur. *Voy.* Malleville, sur l'art. 663 du C. Civ.; Toullier, t. 3, n° 462, et tous les auteurs.

§ 3. — *Des matériaux à employer, des dimensions à donner et des règles à suivre.*

1° En général, l'usage du lieu où on construit doit être pris pour règle sur la nature des matériaux à employer, sur les dimensions à donner, sur la profondeur des fondations et fondements ; sur l'épaisseur à donner au mur tant en fondation qu'en élévation, en prenant en considération l'élévation que le mur devra avoir, la charge qu'on se propose d'y mettre, la nature des matériaux et le plus ou moins de solidité du fonds ou terrain sur lequel le mur devra être posé. *Voyez* ci-après, n° 5;

2° En général aussi, on donne aux murs de clôture forcée, comme à tous murs séparatifs construits à moellons, mortier, chaux et sable, susceptibles de supporter des constructions, une épaisseur d'un mètre (3 pieds), et une pareille profondeur de fondations ou fondements;

3° Mais cette profondeur des fondations varie encore en raison, soit de la charge à supporter par le mur, soit de l'état du terrain. Si le fonds est très solide, s'il y a du roc, par exemple, on conçoit que, le mur étant monté d'aplomb, une faible profondeur de fondations doit suffire; que si, au contraire, le fonds est mou, fangeux, en un mot peu solide, il pourrait devenir nécessaire de porter les fondations plus bas que d'usage. C'est, au surplus, ce à quoi l'entrepreneur doit prendre garde, puisque, comme il est dit plus haut, titre 1er, chapitre 3, il répond des évènements qui arrivent, même par le vice du sol. (29 Octobre 1785, ordonnance de police; Toussaint, *Code de la Propriété,* n° 1823; Toullier, t. 3, n° 167; *Pandectes françaises,* t. 5, p. 435);

4° Quant aux règles à suivre pour l'exécution des travaux, elles sont les mêmes partout; ce sont les règles de l'art de bâtir, et ces règles ne peuvent varier que par un concert unanime;

5° Il suit des numéros précédents, que la clôture forcée doit être en pierre, chaux et sable, c'est-à-dire en maçonnerie, et non en bois, palissade ni en pierres sèches, sans mortier ni liaisons. Cela résulte positivement de l'expression *mur* employé dans l'article 663 du C. Civ.

Il a néanmoins été décidé, par arrêt de la Cour de Cassation, le 5 Décembre 1832, qu'une clôture en pan de bois, établie par le père de famille, ne pouvait être remplacée par un mur, sans la commune volonté des deux voisins, à moins qu'il n'y eût nécessité démontrée, et, dans ce cas, le mur doit poser sur l'emplacement du pan de bois, encore qu'il faille prendre les fondations entières dans la cave de l'un des voisins. Mais pour l'application de cet arrêt, il faut indispensablement que le fait de destination du père de famille soit prouvé.

§ 4. — *Des réparations et reconstructions, et de l'abandon de la mitoyenneté.*

1° **A** moins d'une stipulation contraire et écrite, le mur de clôture forcée est mitoyen; or, les frais d'entretien, de réparations et de reconstruction de ce mur doivent être supportés par les voisins, cha-cun en proportion du droit ou de l'intérêt qu'il y a. Voilà l'esprit de l'art. 663 du C. Civ.;

2° Mais l'un des voisins intéressés au mur peut-il, contre la volonté de l'autre, abandonner son droit de mitoyenneté pour s'affranchir de tous frais?

Cette grave question n'est pas encore unanime-ment résolue. *Voyez* ci-après, art. 5, § 10.

Ce qu'il y a de bien certain au moins, c'est que la faculté d'abandonner ne peut être contestée à l'égard de toute la portion du mur qui excède la hauteur légale; et celui qui fait l'abandon ne peut, en aucune manière, se servir ensuite du mur. (Toullier, t. 3, n°s 216 et suiv., et les auteurs).

ART. 3. — DU MUR NON CONTIGU.

Division.

§ 1er. — *Ce que c'est qu'un mur non contigu, et à qui il appartient.*
§ 2. — *Ce qu'on peut ou non y faire.*
§ 3. — *Des servitudes dont il peut être grevé.*

———

§ 1er. — *Ce que c'est qu'un mur non contigu, et à qui il appartient.*

1° Le mur non contigu est celui qui ne joint pas

immédiatement l'héritage du voisin, qui s'en trouve séparé par un espace quelconque ;

2° Un tel mur appartient ou est au moins présumé appartenir exclusivement au propriétaire du terrain sur lequel il existe, et, par la raison qu'un espace quelconque le sépare de la propriété voisine, il ne peut pas devenir mitoyen contre la volonté de celui à qui il appartient, voilà la règle. Mais cette règle peut recevoir les modifications suivantes :

Si l'espace intermédiaire dépend du domaine public ou communal, en se conformant aux réglements et arrêtés de police, le propriétaire du mur peut jouir librement de ce mur et y faire tout ce que bon lui semble sans doute, sans rien redouter du voisin. — Mais, si la destination publique ou communale de cet espace change, si le terrain est vendu à un particulier, dans ce cas le mur devient contigu ; l'acquéreur peut le rendre mitoyen et restreindre considérablement les droits que le propriétaire y avait.

Une autre modification à la règle générale, peut résulter aussi du peu de largeur du terrain laissé par le propriétaire du mur, entre ce mur et l'héritage du voisin. Si cet espace est tellement étroit qu'il ne paraisse propre qu'à empêcher le voisin d'acheter la mitoyenneté du mur, sans autre utilité d'ailleurs pour le propriétaire, dans ce cas, le voisin pourrait être autorisé à acquérir la propriété de l'espace séparatif et la mitoyenneté du mur. Tels sont les principes du voisinage, rapprochés du Code civil, art. 544, 545, 552, 661 ; et tel est aussi le sentiment de tous les auteurs, suivi d'ailleurs par la Cour royale de Limoges, suivant arrêt à la date du 31 Octobre 1837. *Voy. Code des Constructions et de la Contiguité,* art. 429 et sa note.

§ 2. — *Ce qu'on peut faire ou ne pas faire à un mur
non contigu.*

1° On vient de voir ci-dessus, § 1ᵉʳ, que le propriétaire d'un mur non contigu peut exercer sur ce mur tous les droits résultant de la propriété, sauf toutefois certaines modifications.

A cet égard, les architectes, les entrepreneurs et les simples ouvriers même, sont fréquemment appelés par les propriétaires à décider si, à un mur quelconque, on peut ou non faire tels ou tels ouvrages, et notamment si on y peut pratiquer des ouvertures de simple jour, ou des ouvertures de vue droite ou oblique ; de même encore, si on peut ou non masquer et même exiger la suppression de celles de ces ouvertures qui existent depuis long-temps déjà. — Ces différents points de décision sont souvent embarassants pour les hommes de l'art et même pour les avocats et les magistrats. Voici des indications qui, bien comprises, mettront tous les hommes de l'art et de la science des bâtiments dans le cas, non seulement de se conduire eux-mêmes, sans recourir aux lumières des juristes qui peuvent aussi se tromper, mais encore d'éclairer les propriétaires, et d'éviter les procès.

Nous venons de dire que le propriétaire d'un mur non contigu, peut, sauf quelques modifications, user et abuser même de ce mur. Mais cette règle a encore d'autres sages limites : par exemple, le propriétaire ne pourrait abuser de son droit par pur caprice, par méchanceté et dans l'objet de nuire, *sans nécessité,* à son voisin. — Il ne serait pas admis à peindre ou badigeonner son mur de manière à absorber le jour de la maison en face, ou à produire un reflet nuisible à la personne qui l'occupe. — Le voisin, au contraire, pourrait, *s'il y avait nécessité,* obtenir la permission de faire blanchir ce mur, à ses frais, si toutefois les travaux étaient praticables sans échafauder, sans hacher le mur et sans piquer les moellons.

Quant aux ouvertures que le propriétaire peut vouloir faire pratiquer, de même qu'à celles qui existent au mur depuis longues années, il faut se familiariser avec les distinctions suivantes, et ne pas oublier qu'il s'agit ici d'un mur non contigu, c'est-à-dire d'un mur qui est séparé de l'héritage du voisin par un espace quelconque.

PREMIÈRE DISTINCTION.

L'espace séparatif appartient au propriétaire du mur.

1° Si l'espace qui sépare le mur et la propriété voisine offre une distance de dix-neuf décimètres (6 pieds), toute espèce d'ouverture peut être pratiquée et conservée au mur. (C. Civ., art. 678, 679);

2° Si la distance est de moins de six décimètres (2 pieds), aucune vue, ni droite ni oblique ne peut être ouverte; mais on peut pratiquer au mur des lucarnes, des soupiraux de cave, et même des vues légales fermées et grillées, et montées à la distance ou élévation de vingt-six décimètres (8 pieds) si c'est au rez-de-chaussée, et dix-neuf décimètres (6 pieds) si c'est aux étages supérieurs. (C. Civ., art. 676, 677);

3° Si des lucarnes, des soupiraux de caves, des vues légales existent déjà, le voisin ne peut en exiger la suppression que dans le cas seulement, où, conformément à ce qui est établi ci-dessus, § 1er, n° 2, il acquiert la mitoyenneté du mur et *l'utilise ensuite de son côté;*

4° Si des ouvertures de vue droite ou oblique existent depuis long-temps au mur, le droit de les conserver peut résulter d'un contrat, ou de la destination du père de famille, bien prouvée, ou, enfin, de la possession de trente ans. Dans ces divers cas, ni le défaut de distance, ni l'acquisition de la mitoyenneté du mur, ne sauraient autoriser le voisin à demander la suppression des ouvertures, ni à en diminuer l'usage en les masquant ou obstaclant. *Voy. Code des Constructions et de la Contiguité*, art. 2911 et suiv., 2922 et suiv.

DEUXIÈME DISTINCTION.

L'espace séparatif appartient par moitié aux deux voisins, ou bien il est destiné à l'usage de quelques particuliers.

1° On doit tout d'abord comprendre que si la portion de l'espace, reconnue appartenir au propriétaire du mur, met, entre ce mur et la portion des autres, une distance de dix-neuf décimètres, ce que l'on vient de voir, *première distinction*, n° 1, devient applicable ici ;

2° Que si au contraire cette portion laissait moins de distance, ce seraient alors les n°ˢ 2, 3 et 4 de la même distinction, qu'il faudrait appliquer ;

3° Il a été jugé par la Cour royale de Caen, le 24 Août 1842 (*Journal du Palais*, 43, t. 2, p. 640), que quand l'espace séparatif appartient indivisément aux deux voisins, chacun peut pratiquer toute espèce d'ouverture dans son mur, parce que, dans ce cas, chaque communiste peut jouir de la totalité du terrain commun, pourvu qu'il n'en empêche pas l'usage à l'autre.

Remarquez toutefois que si le terrain commun ne mettait pas entre les deux héritages limitrophes, la distance voulue par la loi, la décision de la Cour de Caen ne saurait être suivie.

TROISIÈME DISTINCTION.

L'espace intermédiaire dépend du domaine public ou communal.

Ici, la faveur est grande !

1° Tels que soient la nature, l'étendue et la largeur de cet espace, le propriétaire du mur peut y pratiquer tous les ouvrages et toutes les ouvertures de vues libres que bon lui semble, en se conformant toutefois aux lois sur la voirie et aux réglements de police ;

2° De son côté, le voisin en face peut user des mêmes avantages, encore bien qu'il put en résulter quelque préjudice ou incommodité pour le premier, si toutefois les entreprises de ce voisin n'avaient rien que de licite, et s'il n'était pas dirigé par le seul désir de nuire. (*Code des Constructions et de la Contiguité*, art. 436);

3° Dans le cas de cette troisième distinction, les ouvertures, de telle nature et dimensions qu'elles soient, ne pourront être supprimées que si l'espace séparatif change de destination, comme s'il devient propriété privée par vente ou concession; et, dans ce cas, il est dû indemnité au propriétaire. — La police peut aussi ordonner la suppression des ouvertures, et ce, sans indemnité, parce que la faculté d'ouvrir sur la voie publique n'est que précaire et ne constitue pas de droit de servitude réelle.

§ 3. — *Des servitudes dont le mur non contigu peut être grevé.*

Un mur, quoique non contigu, peut être assujéti à quelques servitudes. ou légales ou conventionnelles. — Légales, si l'espace qui le sépare de la propriété privée du voisin est ou devient une dépendance du domaine public ; — conventionnelle, comme dans le cas, par exemple, où il y aurait prohibition écrite d'élever ce mur au-delà d'une hauteur déterminée par le contrat. — Dans ce cas, le mur ne pourrait être exhaussé, en supposant même que l'espace intermédiaire fût converti en un passage public. Mais si, contre la prohibition stipulée, le propriétaire du mur l'exhaussait et restait pendant trente ans ensuite en possession *libre* de cet exhaussement, le droit de le conserver lui serait irrévocablement acquis.

Enfin, la prohibition d'élever ou d'exhausser le mur, n'entraîne pas celle de planter des arbres sur le terrain séparatif. (Fournel, t. 2, p. 50 et suiv.; Lepage, t. 1, p. 254, 257; Desgodets, no'e 5me sur l'art. 194, *Cout. de Paris;* Pardessus, nos 234 et 264; 12 Décembre 1836 et 30 Mars 1837, Cour de Cassation).

ART. 4. — DU MUR CONTIGU.

Division.

§ 1er. — *Ce que c'est qu'un mur contigu, et de la faculté d'en construire.*

§ 2. — *Des droits du propriétaire et des obligations du voisin.*

§ 3. — *Du moyen de distinguer les ouvertures anciennes de vue légale de celles constituant un droit de servitude.*

§ 4. — *Des dimensions et des matériaux.*

§ 5. — *De l'obligation d'en céder la mitoyenneté.*

§ 6. — *Des servitudes auxquelles il peut être tenu.*

---

§ 1er. — *Ce que c'est qu'un mur contigu, et de la faculté d'en construire.*

1° Le mur *contigu* est celui qui se trouve construit sur l'extrémité du terrain de celui à qui il appartient, en sorte que ce mur touche ou joint *immédiatement* l'héritage voisin ;

2° Le propriétaire d'un terrain peut y construire tous les murs qu'il lui plait, et leur donner l'éléva-tion que bon lui semble. — Il peut donc établir un mur sur la dernière ligne de ce terrain, mais, dans ce cas, il est tenu de faire préalablement régler l'alignement avec le terrain contigu. Si ce terrain est une propriété privée, c'est avec le propriétaire que l'alignement doit être fixé, par écrit ; s'il dépend du domaine public ou du domaine communal, l'alignement doit être fixé par une déclaration *écrite* émanant de l'autorité administrative, qui, indépendamment de l'alignement, doit aussi délivrer, quand il y a lieu, la permission de construire. Le défaut de déclaration de la fixation de l'alignement, dans ce cas, ou l'absence d'une autorisation *écrite et en bonne forme* de bâtir, entraine, contre le propriétaire, la double peine de l'amende et de la démolition, et l'entrepreneur ou l'ouvrier en est garant ;

3° Le droit d'un propriétaire, de construire sur la dernière ligne de son terrain, et de donner à cette construction telle élévation qu'il veut, peut encore être restreint par une convention entre les deux voisins, et même aussi dans l'intérêt public. Dans le premier cas, la servitude de ne point élever de mur, ou de n'en élever un que jusqu'à telle hauteur, peut avoir été stipulée. Dans ce cas, la construction ne peut point exister, ou ne peut être élevée au-delà de la hauteur fixée par le contrat. — Empressons nous de dire toutefois que, si, contre la stipulation écrite, le mur était construit ou porté à une élévation excédant celle convenue, et était conservé ainsi pendant trente ans, sans opposition légale, le droit de le conserver serait acquis, aux termes de l'article 226, du C. Civ

CHAPITRE 1ᵉʳ. — Art. 4, DU MUR CONTIGU, § 1ᵉʳ.

Dans la seconde hypothèse, celle de l'intérêt public, la faculté que nous donne l'art. 544 du même Code, a aussi ses limites de même que nous venons de le dire. Ainsi, il est défendu de construire une maison dans le voisinage d'un nouveau cimetière, sans laisser une distance de cent mètres entre le cimetière et les murs de la maison; ainsi on ne peut, dans les villes, élever un mur ou une maison au-delà de la hauteur fixée par les réglements de voirie; ainsi encore, on ne peut construire un mur à la proximité des places de guerre, des fortifications, même de certains édifices publics, sans en avoir préalablement obtenu l'autorisation écrite.

Sur ce paragraphe, *voy. Code des Constructions et de la Contiguité*, art. 442 et suiv., et leurs notes.

§ 2. — *Des droits du propriétaire et des obligations du voisin.*

1° Sauf les modifications désignées au paragraphe précédent, le propriétaire d'un mur contigu peut user et abuser même de ce mur, pourvu qu'il respecte les règles du voisinage. Mais, comme un pareil mur peut devenir mitoyen quand il plait au voisin contigu, on doit conseiller à celui qui le fait construire d'y faire observer les règles de l'art; d'employer des matériaux convenables; d'observer et pratiquer les distances et les ouvrages intermédiaires prescrits par les réglements et la loi, s'il y veut appliquer ou adosser quelque ouvrage. C. Civ., art. 674;

2° Le voisin est tenu de souffrir les incommodités qui sont inséparables de la contiguité : ainsi, le propriétaire du mur peut y ouvrir des lucarnes, des soupiraux de caves, des vues légales, comme on va le voir dans un instant. Ainsi le voisin est tenu, dans le cas de réparation ou reconstruction du mur, de souffrir, de son côté, si cela est nécessaire, le passage des ouvriers, la pose des échelles et des matériaux, sans indemnité dans les villes, dit M. Pardessus, et avec indemnité dans les autres lieux ;

3° Il peut arriver que le voisin de celui qui fait construire un mur contigu, lui permette de poser ce mur en tout ou en partie sur son terrain. — La Cour de Rouen a décidé, le 26 Juillet 1842, que, dans ce cas, le voisin ne peut ensuite et quand il lui plait, en exiger la démolition, à moins qu'il ne s'en soit réservé le droit par un contrat non encore prescrit, ou bien dans le cas où le mur tomberait avant l'expiration de trente ans à partir du jour de sa construction entière.

Voyez, sur ces trois numéros, *Code des Constructions et de la Contiguité,* art. 442 et suiv., et leurs notes.

4° Celui qui porte son mur sur la dernière ligne de son terrain, ne peut, par aucun moyen, faire écouler les eaux de ses toits, de ses cuisines ou de tous autres lieux sur la propriété de son voisin, pas plus, qu'il ne peut, sauf la création d'une servitude, établir à son mur ou à sa maison et autres constructions, aucun ouvrage en saillie sur cette propriété.

Pour de pareils faits, les entrepreneurs ou ouvriers peuvent être pris à partie ; ainsi il est de leur intérêt de ne pratiquer aucun *entablement, terrasse, balcon, corniche, toiture, pierre d'évier* ou autres saillies, que dans le cas où, malgré leurs observations et leur refus, le propriétaire aurait l'entêtement de le vouloir, *et leur en donnerait l'ordre écrit ;*

5° A l'égard des ouvertures de jour et de vues qui peuvent ou non être pratiquées dans un mur contigu, de même qu'à l'égard de celles qui s'y trou-

CHAPITRE 1er. — Art. 4, DU MUR CONTIGU, § 2.

vent déjà, plusieurs distinctions fort importantes sont à faire ; les ouvriers qui s'en pénétreront en retireront de grands avantages.

PREMIÈRE DISTINCTION.

Le propriétaire du mur veut y pratiquer des lucarnes, des soupiraux de cave ; ou bien il en existe déjà, et il veut les conserver.

De pareilles ouvertures, *non fermées ni grillées*, ne peuvent être établies si le voisin s'y oppose. Prétendre que l'usage le permet, ce serait commettre une grave erreur : ni l'usage, ni la tolérance ne peuvent contraindre à souffrir *qu'il en soit pratiqué.*

Si des ouvertures existent déjà au mur, il y a alors tolérance ; mais la tolérance n'équivaut pas au droit.

Or, trente ans et plus se seraient écoulés depuis leur existence, que le voisin n'en aurait pas moins la faculté, soit de les masquer, soit de les supprimer s'il achetait la mitoyenneté du mur. — Il le pourrait encore, alors même que le propriétaire invoquerait la destination du père de famille, parce que la destination du père de famille ne vaut qu'à l'égard des servitudes *continues et apparentes,* et que des lucarnes et des soupiraux de cave ne sont pas rangés dans cette classe. *Voy.* MM. Pardessus et Solon.

DEUXIÈME DISTINCTION.

Ce sont des vues légales que le propriétaire veut faire ouvrir ; ou bien il veut conserver celles qui s'y trouvent déjà.

Sauf un titre qui le proscrive, ou sauf le cas où le voisin aurait des constructions, des appartements appuyés sur ou contre le mur, constructions qu'il aurait acquis le droit de conserver, toute vue légale fermée et grillée C. Civ., art. 676, 677) peuvent être pratiquées au mur.

Mais l'existence d'une vue de cette nature n'est *jamais* que précaire; ainsi, quelque laps de temps qui se soit écoulé, le voisin peut, *quand il en a besoin*, car il n'y serait pas reçu si son but n'était que de nuire, soit la masquer par un mur ou par tout autre objet, soit la faire supprimer, s'il prend la mitoyenneté du mur *pour l'utiliser de son côté.*

TROISIÈME DISTINCTION.

Le propriétaire du mur veut y ouvrir des vues libres, droites ou obliques; ou bien il veut conserver celles qui s'y trouvent déjà.

Puisque le mur joint immédiatement la propriété du voisin, il ne peut y être pratiqué de vues libres sans le consentement de celui-ci (C. C., 678, 679).

Mais ces sortes d'ouvertures sont rangées dans la classe des servitudes *continues et apparentes* dont le droit s'acquiert par la destination du père de famille, et par la possession publique et continue de trente ans, sans opposition.

Si donc les ouvertures avaient moins de trente ans d'existence, mais qu'elles eussent incontestablement été établies par le père de famille, elles devraient continuer d'exister sans que le voisin pût obstacler leur exercice; et il en serait de même si leur existence remontait à trente ans. (C. Civ., 688 et suiv.)

QUATRIÈME DISTINCTION.

Le voisin a acquis le droit de conserver des constructions soutenues par le mur contigu. Il veut ouvrir ce mur pour prendre jour ou vue; ou bien il veut conserver les ouvertures qu'il y a déjà.

La servitude d'appui ne donne pas le droit de

percer le mur. Or, le voisin ne pourrait pratiquer aucune sorte d'ouverture au mur, contre le gré du propriétaire.

S'il l'avait néanmoins fait, les principes qui précèdent devraient être appliqués; en sorte que, trente ans d'existence de ces ouvertures, donneraient, en l'absence d'un titre négatif, le droit de les conserver toujours. C. Civ., art. 2262;

6° Il n'est pas besoin de dire, que tant que le voisin d'un mur qui lui est contigu n'en a pas acheté la mitoyenneté, il ne peut *en aucune manière* se servir de ce mur, pas même y adosser ou appliquer tel objet que ce soit, pouvant lui nuire peu ou beaucoup. Or, l'entrepreneur ou l'ouvrier appelé par le voisin d'un tel mur, à y faire ou à y adosser un ouvrage quelconque, doit, sous sa responsabilité personnelle, s'assurer préalablement à tous travaux, si le mur est ou n'est pas mitoyen, et, dans l'un ou l'autre cas, observer les distances et pratiquer les maçonneries intermédiaires prescrites par les usages locaux ou par l'art. 674 du C. Civ.;

7° Le propriétaire du mur contigu est d'ailleurs intéressé à ne souffrir aucune construction appuyant sur son mur, attendu que, sauf un titre en bonnes formes attestant la tolérance, le droit de conserver la construction, pourrait s'acquérir par trente ans de possession; et, dans ce cas, le propriétaire du mur ne pourrait plus y exercer les actes d'un propriétaire exclusif, en ce sens, qu'il serait tenu de souffrir perpétuellement les constructions du voisin sur son mur, et qu'il ne pourrait jamais percer ce mur à l'endroit où ces constructions se trouveraient établies, pas même pour en obtenir une vue légale. (Fournel, t. 2, p. 43; Pardessus, n°s 142, 199, 200; Paillet, sur l'art. 654 du C. Civ., n° 9; le même, sur l'art. 661, n° 2; Desgodets. — *Voyez* d'ailleurs *Code des Constructions et de la Contiguité*, les notes des art. 447, 448 et 449).

§ 3. — *Du moyen de distinguer les ouvertures an-ciennes de vue légale, de celles constituant un droit de servitude.*

Tout le monde sait, et principalement les hommes de l'art, 1° qu'on est libre de donner aux ouvertures de vue, c'est-à-dire aux fenêtres, telles formes et telles dimensions que l'on veut; 2° qu'aucune loi ne déterminant l'élévation que devra avoir l'appui ou accoudoir de la fenêtre, chaque propriétaire le fait placer plus ou moins haut, suivant son goût et ses besoins; 3° qu'une ouverture destinée à donner un droit de vue droite ou même oblique, est une ou-verture *libre*, c'est-à-dire ouvrant et fermant à volonté; qu'une pareille fenêtre est toujours revêtue d'un chassis mobile ou cadre propre à recevoir des vitres, et presque toujours de contrevents propres à clôre.

On sait, d'un autre côté, que les ouvertures de simple jour ont ordinairement une forme différente de celles des vues; que leurs dimensions moins élevées en diffèrent essentiellement; qu'elles sont presque toujours sans appui ou accoudoir; qu'elles n'ont ou n'ont eu ni cadre pour vitrage, ni contre-vents ou volets pour les fermer; que les ouvertures qui se rapprochent davantage de celles donnant le droit de vue, sont les ouvertures connues autrefois sous la dénomination de *vues de coutume* et aujour-d'hui sous celle de vues légales; qu'à la différence des vues libres, droites ou obliques, l'appui, accou-doir ou enseuillement des vues de coutume et légales doit se trouver monté à au moins vingt-six déci-mètres (8 pieds) au-dessus du plancher de l'appar-tement éclairé, si l'ouverture est au rez-de-chaussée,

CHAPITRE 1er.— Art. 4, DU MUR CONTIGU, § 3.

ou à dix-neuf décimètres (6 pieds), si cette ouverture est à un étage supérieur. *Voy.* Desgodets, sur la *Coutume de Paris*, art. 200, et le C. C., art. 677). Qu'indépendamment de cette différence voulue par la loi, les vues de coutume, comme les vues légales, ont dû, de même qu'elles doivent encore, être revêtues d'un chassis à verre dormant et d'un treillis en fer, maillé, l'un et l'autre attachés à perpétuelle demeure en quelque sorte. (Desgodets, *idem;* Code Civ., art. 676).

Or, tout ceci bien compris, il ne peut plus être difficile de reconnaître si une ouverture, quelle qu'ancienne qu'elle soit, constitue une servitude de vue que le possesseur soit autorisé à conserver, ou bien si cette ouverture ne donne qu'un simple droit de jour ou de souffrance que le voisin puisse masquer ou supprimer s'il rend le mur mitoyen.

Les dimensions de l'ouverture, sa forme, les gonds ou leurs emplacements, les trous des barreaux de fer ou du grillage, et tous autres vestiges quoique vieux et usés, sont autant d'objets à consulter pour arriver à une juste et légale décision.

S'il existe quelques traces qui puissent faire naître la pensée que l'usage de l'ouverture a été restreint par des barreaux de fer ou par un treillis, cette ouverture ne doit alors être considérée que comme une vue légale ou un simple jour qui ne constitue aucun droit de servitude sur l'héritage du voisin, tel que soit d'ailleurs le laps de temps de son existence.

Si, au contraire, aucun vestige de ce genre n'existe; si l'ouverture a l'aspect d'une fenêtre ordinaire, d'une ouverture libre ayant dû ouvrir et fermer à volonté, cette ouverture constitue alors une servitude de vue que le voisin ne peut masquer ni supprimer, si elle a d'ailleurs acquis trente ans d'existence; ce qui doit être prouvé.

Remarquez encore que s'il apparait que les dimensions de l'ouverture ont été plus fortes anciennement qu'elles ne le sont aujourd'hui, s'il est évident que la hauteur et la largeur en ont été réduites, c'est une preuve qu'il y a eu modification du droit primitif et que l'ouverture ainsi modifiée ne présente plus qu'un simple jour ou qu'une vue de souffrance si l'on veut.

Tous ces indices sont sans doute propres à motiver une sage décision ; mais ce qui caractérise plus particulièrement le simple droit de jour, c'est-à-dire la vue de coutume ou légale, c'est la distance qui existe entre le plancher et l'ouverture. — Si donc l'élévation de l'appui au-dessus du niveau du sol ou du plancher de l'appartement éclairé est telle qu'un homme ne puisse, sans s'exhausser, porter ses regards sur l'héritage du voisin, l'ouverture n'a pu et ne peut constituer une servitude de vue ; elle n'a donné et ne donne que le simple droit de recevoir l'air ou la lumière, droit qui, ne constituant aucune servitude réelle, ne peut, quelle que soit l'ancienneté de l'ouverture, s'opposer à ce que le voisin puisse, soit la masquer par un mur ou par tout autre objet ; soit la supprimer en achetant la mitoyenneté du mur dans lequel cette ouverture se trouve pratiquée. (Pour la justification de cette décision, *voy. Code des Constructions et de la Contiguïté*, note sur l'art. 2876 *bis*, 3ᵐᵉ édition).

§ 4. — *Des dimensions et des matériaux.*

Tout propriétaire est sans doute maître de donner au mur qu'il fait construire sur son terrain, telles dimensions qu'il lui plait, et il peut, en général, y faire employer les matériaux qui lui conviennent.

Cette faculté peut néanmoins être modifiée dans

CHAPITRE 1ᵉʳ. — Art. 4, DU MUR CONTIGU, § 4.

le cas où la construction doit joindre immédiatement une voie publique, et dans celui encore où le mur à construire joindra immédiatement la propriété du voisin, parce qu'alors ce mur sera susceptible de devenir mitoyen.

Dans le premier de ces deux cas, les dimensions à donner au mur et les matériaux à y employer doivent être conformes à ce que prescrivent les réglements de la police locale ; et dans le second cas, il faut se conformer en tous points à ce qui est établi ci-dessus, *Mur de clôture forcée*, chap. 1ᵉʳ, art. 2, § 2 et 3.

§ 5. — *De l'obligation d'en céder la mitoyenneté.*

1° En tous lieux, villes et faubourgs, bourgs, villages et hameaux, tout mur contigu, *excepté les murs appartenant aux fortifications ou à tous édifices publics, tant qu'ils conservent leur caractère d'inaliénabilité,* est susceptible de devenir mitoyen, *en totalité ou en partie seulement,* lorsqu'il plait au voisin dont l'héritage joint *immédiatement* ce mur, de payer le prix amiablement convenu, faute de quoi, à dire d'experts, de la moitié du terrain qu'il occupe, et la moitié de la maçonnerie dans l'état actuel où elle se trouve.

Remarquez toutefois qu'il est dans l'intention de la loi que le voisin mal à l'aise puisse, comme le riche, acheter la mitoyenneté du mur qui le joint immédiatement. Or, s'il a plu au propriétaire de ce mur de le faire construire avec des dimensions, des matériaux, en un mot, des frais plus chers, plus considérables que de coutume et d'usage, le voisin acquéreur de la mitoyenneté ne doit néanmoins que le prix d'une construction ordinaire et conforme à l'usage. (*Voy.* les notes des art. 451, 452, 458, 460 de mon *Code des Constructions et de la Contiguïté*);

2° Nous venons de dire que le prix de cession doit, s'il n'est pas amiablement convenu, être fixé par experts. Dans ce cas, si le voisin prétendant à la mitoyenneté, a fait, par un acte, des offres au propriétaire du mur, et que, d'après le procès-verbal des experts, ces offres soient suffisantes, les frais de l'expertise sont pour le compte du propriétaire qui a refusé les offres; dans le cas contraire, c'est-à-dire s'il n'y a pas eu d'offres régulièrement faites, ou si, y en ayant eu, elles se trouvent insuffisantes, les frais sont au compte du voisin prétendant. *(Voyez* la note de l'article 454 du *Code des Constructions et de la Contiguité)*;

3° On vient de voir, n° 1, que *tout mur contigu* peut devenir la propriété commune des deux voisins. L'obligation d'en céder la mitoyenneté est écrite dans toutes les lois du voisinage et elle est répétée par l'art. 661 du C. Civ. — Cette règle peut être invoquée contre tout possesseur à tel titre que ce soit, mineur ou majeur; et elle doit avoir son exécution encore bien que le mur eût la servitude d'égout sur l'héritage du voisin, ou qu'il fut pourvu d'ouvertures prenant jour, lumière ou vue sur cet héritage. Mais, dans le premier cas, la servitude d'égout doit être respectée, c'est-à-dire que, quel que soit l'usage que le voisin acquéreur de la mitoyenneté puisse faire du mur, les eaux doivent toujours être dirigées de manière à tomber sur sa propriété et non du côté opposé; — dans le second cas, il ne pourrait y avoir de difficulté qu'alors seulement que la servitude de *vue droite ou oblique* serait acquise par titre, destination du père de famille ou prescription. — Dans ce cas, la mitoyenneté ne pourrait être prétendue que jusqu'à hauteur de l'appui des fenêtres, sans pouvoir en aucune manière nuire à l'usage de la servitude de vue.

CHAPITRE 1er.— Art. 4, DU MUR CONTIGU, § 5.

(Voy. mon *Code,* 2me édition, art. 3031, ou 3me édition, art. 2929);

4° Dans aucun cas et par aucun motif, le propriétaire d'un mur contigu ne peut contraindre son voisin à en acheter la mitoyenneté; mais lorsque celui-ci veut une clôture commune, il ne peut exiger qu'un nouveau mur, posé sur la ligne séparative des deux héritages, soit élevé à frais communs; il est tenu de prendre la mitoyenneté de celui qui s'y trouve, tel qu'il est d'ailleurs, et quel que soit son état de vétusté, sauf à le faire rebâtir ensuite, et même à frais communs, s'il y a nécessité pour les deux voisins, ce qui peut être soumis à la décision d'hommes de l'art. — Remarquez toutefois que si le mur se trouve suffisamment solide pour l'usage auquel il était destiné, mais qu'il ne le soit pas en raison des ouvrages que l'acquéreur y veut faire, les travaux de consolidation doivent être à son compte;

5° De son côté, le propriétaire du mur ne peut, sous aucun prétexte, se soustraire à l'obligation d'en céder la mitoyenneté, voulut-il même le démolir, si toutefois le voisin lui avait, par un acte, signifié avant cette démolition, manifesté sa volonté de rendre le mur mitoyen. (*Voyez* le même *Code,* art. 451, 455, 456, 465, et un arrêt de la Cour royale de Rouen, à la date du 29 Janvier 1841, rapporté par S.–Devilleneuve, 41, 2, 262);

6° On vient de voir que le voisin peut ne prendre du mur que ce qu'il lui en faut pour ses besoins. Or, il n'est tenu de payer que proportionnellement à la portion du mur qu'il rend mitoyenne. — Observez bien que s'il ne rend mitoyenne que la partie basse du mur, il ne peut prétendre ensuite à une indemnité pour la charge occasionnée par la partie haute : ce fait était à sa connaissance lors de son acquisition, et il a dû être pris en considération lors de la fixation du prix de cette acquisition ; c'est un point généralement reconnu ;

7° La faculté qu'a le voisin de rendre le mur qui le joint mitoyen, *en tout ou en partie*, est de droit (C. Civ., art. 661), et ce voisin est dispensé de faire connaître les motifs qui le dirigent ;

8° Il ne faut pas trop étendre le droit de ne prendre du mur qu'une certaine portion : si cette portion est prise dans le haut du mur, pour la surcharger ensuite de quelques constructions, par exemple d'un balcon ou autre saillie ne touchant point au sol, il faut alors prendre la mitoyenneté, à partir de la plus basse fondation jusque et compris l'élévation à occuper. — Si encore, il s'agit d'une cheminée à adosser au mur, il faut payer non seulement la mitoyenneté de la portion du mur que cette cheminée et son tuyau devront occuper en largeur et hauteur, mais aussi le *pied d'aile* comportant trente-trois centimètres de chaque côté. (*Voy.* mon *Code,* art. 463 et suiv., et ci-après, ch. 8, DES CHEMINÉES, § 5, n° 7).

§ 6. — *Des servitudes auxquelles il peut être tenu.*

Le mur contigu est, comme toutes les autres propriétés immobilières, susceptible d'être grevé de servitudes réelles, soit par conventions, soit par destination du père de famille, soit enfin par la prescription.

Cet objet concernant bien plutôt la propriété que les constructions, je m'écarterais trop du sujet que je traite ici si j'abordais cette matière.

Je dois donc me borner à dire que toutes les servitudes relatives à un mur, doivent être respectées, — qu'elles peuvent s'acquérir par la prescription, comme elles peuvent se perdre par le non usage et par une possession contraire de trente ans. (*Voyez* mon *Code des Constructions et de la Contiguïté*, aux mots : MURS, SERVITUDES, VUES).

ART. 5. — DU MUR MITOYEN.

Division.

§ 1er. — *Ce que c'est qu'un mur mitoyen, et comment il peut se trouver tel.*

§ 2. — *De la présomption de mitoyenneté.*

§ 3. — *Dans quelles proportions le mur est réputé mitoyen.*

§ 4. — *Des preuves et signes de non mitoyenneté.*

§ 5. — *Des matériaux, dimensions et élévation.*

§ 6. — *Droits des co-propriétaires.*

§ 7. — *Obligations des co-propriétaires.*

§ 8. — *Des réparations, entretien et reconstruction.*

§ 9. — *Ce que les servitudes deviennent quand on reconstruit le mur.*

§ 10. — *De l'abandon de la mitoyenneté.*

§ 11. — *De la faculté d'exhausser le mur mitoyen et de ses modifications et conditions.*

§ 12. — *De l'acquisition de la mitoyenneté de l'exhaussement du mur mitoyen.*

§ 13. — *De l'abandon de la mitoyenneté de l'exhaussement, et de la faculté de la reprendre.*

---

§ 1er. — *Ce que c'est qu'un mur mitoyen, et comment il peut se trouver tel.*

1° Le mur mitoyen est celui qui, séparant deux héritages contigus, appartient en commun aux propriétaires de ces deux héritages ;

2° Un mur peut être mitoyen dès son origine, comme dans le cas où, pour la première fois, les deux propriétaires contigus le font construire à frais

communs et font placer le point milieu de son épaisseur sur la ligne séparative de leurs héritages, en
sorte que chacun fournit la moitié du terrain nécessaire à l'assiette de ce mur.

Un mur non mitoyen dès son origine, peut le
devenir, s'il plait au voisin dont il touche le terrain,
d'en acheter la mitoyenneté ; c'est ce qu'on voit ci-
dessus, art. 4, § 4.

Un mur peut aussi être rendu mitoyen par la
destination du père de famille : c'est le cas où on
peut prouver que les deux héritages étaient précé-
demment réunis dans la même main, et que le possesseur ou propriétaire les a mis et laissés dans l'état
où ils se trouvent. Enfin, un mur peut devenir mitoyen par la prescription : c'est le cas où le voisin
d'un mur contigu a, depuis au moins trente ans,
exercé sur ce mur des actes de co-propriété apparents, tels par exemple que s'il y a construit, s'il
y a appuyé, pratiqué quelques ouvrages.

§ 2. — *De la présomption de mitoyenneté.*

1° En tous lieux, villes et campagnes, tout mur
qui sépare immédiatement deux héritages bâtis ou
non bâtis, est réputé mitoyen s'il n'y a titre, marque, signe ou possession contraires. (Code civil,
art. 653).

Ceci a besoin d'être étendu.

2° Le mur qui sépare immédiatement deux bâtiments quelconques n'est présumé mitoyen que jusqu'à *l'héberge*, c'est-à-dire jusqu'au toit de celle de
ces constructions qui se trouve la moins élevée.
(C. Civ., art. 653). Le contraire semblerait cependant avoir été jugé par arrêt de la Cour royale de
Bordeaux, à la date du 1er Février 1839, dont le
pourvoi en Cassation a été rejeté ; mais il s'agissait
d'une appréciation de faits et de l'interprétation des

CHAPITRE 1ᵉʳ. — Art. 5 , DU MUR MITOYEN, § 2.

titres ; ainsi la règle de l'article cité n'a pu être méconnue en décidant que le peu de distance qui existait entre la toiture de la maison la moins élevée et la sommité du mur qui la supportait, ne permettait pas de penser qu'en stipulant par les contrats, que le mur serait mitoyen, le vendeur et les acquéreurs eussent entendu que la mitoyenneté serait restreinte aux prescriptions de l'art. 653, C. Civ.;

3° Pour qu'un mur soit présumé mitoyen, il n'est pas indispensable que les héritages qu'il sépare soient de même nature ; ainsi, le mur qui est placé entre une cour et un jardin, est réputé mitoyen. Il en est de même de celui qui, supportant des constructions d'un côté, a, de l'autre côté, une cour ou un jardin, si du moins ces propriétés sont situées dans une ville ou son faubourg ; mais dans ce cas, la mitoyenneté en faveur de la cour ou du jardin, n'est présumée que jusqu'à la hauteur de clôture forcée ; et on comprend que, dans ce cas, la présomption de mitoyenneté cesserait si le mur était situé en tout autre lieu que dans la ville ou le faubourg, à moins toutefois qu'il n'existât encore quelques marques, quelques vestiges suffisamment apparents d'où on put acquérir la conviction que, du côté de la cour ou du jardin, le mur a supporté quelque construction. Dans ce cas, la mitoyenneté pourrait être présumée jusqu'à la hauteur et dans toute l'étendue des marques ou vestiges. Toullier, t. 3, n° 185; Pothier, SOCIÉTÉ, n°ˢ 202, 242; Pardessus, n° 159;

4° Le mur entre deux héritages également clos dans les champs, est présumé mitoyen; et il en est ainsi de celui qui sépare une cour ou un jardin, d'un pré, d'un bois et même d'une terre labourable. Mais il faut dans tous les cas, que les héritages, les prés, les bois, les champs, etc., se trouvent également ment dans l'état de clôture parfaite, c'est-à-dire

CHAPITRE 1ᵉʳ.— Art. 5, DU MUR MITOYEN, § 2.

qu'ils soient également *enclos*, également et parfaitement entourés; la présomption de mitoyenneté du mur n'existerait pas en faveur de celle de ces propriétés qui ne serait fermée qu'en partie seulement. *(Voyez* mon *Code*, art. 477 et suiv.);

5° Mais le mur qui sépare deux fonds, soit de terre, soit de prés, bois, marais, etc., également déclos, doit être présumé mitoyen jusqu'à la preuve ou marque contraire *(Idem*, art. 481);

6° Le mur qui fait partie d'une terrasse ne peut être présumé mitoyen; il a évidemment été construit dans l'objet de soutenir le terrain le plus élevé. Merlin, *Répert.*, vᵒ MITOYENNETÉ, § 1ᵉʳ, nᵒ 5; Pardessus, nᵒ 164.

§ 3. — *Dans quelles proportions le mur est présumé mitoyen.*

Dans les villes et leurs faubourgs, la mitoyenneté du mur de clôture ou de séparation est présumée jusqu'à la hauteur légale, tout au moins; mais, là comme en tous autres lieux, la présomption de mitoyenneté doit être dans les proportions de la volonté apparente des parties.

Si donc les dimensions, en étendue et en hauteur, des constructions que le mur supporte d'un côté et de l'autre sont égales, nul doute que le mur ne doit bien être réputé mitoyen dans toute la hauteur et l'étendue de ces constructions.

Si, d'un côté seulement, les constructions existent jusqu'au sommet du mur et que les constructions qui se trouvent de l'autre côté ne soient montées que jusqu'à une certaine hauteur, le mur n'est présumé mitoyen que jusqu'à cette certaine hauteur, et l'excédant est réputé appartenir exclusivement au propriétaire de la construction la plus élevée. C'est ce qu'on a vu ci-dessus, § 2, nᵒ 2.

CHAPITRE 1er.— Art. 5, DU MUR MITOYEN, § 3.

Si l'élévation du mur excède *également* celle des constructions de droite et de gauche, l'excédant de hauteur doit être réputé mitoyen comme le reste du mur, à moins toutefois que la surélévation ne portât d'un côté et non de l'autre une marque ou un signe de non mitoyenneté, car, dans ce cas, ce signe serait attributif de la propriété exclusive de la surélévation en faveur du voisin du côté duquel il se trouverait.

Si le mur dépasse en hauteur la construction la plus élevée, M. Pardessus a écrit (n° 160), que l'excédant devrait être réputé mitoyen.

Messieurs Delvincourt, (t. 1, p. 394), Duranton, (t. 5, n° 306), et Dalloz, *(Jurisprudence générale;* t. 12, p. 36, n° 7), sont d'une opinion contraire, et je pense, comme ces savants, que l'excédant d'élévation doit exclusivement appartenir au propriétaire de la construction la plus élevée.

Si le mur servait simplement de clôture à deux terrains dépourvus l'un et l'autre de constructions, ce mur serait présumé mitoyen dans toute son étendue et son élévation.

§ 4. — *Des preuves et signes de non mitoyenneté.*

1° Le mur n'est présumé mitoyen que jusqu'à preuve contraire (C. Civ., art. 653); mais il n'y a pas lieu de rechercher par la voie de l'expertise si, en l'absence de titre, le mur était originairement non mitoyen, lorsqu'il se trouve suffisamment pourvu de signes, de marques et même d'indices ou de vestiges indiquant visiblement qu'il a dû être mitoyen; par exemple, si du côté non bâti existent encore les traces *apparentes* de bâtiments qu'il aurait supporté. (Toullier, t. 3, n° 188; arrêt de Cassation, du 18 Juillet 1837);

2° Les preuves de la non mitoyenneté d'un mur

peuvent résulter de contrats ou titres; de circonstances non équivoques; de signes ou marques; de faits de possession exclusive suffisamment visibles et prolongés. (C. Civ., art. 653 et 654).

Pour plus de clarté je vais diviser ce point en six articles.

Art. 1er. — *Des titres contraires à la présomption de mitoyenneté.*

Nul doute que la présomption de mitoyenneté ne tombe devant un titre légalement souscrit s'il attribue à l'un des voisins la propriété exclusive du mur, et si l'autre voisin n'a pas, pendant trente ans à compter de la date de ce titre, fait quelque acte apparent de co-propriété, ou si encore, à partir de la même date, le mur n'a point été revêtu de signes ou marques caractéristiques de la mitoyenneté; car, dans ces deux cas, le titre n'aurait évidemment plus de force. (*Voyez* mon *Code.* art. 492 et les notes).

Art. 2. — *Circonstance non équivoque.*

La présomption de mitoyenneté ne pourrait résister si l'un des voisins, aidé même par l'état ancien et actuel des lieux, prouvait ou démontrait que son bâtiment a été construit longtemps avant celui de l'autre, et dans des circonstances où il n'était d'aucune utilité pour celui-ci. — Si encore, ainsi que le dit très judicieusement M. Solon, p. 118, la profondeur des fondements, la forte épaisseur du mur, la liaison de ses matériaux à ceux *semblables* des autres murs de ce bâtiment, démontraient que, construit en même temps que les trois autres gros murs de bâtiment, le mur prétendu mitoyen dépend exclusivement de ce bâtiment.

CHAPITRE 1er.— Art. 5, DU MUR MITOYEN, § 4.

ART. 3. — *Signes ou marques contraires.*

Observations préliminaires.

Les signes contraires à la présomption de mitoyenneté adoptés par l'art. 654 du C. Civ , sont : le chaperon, les filets et les corbeaux. Mais le Code civil n'ayant point d'effet rétroactif (art. 2), il s'ensuit que les signes ou les marques adoptés par les coutumes ou les réglements sont encore applicables aux murs construits avant le 10 Février 1804. — Il pourrait se faire que l'un des signes adopté par le Code civil, comme devant faire preuve contre la présomption de mitoyenneté, produisit l'effet contraire sous l'empire de quelque coutume. Dans ce cas, le propriétaire exclusif du mur ferait prudemment, soit de changer les signes ou marques, soit de faire constater son droit par un titre amiablement souscrit, soit par un jugement. Tous les auteurs sont d'accord sur ce point.

De même, quand l'un des co-propriétaires d'un mur mitoyen exhausse ce mur, l'autre doit exiger que le chaperon ou autres signes de mitoyenneté soient rétablis, afin qu'au bout de quelques années celui qui a exhaussé ne puisse pas prétendre à la propriété exclusive de ce mur. (Delvincourt, t. 1, p. 554, notes, n° 6).

ART. 4. — *Du chaperon.*

Le *chaperon* d'un mur est sa sommité présentant un plan incliné. — Cette inclinaison ou pente se trouve quelquefois des deux côtés du mur et quelquefois d'un seul côté. — Dans le premier cas, l'écoulement des eaux pluviales devant avoir lieu des deux côtés du mur, on peut, sauf la preuve d'une servitude acquise, et sauf le cas encore où le mur serait revêtu de corbeaux ou même de filets d'un seul côté, considérer ce mur comme étant mitoyen ; dans le second cas au contraire, le mur est réputé, sauf la preuve contraire, appartenir exclusivement au voisin du côté duquel le plan incliné se trouve. Tel est le sentiment unanime des auteurs.

ART. 5. — *Des corbeaux.*

Il ne faut pas confondre les corbeaux avec les harpes ou pierres d'attente, qui ne sont point indiquées par la loi comme signe de non mitoyenneté. — Les corbeaux sont des pierres saillantes qu'on place à distance dans le mur lorsqu'on le construit ; elles ne peuvent être remplacées par des pièces de bois.

Les corbeaux sont ordinairement destinés à supporter les poutres des planchers, c'est pourquoi ces pierres sont taillées à plat sur le dessus et arrondies au-dessous, et, dans ce cas, on les nomme *corbeaux droits*. Lorsque ces pierres se trouvent placées de manière qu'elles ont le côté plat en dessous et le côté arrondi en dessus, on les nomme *corbeaux renversés*, elles sont prises alors pour signe de la mitoyenneté du mur où elles se trouvent.

Les corbeaux *droits* au contraire sont des signes non équivoques de la propriété exclusive du mur en faveur du voisin du côté où ils se trouvent (Code civil, 654) ; même dans le cas où n'ayant pas été placées au mur lors de sa construction, elles l'auraient été postérieurement à la date d'un titre portant cession de la mitoyenneté du mur, si toutefois ces corbeaux avaient acquis trente ans d'existence à partir de la date du titre ; de même aussi, dans le cas où le mur se trouverait chaperonné des deux côtés, et que, de plus, il se trouverait également pourvu de filets d'un côté et de l'autre. Sauf M. Du-

CHAPITRE 1er. — ART. 5, DU MUR MITOYEN, § 4.

ranton, tous les auteurs, tant anciens que modernes, professent cette doctrine. *Voyez* d'ailleurs Solon, n° 139, p. 123.

ART. 6. — *Des filets.*

Les filets que l'on nomme aussi larmiers, corniches, condons, plinthes, sont des pierres saillantes placées au bas du chaperon du mur, pour empêcher les eaux pluviales d'en endommager le parement. — On remplace par fois les pierres de filets par une ligne saillante en tuiles, en briques ou en ardoises.

Aux termes de l'art. 654 du C. Civ., des filets placés d'un seul côté du mur, ce mur fut-il même chaperonné des deux côtés, s'il n'est pas revêtu de corbeaux, indiquent que ce mur appartient exclusivement à celui des voisins qu'ils regardent. Mais cette présomption de propriété exclusive ne se rapporte uniquement qu'à la partie du mur où les filets existent ; en sorte que le bas de ce mur ne cesse pas pour cela d'être réputé mitoyen, jusqu'à preuve contraire ; et il en serait ainsi de la partie supérieure, si le voisin prouvait, par quittance, sa contribution aux frais de construction ou de réparation de cette partie supérieure.

Remarquez toutefois que pour que les filets aient le mérite d'anéantir la présomption de mitoyenneté, il faut qu'ils aient été placés au mur au moment de sa construction, ou que leur existence remonte à trente ans au moins. Tel est le sentiment de Desgodets, Lepage, Delvincourt, Pardessus, Duranton et Solon, suivi par la Cour royale de Grenoble. (*Voy. Code des Constructions et de la Contiguité*, n°⁵ 503 et suivants).

Remarquez encore que, contrairement à un arrêt rendu par la Cour royale de Toulouse, du mois d'Août 1836, des filets placés des deux côtés d'un mur ne seraient point une preuve en faveur de la mitoyenneté de ce mur; des signes de non mitoyenneté tels que le chaperon ou les corbeaux l'emporteront. (Toullier, t. 3, n° 190; Duranton, t. 5, n° 312; Solon, n° 137).

ART. 7. — *De la possession et de la prescription.*

Celui qui, pendant un an au moins, est en possession de l'un des signes déterminés par l'art. 654 du C. Civ., signes dont il est question au paragraphe précédent, est réputé propriétaire exclusif du mur qui le sépare de l'héritage de son voisin; ainsi ce mur ne peut plus être présumé mitoyen.

Mais cette possession annale n'aurait aucune force si le voisin opposait un titre *valable* déclaratif de la mitoyenneté du mur. — Un pareil titre pourrait, à son tour, être victorieusement combattu, non plus par une simple possession de l'un des signes dont parle la loi, mais bien par une possession de trente ans, à compter de sa date, car il y aurait dans ce cas, acquisition du droit par la prescription, et annulation du titre. Ce point est incontestable.

Remarquez que les chaperons, corbeaux et filets ne sont pas les seuls faits à l'aide desquels on puisse valablement combattre la présomption de mitoyenneté. — Cette présomption cède aussi devant l'établissement que l'un des voisins aurait fait au mur et qu'il y aurait conservé pendant trente ans sans opposition légale, de quelques ouvrages apparents, tels que balcon, galerie, tuyau de cheminée en saillie du côté de l'autre voisin, d'ouvertures donnant jour ou vue chez ce voisin. Un seul de ces ouvrages attribuerait à celui qui le posséderait depuis trente ans, la propriété exclusive du mur, et anéantirait conséquemment la présomption de mitoyenneté, si le

CHAPITRE 1er. — Art. 5, DU MUR MITOYEN, § 4.

contraire n'était prouvé par un titre dont la date serait postérieure à l'établissement de cet ouvrage.

Remarquez aussi que ce qui vient d'être dit ne pourrait pas s'appliquer à certains ouvrages pratiqués par l'un des voisins au parement du mur de son côté, sans percer ni faire saillie de l'autre côté, tels par exemple que l'adossement d'une plate-bande, l'appui d'arbres en espaliers; des clous, des crochets en fer, et même quelques trous ne traversant pas le mur d'outre-en-outre. (Pour tout ce qui précède, on peut voir : Delvincourt, t. 1, p. 556, n° 6 des notes; Pardessus, n°s 7 et 161; Toullier, t. 3, n° 188; Duranton, t. 5, n°s 313, 314; Paillet, sur l'art. 653 du C. Civ.; Desgodets, sur l'art. 114 de la *Coutume de Paris*, n° 5).

Remarquez encore que la simple possession annale d'un balcon, d'une galerie ou de tous autres ouvrages en saillie sur l'héritage voisin ne l'emporterait contre la présomption de mitoyenneté, que momentanément seulement; en ce sens que, si le possesseur avait obtenu un jugement de maintenue possessoire, le voisin pourrait l'assigner au pétitoire, non pas pour demander l'annulation du jugement sur le possessoire, mais bien pour faire triompher la présomption de mitoyenneté, qui ne peut être détruite que par un titre valable ou par une possession régulière de trente ans. (Pardessus, n° 161; Paillet, sur l'art. 653 du C. Civ.; *Répert. de Jurisprudence*, p. 315, n° 8; Carré et Duguess., t. 1, p. 133).

Remarquez enfin que des lucarnes ou des ouvertures de vue légale n'altéreraient pas la présomption de la mitoyenneté du mur où elles se trouveraient pratiquées; ces sortes d'ouvertures ne peuvent jamais donner qu'un simple droit précaire et du moment, ainsi que je l'ai expliqué plus haut, art. 4, *Du mur contigu*, n° 22, 1re et 2me distinctions.

CHAPITRE 1er. — Art. 5, DU MUR MITOYEN, § 4.

Mais il n'en serait pas ainsi de fenêtres ou ouvertures libres, donnant une vue droite ou oblique, si elles existaient depuis au moins trente ans.

Dans ce cas, la présomption de mitoyenneté cesserait. Le mur serait réputé appartenir exclusivement au propriétaire des vues, et le voisin ne pourrait, par aucun moyen, en anéantir ni gêner le libre exercice. — La destination du père de famille, *bien prouvée*, aurait sans doute l'effet d'empêcher le voisin de masquer la vue, mais, sauf un titre, elle n'enlèverait pas au mur son caractère de mitoyenneté. (*Voy. Code des Constructions et de la Contiguité*, art. 508).

§ 5. — *Des matériaux, dimensions et élévation.*

1° Lorsqu'il s'agit de faire construire un mur de clôture ou de séparation, les deux voisins s'entendent ordinairement, et l'acte, ou notarié, ou sous seing privé qu'ils souscrivent, contient mention des dimensions en profondeur, élévation et épaisseur que le mur devra avoir, de même aussi mention de l'espèce des matériaux qui y seront employés. Dans ce cas, le contrat est la loi des parties et il ne peut y être dérogé en aucune manière sans la volonté commune des deux voisins ; et ce, à peine de dommages-intérêts. C. Civ., art. 1134 et suiv.;

2° Mais il se peut que les conventions ne soient pas écrites, ou qu'elles ne soient pas assez claires et étendues ; alors il faut se conformer à l'usage du lieu pour tout ce qui peut avoir rapport à cette nouvelle construction, et on doit prendre en considération le plus ou moins de solidité du terrain et la charge que le mur devra supporter de suite ou même plus tard. Les deux voisins pourraient cependant convenir qu'au lieu d'un mur en moellons, à chaux et sable, la clôture consistera en une cloison en briques, ou en pierres resciées. (Desgodets, sur l'article 195, nos 15 et 16; Toussaint, *Code de la propriété*, n° 846).

§ 6. — *Des droits des co-propriétaires.*

Un mur mitoyen est un objet en co-propriété dont chaque ayant droit peut jouir suivant ses besoins, mais toujours en bon père de famille et sans nuire à son co-propriétaire. L'usage que les voisins peuvent faire d'un semblable mur doit d'ailleurs être en rapport avec la destination qui est propre à ce mur.

Or, deux sortes de murs peuvent se trouver ou peuvent devenir mitoyens : le mur de simple clôture et le mur de séparation. *Voy.* la distinction que j'en ai établie ci-dessus, chap. 1er, art. 1, *de la distinction des murs*, nos 1 et 2.

Entre ces deux espèces de murs la différence est grande, et c'est le cas de la faire remarquer :

Le simple mur de clôture n'ayant pour destination que de séparer les deux héritages et d'empêcher les deux voisins de voir l'un chez l'autre, peut être construit avec de faibles dimensions, tant en fondations qu'en élévation. Donc l'un des co-propriétaires ne peut, sans le consentement de l'autre, et même sans compromettre la solidité de ce mur, y pratiquer des trous, des enfoncements; construire ou appuyer dessus; y placer des poutres, *même des solives*, car il ne faut pas donner une déraisonnable extension à l'art. 657 du C. Civ. — En un mot, aucuns ouvrages ni travaux ne peuvent être faits ou appuyés à un mur de simple clôture, si ces ouvrages ou travaux peuvent maintenant ou par la suite, nuire d'une manière quelconque à la solidité de ce mur. — Ceci expliqué, on doit comprendre que la prohibition de toucher à un mur de simple clôture ne s'étend point aux ouvrages qui ne peuvent lui donner aucune poussée ; que, par exemple, chaque co-propriétaire reste libre d'y appliquer des espaliers, des serres d'orangerie, des pieds de vignes ; de le faire crépir, blanchir, badigeonner, peindre, tapisser, etc., etc.

Le mur de séparation ayant pour destination de supporter des constructions des deux côtés, quand cela plaît aux co-propriétaires, ce qui arrive presque toujours, les fortes dimensions de ce mur permettent d'y faire, d'y adosser ou d'y appliquer toute espèce de travaux et d'ouvrages ; mais comme la faculté d'agir de chaque communiste doit être en rapport avec l'intérêt qu'il a dans la chose commune et avec les droits de son co-associé, le droit et la jurisprudence ont établi de justes et sages limites que les voisins et même les ouvriers ne peuvent franchir sans se rendre passibles de dommages-intérêts.

Ainsi, certains travaux et certains ouvrages qui ne peuvent, en aucune manière, nuire au mur commun, sont permis à chaque voisin, de son côté, sans qu'il soit tenu de demander le consentement de l'autre voisin, et même sans l'en prévenir.

D'autres travaux, d'autres ouvrages, ne peuvent être entrepris, sans avoir préalablement obtenu le consentement du co-propriétaire; et, si ce consentement est refusé, sans avoir contradictoirement appelé des experts, et, dans certains cas, sans avoir obtenu, contradictoirement aussi, l'autorisation de justice. — Enfin, il y a certains travaux, certains ouvrages dont les Tribunaux ne pourraient même pas autoriser l'exécution.

Je vais, dans les quatre distinctions suivantes, expliquer séparément : 1º les ouvrages et les travaux que l'un des co-propriétaires peut faire au mur ou près le mur, ou appliquer, ou adosser au mur, sans même en parler à l'autre ; 2° ceux qui ne peuvent y être pratiqués, sans avoir préalablement obtenu le consentement du voisin ; 3° le cas où il en faut venir à un réglement par experts, et celui où l'autorisation judiciaire est indispensable ; 4° enfin les travaux et ouvrages que les Tribunaux ne peuvent autoriser à faire si le voisin s'y oppose.

PREMIÈRE DISTINCTION.

Ouvrages qui peuvent être pratiqués sans le consentement préalable du co-propriétaire.

Celui qui a la mitoyenneté d'un mur peut, sans même en prévenir son co-intéressé, faire peindre, blanchir, badigeonner, tapisser le parement de ce mur de son côté. Il y peut *appliquer* des espaliers, des charmilles, pourvu que les branches en soient régulièrement taillées de manière à ne pas endommager ou dégrader le mur ; des orangeries, serres, cloisons et autres légères constructions ; il y peut aussi *appuyer*, mais sans poussée, des escaliers en bois, des berceaux, treillages, statues, hangars portés sur poteaux. Il y peut aussi faire joindre une voûte en terre sèche ou cuite, si toutefois elle ne joint pas tellement le mur que l'on puisse démolir l'une de ces constructions sans endommager l'autre. —Le co-propriétaire du mur peut encore y établir une pierre à laver pourvue d'un rebord propre à garantir le mur ; de même, un aqueduc, mais avec contre-mur. Enfin toutes constructions et ouvrages qui ne peuvent opérer aucune poussée, qui ne s'incorporent pas au mur, qui ne l'endommagent pas ; qui, faisant un corps à part, doivent rester entiers si on démolissait le mur, et qui n'empêchent pas de le réparer.

Mais remarquez qu'aucun de ces ouvrages ne peut

être monté assez haut pour, qu'en s'en aidant, on puisse voir ce qui se passe chez le voisin. (Delvincourt, t. 1, p. 161, et aux notes; Fournel, au mot MUR DE CLÔTURE, n° 14; Pardessus, n° 172, 184, 192; Lepage, t. 1, p. 38 et suiv.; Solon, n° 149).

Enfin, le seul cas où l'un des voisins peut faire travailler au mur mitoyen, même sans sommation et sans autorisation de justice, est celui d'un danger imminent. Par exemple, si par un évènement quelconque, même par vétusté, le mur paraît devoir subitement crouler et que l'un des co-intéressés soit absent, celui qui est sur les lieux peut, *de suite* et sans autre formalité que celle d'en prévenir le procureur du Roi qui représente légalement les absents, ou le maire dans les lieux où il n'existe pas de Tribunaux, faire faire les travaux jugés nécessaires par les hommes de l'art; et s'il fallait indispensablement étayer chez le voisin absent, le magistrat remplacerait celui-ci. Dans ce cas, les étaies resteraient en place jusqu'à ce qu'il en ait été ordonné autrement. (C. C., art. 114; Desgodets, sur l'art. 194 de la *Coutume de Paris*, note 5.

DEUXIÈME DISTINCTION.

Ouvrages qui ne peuvent être faits sur ou contre le mur, sans le consentement du co-propriétaire.

Voici textuellement ce que porte l'art. 662 du C. Civ. : « l'un des voisins ne peut pratiquer dans le corps d'un mur mitoyen aucun enfoncement, ni y appliquer ou appuyer *aucun ouvrage* sans le consentement de l'autre, ou sans avoir, à son refus, fait régler par experts, les moyens nécessaires pour que le nouvel ouvrage ne soit pas nuisible aux droits de l'autre. »

Cette disposition de la loi est trop formelle et trop clairement établie pour ne pas être comprise de tous

CHAPITRE 1er.— Art. 5, DU MUR MITOYEN, § 6.

les hommes : *aucun enfoncement*, c'est-à-dire aucun percement, *aucun appui ou adossement portant sur le mur* ne peuvent être pratiqués sans le consentement du co-propriétaire. Comme on le voit, ces expressions de la loi s'appliquent généralement et sans aucune exception, pas même en faveur du placement des poutres et solives dont parle l'art. 657 du C. Civ. modifié par l'art. 662, bien qu'en ait dit l'honorable M. Duranton (t. 5, n° 335), ces expressions de la loi s'appliquent, dis-je, à toute espèce de travaux, à toute espèce de construction qui se fait au mur lui-même, ou qui y touchant ou y appuyant serait susceptible de le pousser ou de l'endommager *peu ou beaucoup* et d'une manière quelconque. Pour le long détail de ces divers travaux et constructions, on peut voir mon *Code des Constructions et de la Contiguité*, 2e édition, art. 514. *Voyez* aussi Solon, n° 151.

Il faut bien remarquer que le consentement du voisin co-intéressé doit être *écrit*, car s'il niait l'avoir donné, ou qu'il mourut et que ses héritiers le niassent, il serait au moins douteux que la preuve par témoins fut admise. (*Voy.* la note de l'art. 514 de mon *Code* précité).

Il y a plus encore : suivant Desgodets (*Coutume de Paris*, art. 203, notes 1re, 2, 3 et 4, et art. 204, notes 1, 2 et suiv.); Delvincourt (aux notes, t. 1, pag. 401, note 3); Pardessus, n^s 180 et 181; Duranton, t. 5, n° 335, l'un des voisins ne peut opérer, sans en avoir préalablement prévenu l'autre, de travaux non pratiqués sur le mur même, si ces travaux sont susceptibles de se faire ressentir ou fortement entendre : par exemple, la démolition d'une construction appuyée ou adossée au mur mitoyen; et l'avertissement doit être donné assez à temps pour que le voisin puisse prendre toutes ses précautions

CHAPITRE 1ᵉʳ.— Art. 5, DU MUR MITOYEN, § 6.

et éviter les préjudices. Le voisin, d'ailleurs, ne peut être tenu de souffrir les incommodités des travaux que pendant quarante jours; après quoi il lui est dû une indemnité proportionnée au préjudice réel qu'il éprouve. (C. Civ., art. 1382 et suiv.)

Enfin, je ne terminerai pas ce que j'avais à communiquer sur ce paragraphe, sans dire que, dans le cas où l'un des voisins aurait, par écrit, dispensé l'autre d'observer, pour les ouvrages qu'il veut faire au mur mitoyen ou y appliquer ou appuyer, les distances et les travaux intermédiaires prescrits par les usages ou par l'art. 674 du C. Civ., ne pourrait plus retirer cette autorisation. Les nouvelles constructions devraient être maintenues, quand même il en éprouverait quelque préjudice, sauf le cas toutefois où la sûreté ou la salubrité publique pourrait s'en trouver compromise. C. Civ., art. 1134, 1135.

TROISIÈME DISTINCTION.

Du cas de l'expertise et de l'autorisation judiciaire.

Lorsque celui des co-propriétaires qui veut faire au mur ou y appuyer tout autre ouvrage que ceux de la nature décrite ci-dessus, 1ʳᵉ distinction de ce paragraphe, ne peut amiablement obtenir le consentement de son co-communiste, il doit se garder de passer outre, car la démolition de ses ouvrages pourrait s'en suivre, avec dommages-intérêts contre lui et contre l'ouvrier ou l'entrepreneur. C'est donc le cas de faire décider par experts si les travaux projetés peuvent avoir lieu sans préjudicier au mur commun, et de régler la manière de les exécuter en conservant les droits des deux voisins.

Pour procéder régulièrement, celui qui veut faire les travaux, doit adresser à l'autre, par le ministère d'un huissier, une sommation explicative des ouvrages qu'il veut faire, portant désignation d'un expert, et sommation au voisin d'en faire trouver un de sa part, sur les lieux, tel jour et à telle heure.

Aux jour et heure indiqués, l'expert ou les experts procèdent à la visite, et établissent leur opinion par un procès-verbal. S'ils ne sont pas d'accord, il faut nommer amiable ou judiciaire un tiers expert; et après que celui-ci s'est prononcé, les travaux peuvent être commencés.

Si le voisin ne fait pas présenter d'expert, ou si, en ayant appelé, il s'oppose ensuite à l'exécution des travaux, quelques auteurs enseignent que les travaux peuvent néanmoins être entrepris aux risques de celui qui les fait faire. Cela n'est pas prudent, et je ne puis partager cet avis; — je dis au contraire que ce doit être le cas d'assigner le voisin pour voir accorder l'autorisation judiciaire; et s'il est constant et prouvé que le retard occasionné par le refus de ce voisin a réellement porté préjudice à l'autre, celui-ci doit en être indemnisé et peut joindre sa demande en dommages-intérêts à celle en autorisation. (C. Civ., art. 662, 1382; Toullier, t. 3, nᵒ 207; Lepage, t. 1, p. 60 et suiv.; Solon, nᵒ 153).

QUATRIÈME DISTINCTION.

Des travaux et ouvrages qui ne peuvent être autorisés si le voisin s'y oppose.

Il serait inutile de porter une action en justice pour se faire autoriser, contre le gré du voisin, à pratiquer au mur mitoyen les ouvrages dont voici la nomenclature : y enfoncer une cheminée ou l'y appliquer sans le contre-cœur ou les autres précautions requises; y ouvrir des vues même fermées par un treillis et un chassis, des lucarnes ou des soupiraux de cave; ouvrir et enfoncer un placard dans l'épaisseur du mur, si surtout cette entreprise est jugée, par les hommes de l'art, susceptible de diminuer la force du mur; adosser au mur, sans distance ni contre-mur, des fosses à chaux, à fumier, etc., etc.; des fossés, cloaques, fosses d'aisance, puits, puisards, fours, forges, fourneaux, magasins de sel, de morues, de salaisons et toutes matières corrosives; établir au mur, et en saillie sur le voisin, des entablemens, corniches, égoûts, etc., etc.

Aucun de ces ouvrages ne pourraient être autorisés par les tribunaux si le voisin s'y opposait; et, s'ils étaient néanmoins pratiqués, le voisin pourrait, pendant trente ans à compter du jour de leur confection, en demander la démolition, avec dommages-intérêts, tant contre son voisin même que contre l'entrepreneur ou l'ouvrier.

Bien plus, si quelques ouvrages se trouvaient en contravention aux règlemens ou arrêtés de police, aucune prescription ne pourrait être opposée, en sorte que, sans égard au laps de temps écoulé depuis l'achèvement des travaux, le propriétaire et l'ouvrier n'en seraient pas moins placés sous le coup de la loi.

Les auteurs et la jurisprudence sont unanimes sur tout ce qui précède.

§ 7. — *Des obligations des co-propriétaires.*

Il entre sans doute dans les devoirs des communistes de veiller à la conservation de l'objet commun; de n'en jouir chacun qu'en droit-soi et sans altérer ceux du voisin; d'en respecter l'indivisibilité.

Mais la principale obligation de ceux qui ont la mitoyenneté d'un mur est d'en supporter les charges en commun et conséquemment de contribuer aux frais d'entretien, de réparations et de reconstruction de ce mur. C'est ce qui va occuper le paragraphe suivant.

CHAPITRE 1ᵉʳ. Art. 5, DU MUR MITOYEN.

§ 8. — *Des réparations, entretien et reconstruction.*

Ce paragraphe a, comme le précédent, besoin d'être divisé : les cinq distinctions suivantes le rendront plus facile à l'intelligence.

PREMIÈRE DISTINCTION.

Du cas où l'un des co-propriétaires peut et doit même procéder soit aux réparations, soit à la reconstruction ; et quand il peut contraindre l'autre à y contribuer.

1° En tous lieux, celui qui a la mitoyenneté d'un mur, peut, mais à ses frais, le faire entretenir, réparer de son côté, sans avoir besoin de consulter son co-propriétaire ; mais il ne faut pas donner trop d'étendue à cette règle. Les réparations dont il s'agit ne doivent s'entendre que de celles de simple entretien : par exemple, du crépissage, du blanchissage ; de quelques pierres ou moellons qui se seraient échappés du mur et que l'on y ferait remettre ;

2° Mais il en serait tout autrement s'il s'agissait de travaux plus considérables, comme si l'un des voisins voulait, pour son utilité particulière, donner plus d'épaisseur au mur ; y appliquer, joindre et lier quelques ouvrages ; établir des caves ; exhausser, percer pour établir des poutres, des solives, etc., etc. ; dans tous ces cas et autres, l'un des communistes pourrait sans doute faire, à ses frais, travailler au mur, mais non sans avoir préalablement obtenu le consentement du voisin, ou sans une expertise et même une autorisation de justice ; c'est ce que j'ai expliqué plus haut, § 6. *Voyez* d'ailleurs ce qui va suivre, 2ᵉ distinction ;

3° On comprend, au reste, que c'est à celui qui veut donner au mur des dimensions plus fortes que celles propres à sa destination première, ou employer des matériaux et un mode de construire plus dispendieux, à en prendre la dépense pour son compte, et à fournir *seul* le terrain nécessaire. — On comprend aussi que c'est à celui qui dégrade à réparer.

Or, les frais de réparations, nécessités par le fait, a faute, la négligence de l'un des voisins, ou par celles des personnes de sa maison, sont pour son compte personnel ; et s'il négligeait de faire réparer, l'autre voisin pourrait l'y contraindre, même avec dommages-intérêts, s'il y avait lieu. Ce serait alors le cas de lui faire sommation contenant fixation d'un délai ; puis, s'il n'y satisfaisait pas, il faudrait l'assigner *régulièrement* devant le Tribunal. Tel est le sentiment de tous les auteurs sans aucune exception. (C. Civ., art. 1382 et suiv.; Favard, *Dictionnaire*, au mot SERVITUDE, sect. 2, § 4, n° 4). *Voy.* d'ailleurs mon *Code*, n° 521 et suiv.

DEUXIÈME DISTINCTION.

Comment les frais de réparations et de reconstruction doivent être répartis.

1° Quand la nécessité des travaux de réparation ou de reconstruction peut être légitimement imputée à l'un des co-propriétaires, il ne peut point y avoir de répartition à faire des frais ; ces frais doivent être, en totalité, au compte de celui-ci, je viens de le dire ; et il me reste à ajouter que, dans ce cas comme dans celui où, pour son utilité particulière, celui-ci fait faire quelques travaux au mur, il doit indemniser le voisin de *tous préjudices* qu'il éprouverait par les travaux. (C. Civ., art. 1382). *Voy.* ci-après ;

2° Mais il en est autrement lorsque ces travaux sont nécessités par un cas fortuit, par la vétusté du mur, par un évènement enfin qui ne peut être imputé ni à l'un ni à l'autre des communistes, ni à quelque

CHAPITRE 1er.— Art. 5, DU MUR MITOYEN, § 8.

personne de leur maison. Dans ces cas, comme dans celui où les deux voisins, voulant construire ou appuyer chacun de son côté, conviennent que le mur sera refait ou fortifié, les frais sont payés par les co-propriétaires, chacun en proportion du droit ou de l'intérêt qu'il a au mur; et s'ils ne déterminaient pas amiablement cette proportion, la décision en est remise à des experts convenus, ou, à défaut, nommés en justice;

3° Quant aux incommodités et aux préjudices que les travaux peuvent occasionner, comme le passage des ouvriers, dépôt de matériaux, placement d'échelles et d'échafaudage, perte de location d'appartement, etc., etc., tout cela doit être supporté, sans indemnité, par les co-propriétaires, chacun de son côté, sans égard même à ce qu'en raison de la localité ou pour tout autre motif, la charge de l'un se trouverait bien plus onéreuse que celle de l'autre. (C. Civ., art. 655 ; Solon, n°s 166, 167).

TROISIÈME DISTINCTION.

Quand les réparations et la reconstruction à frais communs peuvent être exigées.

Quand les co-propriétaires sont d'accord sur la nécessité de réparer ou de reconstruire le mur mitoyen, il ne peut y avoir de difficulté que sur les matériaux à employer; sur le plus ou moins d'épaisseur à donner au mur en élévation et en fondations; sur la profondeur que devront avoir celles-ci; sur la hauteur du mur, et enfin sur le rétablissement des servitudes.

Je vais m'occuper successivement de ces divers points; mais il faut d'abord parler du cas soit l'un des voisins conteste à l'autre la nécessité soit de réparer soit de reconstruire.

1° Il faut se rappeler tout d'abord ce qui a été dit

ci-dessus, § 6, savoir que, sauf les travaux de simple entretien, l'un des co-propriétaires ne peut toucher au mur sans le consentement de l'autre, et, à défaut, sans un règlement par experts et même une autorisation judiciaire ; or, *sauf le cas d'un danger imminent*, et quelle qu'apparente que soit la nécessité de réparer ou de reconstruire, le voisin le plus soigneux ne peut, à peine de supporter tous les frais, et à peine de dommages-intérêts *réversibles sur l'entrepreneur ou l ouvrier*, rien faire faire au mur avant d'avoir rempli cet *indispensable préalable*. (Pardessus, n° 166 ; Toullier, t. 3, n° 214 ; Solon, n° 169 ; Lepage, t. 1, p. 49) ;

2° Si l'autre voisin se refuse, s'il conteste la nécessité, c'est alors le cas de faire procéder contradictoirement, par experts, à la visite du mur, et de l'assigner ensuite, sur le procès-verbal des experts, pour le faire condamner à contribuer à la dépense, faute de quoi ouïr dire que le poursuivant sera autorisé à faire faire les travaux. — Dans ce cas, le poursuivant doit faire des devis bien circonstanciés avec l'ouvrier, dont il doit d'ailleurs retirer quittance, autrement il pourrait éprouver des désagrémens pour son remboursement ;

3° Lorsqu'il ne s'agit que de *réparer*, de légères dégradations peuvent suffire pour que l'un des communistes puisse contraindre l'autre à y contribuer, si toutefois ces dégradations sont de nature à nuire, tôt ou tard, à la solidité du mur ; faits qui, s'ils sont contestés, peuvent et doivent être soumis à l'appréciation des hommes de l'art ;

4° Au surplus, il y a nécessité de réparer lorsque, non pas le crépi ou le simple parement, mais bien la maçonnerie elle-même est réellement lézardée, soit d'un côté soit de l'autre ; lorsque les deux faces du mur manquent de crépi en plusieurs endroits ; lorsque le chaperon est trop endommagé en quelques-unes de ses parties; lorsque quelque pierre essentielle au mur pour sa solidité est tombée ou près de tomber; lorsque le mur déverse ou penche d'un côté; lorsqu'il offre des renflemens d'un côté ou de l'autre. (Desgodets, *Coutume de Paris*, art. 205, nos 1 et suiv.; Lepage, t. 1, p. 54; Pardessus, nos 166 et suiv.; Delvincourt, t. 1, p. 558, no 4, aux notes);

5° Mais le cas de la *reconstruction d'un mur* est d'autant plus sérieux que, selon les circonstances, les travaux peuvent entraîner à des dépenses considérables. Ce ne doit donc être qu'alors seulement qu'il y a *nécessité bien démontrée* et que cette nécessité se rapporte, non pas à l'un des co-propriétaires, mais bien également à *tous*, que l'un peut être admis à contraindre les autres à y coopérer. Ce point délicat est encore du domaine des gens de l'art, et si les parties ne s'accordent pas, il en faut encore venir en justice avant de rien entreprendre, et suivre la marche tracée ci-dessus.

En tout cas, voici quelques bases tirées des meilleurs auteurs;

6° La reconstruction, *à frais communs*, doit être consentie, faute de quoi ordonnée en justice, lorsque le mur se trouve ou menace de se trouver prochainement hors d'état de servir à l'usage de sa destination; lorsque, telle qu'en soit la cause, ce mur est tombé ou près de tomber; lorsqu'il est caduc, corrompu, dans un état de surplomb visiblement menaçant.

Pour décider, on doit prendre en considération les matériaux du mur, ses fondemens, son épaisseur, sa hauteur, et l'usage auquel il sert;

7° Au surplus, quelques brèches au mur entraîneraient l'obligation de *réparer* et non celle de reconstruire le mur, si les parties conservées n'étaient simplement qu'endommagées;

CHAPITRE 1ᵉʳ.— Art. 5, DU MUR MITOYEN, § 8.

8° Il faut qu'on sache aussi que, sauf dans les villes et leurs faubourgs où la clôture commune est une obligation imposée par la loi, le voisin qui a laissé écouler trente ans à compter du jour de la chute du mur mitoyen, ne peut plus être reçu à demander qu'il soit relevé à frais communs. (C. Civ., art. 2262);

9° Si on demandait dans quelles proportions les co-propriétaires sont tenus de contribuer à la reconstruction, la réponse serait facile :

Chacun ne peut être tenu qu'eu égard à la portion du mur dont il a la mitoyenneté, ainsi il ne doit contribuer que jusqu'à la hauteur qui supporte ses bâtimens ou qui leur sert d'appui ; voilà la règle générale.

Il pourrait se faire cependant que l'un des voisins n'eût aucun bâtiment adossé au mur situé dans une ville ou son faubourg, ou bien que le bâtiment ne fût pas monté jusqu'à la hauteur du mur de clôture, ou bien encore, que le mur lui-même n'eût pas l'élévation voulue par les réglemens ou la loi. Dans ces divers cas, chaque voisin n'en devrait pas moins contribuer à la reconstruction, dans toute la hauteur de la clôture forcée, de la partie du mur qui le renferme ; et si ce mur n'était pas primitivement monté à la hauteur prescrite, il y devrait être porté à frais communs ; si même la clôture ne consistait qu'en une cloison, un pan de bois, un mur à pierres sèches, etc., l'un des voisins pourrait exiger qu'il y fût substitué un mur à maçonnerie, à frais communs. (*Voy.* mon *Code*, art. 522 et suiv.);

10° Quant à l'épaisseur, tant en fondations qu'en élévation, elle doit être la même que celle primitive. — Mais si l'intérêt des deux voisins exigeait une épaisseur plus forte en raison des charges de part et d'autre et que les hommes de l'art le décidàssent ainsi, les frais de cette augmentation seraient supportés en commun, et chacun devrait fournir le terrain nécessaire de son côté. (Goupy sur Desgodets, *Coutume de Paris*, art. 194, n° 25; Solon, n°s 170 et suivans);

11° Si au contraire, sur la représentation économique de l'un des communistes, il était décidé par les gens de l'art, que, eu égard à l'usage auquel le mur sert et servira, une plus faible épaisseur doit être suffisante, dans ce cas, la réduction devrait être opérée : c'est du moins l'avis de M. Solon, n° 171;

12° Mais l'un des voisins peut avoir des motifs pour vouloir que les dimensions premières ne soient pas diminuées, ou même qu'elles soient augmentées. Dans le premier cas, je ne pense pas que, contre l'opposition de ce voisin, on puisse réduire les anciennes dimensions.

Dans le second cas, chaque co-propriétaire est libre, après avoir obtenu le consentement des autres ou une autorisation judiciaire, de renforcer le mur proportionnellement à la charge qu'il lui destine; mais il doit alors supporter seul la dépense de cet excédant et prendre sur lui seul aussi tout le terrain nécessaire. Tel est le sentiment des auteurs. Code Civil, art. 659.

QUATRIÈME DISTINCTION.

Du cas où les sols ou terrains sont inégaux.

1° Les deux terrains contigus peuvent ne pas être de niveau : l'un peut être plus élevé que l'autre; et cette inégalité peut provenir de la nature seule, ou de travaux pratiqués par l'un des voisins sur son fonds.— Si, dans l'un ou l'autre cas, il s'agit, soit d'établir un mur mitoyen sur la ligne séparative de ces héritages, soit de réparer, entretenir ou reconstruire celui qui s'y trouve déjà, quelle sera la contribution de chacun des voisins?

Les auteurs se sont occupés de ce point essentiel,

CHAPITRE 1er.— ART. 5, DU MUR MITOYEN, § 8.

sans égard à la différence que j'ai signalée, art. 542 de mon *Code des Constructions et de la Contiguité,* et que je viens reproduire ici.

Suivant Desgodets et son annotateur Goupy *(Coutume de Paris)*, art. 209, note 5, et Lepage (DES BATIMENTS), t. 1, p. 101, 102 et 127, le mur, pris du terrain le moins élevé, jusqu'à la hauteur de clôture légale à partir de cette base, serait mitoyen et à la charge des deux voisins ; puis, le propriétaire du terrain supérieur devrait ensuite, et à ses frais, monter ce mur jusqu'à hauteur de clôture légale prise de son côté, et payer une indemnité pour cette charge.

Cet enseignement est, *avec raison,* rejeté par MM. Pardessus, n° 150 ; Toullier, t. 3, n° 162 ; Toussaint, *Code de la Propriété,* n° 850, et la Cour royale de Caen, suivant arrêt à la date du 13 Mai 1837.

Il est certain en effet, que, dans cet état des lieux, le terrain le plus élevé forme terrasse par rapport au terrain inférieur ; que cette terrasse a besoin d'être soutenue ; que le mur de soutènement qui la joint fait corps avec elle, et doit nécessairement en être la dépendance, sauf convention contraire. Or, ce mur de soutènement ou de terrasse ne peut être considéré comme mitoyen ; il appartient exclusivement au propriétaire de la terrasse, et il ne peut être rien de plus, pour le propriétaire du sol le moins élevé, que ne serait la masse ou portion de terre dont ce mur occupe la place.

Ainsi, le mur mitoyen, de clôture ou de séparation, n'existe réellement qu'à partir du terrain le plus élevé. C'est à partir de là *seulement* que les principes qui précèdent peuvent et doivent être appliqués ; c'est à partir de cette base *seulement* que les dépenses de construction, d'entretien, de répa—

rations et de reconstruction sont susceptibles d'être réparties entre les voisins ;

2° Le cas où l'inégalité des deux sols serait due au fait de l'un des voisins, devrait nécessairement apporter quelques modifications à ce qui vient d'être dit. — Si, par exemple, l'un des voisins avait élevé son terrain, en y rapportant des terres, ou s'il l'avait baissé pour y pratiquer des souterrains, des caves ; dans l'un ou l'autre cas, il faut un mur de soutènement, et ce mur qui ne peut être pris pour mitoyen, est en totalité au compte de celui qui a, ou élevé, ou abaissé son terrain. Ce serait ensuite sur ce même mur, et sans indemnité de charge, que le mur mitoyen de clôture serait monté, entretenu, réparé et reconstruit à frais communs. Telles sont les conséquences qu'il faut tirer des principes de cette matière et des dispositions des art. 1382 et suiv. du C. Civ.

§ 9. — *Ce que les servitudes deviennent quand on reconstruit le mur.*

Les servitudes actives et passives ne sont point éteintes par la chute du mur ; seulement, cette circonstance s'oppose à ce qu'on puisse en user, et il n'est dû d'indemnité à celui qui en souffre, que dans le cas seulement où cette interruption provient du fait du voisin.

Lorsque le mur est relevé, reconstruit *avant l'expiration de trente ans à compter du jour de sa chute,* toutes les servitudes revivent comme par le passé, sans qu'on puisse, sauf convention, les aggraver, ni les diminuer ; si la reconstruction n'a pas lieu dans les trente ans, les servitudes actives et passives sont éteintes par le non usage (C. Civ., art. 665, 700) ; si le mur vient ensuite à être relevé, ces servitudes n'y peuvent être rétablies que par une nouvelle convention entre les voisins. C. C., art. 665, 703, 704.

CHAPITRE 1.er.— Art. 5, DU MUR MITOYEN.

§ 10. — *De l'abandon de la mitoyenneté.*

ART. 1er. — *Faculté d'abandonner, et cas dans lesquels le co-propriétaire peut s'y refuser.*

1° Tout co-propriétaire d'un mur mitoyen peut se
dispenser de contribuer aux réparations et reconstructions en abandonnant le droit de mitoyenneté
(C. Civ., art. 656);

2° Cette règle s'applique à *tous* les murs, qu'ils
soient mitoyens dès leur origine, ou qu'ils le soient
devenus depuis; mais elle souffre quelques excep-
tions qu'il est bien de connaître.

L'un des co-propriétaires ne serait pas admis à
abandonner la mitoyenneté du mur qui supporterait
un bâtiment lui appartenant : c'est ce qu'ajoute notre
article;

3° Mais si ce co-propriétaire offrait *régulièrement*
d'abandonner au voisin, non seulement la mitoyenneté du mur, mais aussi la propriété du bâtiment
supporté, ce voisin pourrait-il être tenu d'accepter ?
Selon M. Malleville (t. 2, p. 112), il faudrait
répondre *oui*. — Il m'est impossible, je l'avoue,
d'adopter cette opinion, qui a d'ailleurs été rejetée
par MM. Toullier, t. 3, n° 217; Pardessus, n° 157
et 168; Lepage, t. 1, p. 56, 86 et suiv.; Delvincourt, t. 1, p. 161; Carré, t. 1, n° 797. — Il y
aurait alors obligation d'acquérir, pour le voisin,
et en principe, nul ne peut être forcé, soit d'acheter,
soit même de recevoir à titre de don gratuit;

4° Si le propriétaire du bâtiment appuyé voulait
absolument se dispenser de sa contribution aux frais
du mur en abandonnant la mitoyenneté, il en trouverait le moyen en démolissant ou reculant son bâtiment; mais il faudrait, dans tous les cas, que cette
opération ne fût, en aucune manière, susceptible de
nuire à la solidité du mur, et que celui qui la prati-

querait indemnisât le voisin des préjudices que les travaux pourraient lui occasionner ; qu'il bouchât soigneusement les trous d'appui ou autres, et qu'il réparât toutes dégradations ;

5° L'abandon pourrait aussi être refusé, si la nécessité de réparer ou de reconstruire provenait du fait de celui qui le voudrait faire, ou de celui des personnes dont il répond civilement.

Mais l'abandon devrait être accepté si ce voisin faisait préalablement et convenablement rétablir le mur à ses frais. *(Voyez* les notes sur les art. 549 et 550 de mon *Code) ;*

6° La règle de l'art. 663 du C. Civ., forme-t-elle exception à la règle portée par l'article 656 ? plus clairement : la faculté d'abandonner la mitoyenneté d'un mur, existe-t-elle dans les lieux où la clôture mitoyenne est obligatoire ?

Cette grave question a occupé les auteurs, et elle peut encore occuper les Tribunaux, car la jurisprudence ne parait point unanimement fixée sur ce point. *(Voyez* ce que j'en ai rapporté art. 547 de mon *Code).*

J'ai pensé et je pense que, dans l'intention du législateur, l'art. 656 du Code civil est également applicable à tous les murs mitoyens, sans égard à leur situation pas plus qu'à leur origine.

ART. 2.— *Ce qui doit être compris dans l'abandon, et des obligations de celui qui le fait.*

7° L'abandon doit être parfait et sans réserve. Or, il doit comprendre, non seulement le mur tel qu'il est, les matériaux qui le composent, c'est entendu, le terrain sur lequel il est assis, et généralement tous ses accessoires, toutes ses dépendances ; mais aussi renonciation de la part de celui qui fait l'abandon, à ne s'en servir en aucune manière ;

8° Le voisin, tenu de recevoir l'abandon, est en droit d'en exiger un contrat notarié aux frais du cédant;

9° Sauf stipulation contraire, celui qui a fait l'abandon doit prêter le passage nécessaire aux travaux d'entretien et de reconstruction du mur; il est tenu de souffrir chez lui les dépôts momentanés de matériaux, le placement d'échelles et placement d'échafaudages, si, pour tout cela, il y a réellement nécessité. Tel est le sentiment unanime des auteurs.

ART. 3. — *Des obligations de celui qui profite de l'abandon, et des droits de celui qui le fait.*

10° Le co-propriétaire qui a reçu l'abandon, prend le mur dans l'état où il se trouve, sauf ce qui est établi plus haut, n° 5 de ce paragraphe;

11° Il est tenu, sans que le contrat d'abandon l'y oblige, de conserver le mur en bon état de clôture ; il ne peut donc le démolir ni le remplacer par toute autre espèce de clôture.

S'il le faisait, cependant, et que le voisin laissât écouler trente ans sans s'en plaindre légalement, celui-ci n'aurait plus de droit de contrainte;

12° Le droit qu'a le renonçant de reprendre la mitoyenneté du même mur, est un droit imprescriptible, or, le voisin cessionnaire ne saurait jamais s'y opposer.

Mais, dans le cas de reprise de la mitoyenneté, celui qui en exerce le droit, doit préalablement payer comme s'il n'en avait jamais eu la co-propriété, la moitié de la valeur actuelle de la portion qu'il veut rendre mitoyenne, ce qui doit comprendre la moitié des frais d'augmentation et d'amélioration; et la moitié du terrain supportant le mur, tout comme si ce terrain ne lui eut jamais appartenu. (Solon, n°° 176 et suiv. — *Voy.* mon *Code*, art. 552 et suiv.)

CHAPITRE 1er.— Art. 5, DU MUR MITOYEN.

§ 11.— *De la faculté d'exhausser le mur mitoyen, et de ses modifications et conditions.*

1° « Tout co-propriétaire peut faire exhausser le mur mitoyen, mais il doit payer seul la dépense de l'exhaussement, les réparations d'entretien au-dessus de la clôture commune, et en outre l'indemnité de la charge en raison de l'exhaussement et suivant la valeur » (C. C. 658.);

2° Certes, pour qui n'a pas une suffisante connaissance de l'art de construire, cette disposition de la loi est peu satisfaisante. Je vais essayer de la développer, dans les art. suivants.

ART. 1er.— *Du pouvoir d'exhausser.*

3° Sauf un titre ou quelque réglement de police qui le proscrivent, et sauf encore l'existence d'une servitude contraire et légalement acquise qui s'y oppose, le co-propriétaire d'un mur peut *toujours et en tous lieux,* faire exhausser ce mur et le faire monter aussi haut qu'il lui plaît, sans être tenu de dire préalablement pourquoi il le veut ainsi, et encore bien qu'il n'y appuie aucun bâtiment, et encore que son exhaussement puisse nuire au voisin, soit en rendant les appartemens de sa maison plus sombres, soit qu'ils en deviennent plus humides;

4° Je dois m'empresser de dire toutefois qu'il y aurait nécessairement exception à cette règle si, en exhaussant le mur, l'un des voisins avait bien plutôt pour but de nuire à l'autre que d'en retirer lui-même quelque avantage; ce qu'on distinguerait facilement si, en même temps qu'il laisserait son exhaussement sans y construire ou appuyer aucun bâtiment, cet exhaussement n'était pas même nécessaire ni propre à empêcher le voisin de voir chez lui. Dans ce cas, la construction de l'exhaussement serait sans objet d'utilité pour celui qui l'aurait entreprise, il aurait malicieusement abusé de la lettre de la loi pour nuire à son voisin ; et celui-ci pourrait s'opposer à la continuation des travaux, et même en demander la démolition dans les trente ans de leur confection, si du moins il en éprouvait un préjudice réel et susceptible d'être constaté. Décider ainsi, c'est se conformer à la morale et à la raison ; et c'est aussi le sentiment unanime des auteurs.

ART. 2.— *De l'obligation de prévenir le voisin, et de la nécessité de son consentement.*

1° Bien que l'article 658 du C. Civ. ne s'en explique pas, l'un des co-propriétaires du mur mitoyen ne peut l'exhausser, sans en avoir prévenu le voisin assez à temps pour que celui-ci puisse faire chez lui des dispositions propres à éviter les préjudices et dégradations ; il ne peut d'ailleurs toucher au mur, je l'ai dit plus haut, § 6, 2me distinction, sans avoir préalablement obtenu le consentement *écrit* du voisin, faute de quoi un réglement par experts, et, selon le cas, une autorisation judiciaire, ainsi que le prescrit l'art. 662 du C. Civ. ;

2° Faute par celui qui exhausse le mur, de remplir préalablement ces *indispensables* formalités, le voisin peut s'opposer à la continuation des travaux, quelle que soit la perte qui puisse en résulter pour le premier, sans préjudice encore aux dommages-intérêts de ce voisin, même pour les préjudices qui lui auraient été imposés par les lois du voisinage si les formalités avaient été remplies. (Solon, n° 153 ; Pardessus, n° 178.)

ART. 3.— *Les frais de l'exhaussement sont pour le compte de celui qui le fait établir.*

Le co-propriétaire qui exhausse le mur mitoyen

CHAPITRE 1er.— Art. 5, DU MUR MITOYEN, § 11.

en doit *seul* payer la dépense, porte l'art. 658, C. Civ.; et cela est juste : il reste propriétaire exclusif de l'exhaussement et peut y établir des constructions, y pratiquer des ouvertures à fer maillé et verre dormant; en un mot, il peut en jouir en maître absolu, cela est encore juste; — ainsi le voisin ne peut, tant qu'il n'en a pas acheté la mitoyenneté, faire le moindre usage de cet exhaussement, pas même y appuyer quelques objets mobiles. (*Voyez* les auteurs, et principalement Pardessus, n° 176, et Solon, n° 157.)

ART. 4.— *De ce qui doit être compris dans les frais.*

1° Dans les dépenses d'exhaussement, il est sans difficulté, dit M. Pardessus, n° 174, qu'on doit comprendre les frais d'expertise pour déterminer l'alignement du mur (quand il faut le reconstruire), ceux d'étaiement de bâtimens, de déplacement des berceaux, hangars, cabinets, cheminées, etc., etc., et de tous rétablissemens convenables chez le voisin.— Mais il n'en doit pas être ainsi, ajoute ce savant (n° 167), des embellissemens de peinture ou autres; le préjudice resterait pour le compte de celui qui les a fait mettre, comme peine due à son imprudence d'avoir fait des dépenses sur un objet qui, par sa nature, était susceptible de démolition;

2° Bien que ce dernier sentiment, écrit dans les lois civiles de Domat, liv. 1, tit. 12, sect. 4, n° 4, ait été adopté, depuis la publication du C. Civ., par quelques auteurs et principalement par M. Solon, n° 163, j'éprouve de la répugnance à m'y rendre, parce que, de même que je l'ai dit art. 566 de mon *Code des Constructions et de la Contiguité*, et que l'a pensé M. Delvincourt, t. 1, p. 560, il ne me semble pas juste que l'un des co-propriétaires d'un mur mitoyen devienne victime d'une reconstruction qui

CHAPITRE 1er.— Art. 5, DU MUR MITOYEN, § 11.

pourrait n'être due qu'au caprice, peut-être même mal calculé, de son voisin; et je persiste à croire que ce voisin doit être tenu de réparer le préjudice, en exécution de l'art. 1382 du C. Civ. qui, en statuant que tout fait *quelconque* de l'homme qui cause à autrui un dommage, oblige à la réparation, ne me paraît pas susceptible de la modification que veulent y apporter ces auteurs.

ART. 5.— *Le propriétaire de l'exhaussement doit l'entretenir en bon état ; moyen de reconnaître jusques où va cette obligation.*

1° Le voisin qui exhausse le mur, doit entretenir cet exhaussement à ses frais; c'est naturel, il en est seul propriétaire; et l'objet de cette propriété ayant pour base le mur mitoyen, le co-propriétaire est en droit d'exiger que les réparations de la charge soient régulièrement faites aussi bien de son côté que du côté de son voisin, afin que le mur mitoyen soit lui-même garanti et conservé. (Lepage, t. 1, p. 67 et suiv.);

2° Si le mur et son exhaussement étaient presque également vieux, il serait difficile de reconnaître jusques où le propriétaire de cet exhaussement devrait entretenir à ses frais. Mais tout doute cesse si on veut bien considérer que le mur est généralement présumé mitoyen jusqu'à l'héberge, si c'est un mur séparant des bâtimens; et jusqu'à hauteur de clôture, si c'est un mur de simple clôture. C'est donc l'excédant de l'une ou l'autre de ces élévations qui est au compte du propriétaire de l'exhaussement. (Pardessus, 176.);

3° Dans tous les cas, si le mur mitoyen tombe sous la charge, soit faute d'entretien de l'exhaussement, soit parce que ce mur n'aurait pas été suffisamment fortifié avant les travaux d'exhaussement, le préjudice doit être supporté en entier par le propriétaire qui a surchargé : c'est une conséquence des dispositions de l'art. 1382 du C. Civ. ;

4° Cette règle serait modifiée cependant si, relativement, non au défaut d'entretien de l'exhaussement, ce qui ne saurait être excusé, mais bien à son établissement, les hommes de l'art avaient déclaré le mur en état de supporter cette charge.

ART. 6.— *Du cas où le mur est écrasé par la charge de l'exhaussement ; répartition des frais de reconstruction.*

Dans ce cas, le propriétaire de l'exhaussement a ou n'a pas payé d'indemnité pour la charge.

S'il en a payé, il ne s'agit plus que de faire décider par experts, si quelques circonstances, par exemple, celles de trop fortes dimensions données à l'exhaussement, ou trop de modicité dans l'indemnité payée, ne doivent pas consciencieusement déterminer dans les frais de reconstruction, une part plus considérable contre le propriétaire de l'exhaussement que celle du voisin.

S'il est constant au contraire qu'aucune indemnité de charge n'a été payée, la portion contributive du voisin dans les frais de reconstruction, se détermine en prenant en considération le laps de temps que le mur aurait pu durer encore s'il n'avait pas été exhaussé. La somme fixée par cette sorte de ventilation, vient en déduction de celle que ce voisin serait tenu de payer si le mur, sans surcharge, était tombé ; sans préjudice encore aux dommages-intérêts auxquels il aurait droit de prétendre. (Lepage, t. 1, p. 52, 53.)

ART. 7. — *Du cas où le mur mitoyen est ou n'est pas assez solide, et de l'indemnité pour la charge.*

1° Avant de commencer les travaux d'exhaussement, l'entrepreneur doit s'assurer de la suffisante solidité du mur mitoyen : il en est garant. La visite du mur doit avoir lieu contradictoirement avec le co-propriétaire, dont, comme je l'ai déjà dit, le consentement est nécessaire ;

ART. 8. — *Des Matériaux et dimensions.*

2° Trois cas différens sont soumis à l'inspection des experts : ils doivent déclarer si le mur, dans l'état où il se trouve, peut recevoir sans danger la charge que l'un des co-propriétaires se propose d'y mettre, et si, sauf quelques cas fortuits, ce mur, ainsi chargé, sera néanmoins susceptible de remplir longtemps encore sa destination première ; si au contraire, bien que suffisamment bon et solide pour remplir cette destination, il ne pourrait supporter la charge de l'exhaussement sans être fortifié. Si, enfin, ce mur est mauvais et incapable de remplir encore quelques années sa destination, même sans recevoir d'exhaussement.

Dans le premier de ces trois cas, le mur est bon, solide, capable de supporter la charge ; *donc* un exhaussement *proportionné* peut y être pratiqué. Seulement l'indemnité de la charge est due au voisin, parce qu'il est évident que ce mur durerait plus longtemps encore s'il n'était pas chargé.

Dans le second cas, le mur n'a besoin d'être fortifié qu'à l'occasion de la charge que l'un des voisins veut lui imposer ; donc il est juste et naturel que les frais des travaux à faire soient au compte personnel de ce voisin, et que tout le terrain nécessaire à la nouvelle épaisseur soit pris de son côté et sur lui-même. — Mais, attendu que cette nouvelle force donnée au mur doit nécessairement le faire durer plus longtemps et profiter au voisin, celui-ci, dans ce cas, ne peut prétendre à aucune idemnité de charge.

CHAPITRE 1er.— Art. 5, DU MUR MITOYEN, § 11.

Dans le troisième cas enfin, le mur est mauvais, il manque de solidité, même pour l'usage auquel il sert ; il faudrait qu'un peu plus tard peut-être il fût reconstruit à frais communs. Or, les lois du voisinage veulent que, dans cette hypothèse, le co-propriétaire qui veut exhausser le mur puisse devancer le moment de la reconstruction commune, et contraindre l'autre à y contribuer. Mais la part contributive de celui-ci ne se rapporte qu'aux frais de reconstruction du mur dans les dimensions premières et avec des matériaux de même qualité.

Si donc l'exhaussement projeté nécessitait plus de force au mur, l'excédant de force, de dimensions, de matériaux, de terrain, de main-d'œuvre, tout cela resterait pour le compte personnel du maître de l'exhaussement, qui doit d'ailleurs l'indemnité de la charge, car les excessives dimensions par lui données au mur, ne sont dues qu'à son caprice ou à ses besoins personnels.

Je dois dire, en terminant, que, dans le cas où il y a nécessité, pour le propriétaire de l'exhaussement, de fortifier le mur en le reconstruisant, les travaux doivent avoir lieu en un même temps, c'est-à-dire que le voisin ne peut vouloir que le mur soit reconstruit d'abord et distinctement des travaux de fortification.

Enfin, la reconstruction d'un mur mitoyen ne peut dépendre du caprice de l'un ou l'autre des co-propriétaires. Il faut qu'il y ait *nécessité* pour les deux voisins ; si le contraire était reconnu, ni l'un ni l'autre ne serait admis à y faire procéder même à ses propres dépens. *Voyez* sur tout ce qui précède, les auteurs, et principalement Pardessus, n° 174, et Solon, n° 170. *Voyez* aussi C. C., articles 655, 657, 658 ;

3° Il est sans doute inutile de dire que la maçonnerie de l'exhaussement qu'on veut établir sur un mur doit être en rapport à celle de ce mur et à la solidité qu'il présente. Voici toutefois quelques règles tirées de l'ancien et du nouveau *Desgodets*, et des auteurs qui ont traité cette matière.

L'exhaussement doit être en maçonnerie et non en bois. (*Desgodets*, n° 15, sur l'art. 197.)

Si on veut moins d'épaisseur à l'exhaussement qu'à celle du mur, il n'en faut pas moins poser l'exhaussement précisément sur le point milieu de l'épaisseur du mur, et non sur un seul côté, puis on construit en retraite des deux côtés. (*Desgodets*, n° 9, sur l'art. 196, et n° 14, sur l'art. 197; Lepage, t. 1, pag. 71.)

Suivant les mêmes auteurs, si la clôture n'était point en maçonnerie, mais bien en cloison en planches, en pan de bois, en pierres sèches, etc., le voisin qui voudrait exhausser pourrait exiger qu'il y fût substitué un mur en maçonnerie, à frais communs.

Cette opinion me paraît sans difficulté à l'égard des clôtures situées dans les villes et faubourgs, où le *mur de clôture* est une obligation imposée par l'art. 663 C. C., aux propriétaires contigus; encore y aurait-il doute s'il était prouvé que cette clôture eût été établie par le père de famille, c'est-à-dire l'ancien propriétaire des deux héritages maintenant divisés. (*Voyez* mon *Code*, art. 424.)

Mais, en serait-il ainsi d'une clôture située en tout autre lieu?

Il faudrait distinguer, je le pense :

Si la clôture n'avait pour destination que de séparer deux cours, deux jardins, deux terrains sans constructions, je crois que, dans ce cas, celui des co-propriétaires qui voudrait la substitution, ne pourrait être admis à y faire contribuer le voisin.

Que si au contraire la destination de l'objet de

CHAPITRE 1er.— Art. 5, DU MUR MITOYEN, § 11.

clôture était de séparer deux maisons ou deux appartemens, surtout habités, les tribunaux ordonneraient qu'un mur à maçonnerie sera construit à frais communs sur l'emplacement même de la cloison ou du pan de bois, chacun des voisins fournissant de son côté le terrain nécessaire, sans égard même à ce que la cave de l'un ou de l'autre pourrait en éprouver quelque préjudice;

4° Je reconnais toutefois, que, dans ce dernier cas encore, la preuve de l'établissement de la clôture, par le père de famille, repousserait la prétention du voisin qui voudrait le remplacement par un mur à frais communs. C'est au moins ce qu'il faut induire d'un arrêt de la Cour de Cassation, à la date du 5 décembre 1832, rapporté par Dalloz, R. P., 33, 1, 100.

Art. 9. — *On peut exhausser le premier exhaussement.*

On peut construire au-dessus du premier exhaussement d'un mur, en prenant les précautions et en remplissant les formalités dont il est ci-dessus parlé.

Si c'est le propriétaire de l'exhaussement qui l'élève encore, il doit une indemnité pour la nouvelle charge mise sur le mur.

Si c'est le voisin, il a dû d'abord acheter la mitoyenneté du premier exhaussement, et il doit aussi une indemnité de charge. (*Desgodets*, n° 9, sur l'art. 197; Lepage, t. 1, p. 67 et suiv.; Delvincourt, t. 1, p. 561, note 12.)

Art. 10. — *De l'obligation d'entretenir et réparer, et de ses suites.*

1° Le co-propriétaire du mur peut contraindre le possesseur exclusif de l'exhaussement à l'entretenir, réparer et démolir, même si son mauvais état peut faire craindre pour le mur mitoyen. (Lepage, *idem*);

2° Pour tous les travaux à faire à l'exhaussement, le voisin est gratuitement tenu de souffrir chez lui, *s'il en est besoin*, le passage des ouvriers, pose d'échelles et toutes autres incommodités inséparables des travaux de construction. C'est le sentiment unanime des auteurs ; mais il ne faut pas que les travaux durent pendant plus de quarante jours. Passé ce délai, une indemnité serait due ; c'est une conséquence de l'art. 1382 du Code Civil ;

3° Lorsque le mur mitoyen tombe par cas fortuit ou par vétusté, et qu'il se relève à frais communs, le propriétaire de l'exhaussement qui le rétablit doit une nouvelle indemnité de charge. (Lepage, t. 1, p. 73 et suiv.) *Voyez* ci-dessus, art. 3 de ce paragraphe ;

4° Si l'exhaussement tombe, le mur restant solide, le propriétaire de l'exhaussement peut le reconstruire sans être tenu à une nouvelle indemnité, si toutefois la maçonnerie nouvelle est, en tout, pareille à l'ancienne, et si elle ne charge pas davantage le mur qu'il ne l'était avant la reconstruction ;

5° Si, au contraire, le nouvel exhaussement reçoit des dimensions plus fortes en épaisseur, en matériaux, en élévation, dans ce cas il est dû une indemnité au voisin pour ce qui excède la charge première. (Lepage, t. 1, p. 75.) ;

6° L'exhaussement peut être bon et solide, et le mur ou la portion du mur qui le supporte peut avoir besoin d'être reconstruit. Si les hommes de l'art décident que les travaux peuvent avoir lieu en *reprise sous œuvre*, les deux voisins contribuent aux frais, chacun en proportion de son intérêt au mur, et le propriétaire de l'exhaussement doit, en outre, une indemnité pour la charge, parce que celle primitivement payée par lui n'a pu être calculée que sur la durée du mur dans l'état où il se trouvait lors de l'établissement de l'exhaussement. (Lepage, tom. 1, pag. 74.)

Art. 11. — *Fixaction de l'indemnité de la charge.*

L'indemnité pour la charge se détermine par l'usage du lieu, et lorsque l'usage n'est ni constant ni reconnu, et que les parties ne s'accordent pas, on estime le mur en le considérant comme bon et solide, ne le fut-il même pas, et, sur douze mètres, il en doit être payé deux au voisin. C'est du moins ce que disent Desgodets, n°s 3 et 4, sur l'art. 197 de la *Coutume de Paris;* Delvincourt, t. 1, pag. 561, n° 15; Toullier, t. 3, n° 200; Duranton, t. 5, n° 332.

Je pense toutefois que c'est aux experts à déterminer le chiffre de l'indemnité, et qu'ils doivent bien plutôt prendre pour guide de détermination, leur conscience d'abord, puis le véritable état du mur, et ce qui se pratique habituellement dans le pays, que le sentiment des auteurs. (Solon, n° 174.)

§ 12. — *De l'acquisition de la mitoyenneté de l'exhaussement du mur mitoyen.*

1° Le voisin qui n'a pas contribué à l'exhaussement peut en acquérir la mitoyenneté, porte l'art. 660 du Code Civil.

Il faut ajouter à ce texte, ce qui suit : cette faculté est imprescriptible, c'est-à-dire qu'elle peut s'exercer sans égard au laps de temps écoulé depuis la construction de l'exhaussement;

Elle s'exerce quelque soit le lieu de la situation de cet exhaussement, dont le voisin peut d'ailleurs exiger la mitoyenneté de la totalité ou de partie seulement.

Mais la faculté de rendre l'exhaussement mitoyen, en tout ou partie, peut être restrinte par une convention, et, dans ce cas, le titre fait loi : il doit être exécuté;

2° Le voisin qui achète la mitoyenneté de l'exhaussement, doit payer la moitié de la dépense qu'il a coûté, et la valeur de la moitié du sol fourni pour l'excédant d'épaisseur. s'il y en a, ajoute le même art. 660.

Ainsi, pour la fixation du prix de cette acquisition, il faut prendre en considération tout ce que l'exhaussement a coûté, tant en matériaux, main-d'œuvre et terrain, qu'en tous accessoires, tels que la reconstruction totale ou partielle du mur; les chaines et les jambes de pierre, les étaiemens chez celui qui achète, les travaux faits à la couverture de ces bâtimens, l'indemnité de charge qui lui a été payée, etc., etc.

La moitié de tous ces déboursés réunis doit former le prix de l'acquisition, en prenant toutefois en considération le temps qui s'est écoulé depuis la construction de l'exhaussement; et si, lors de cette construction, quelques bons matériaux sortis du mur mitoyen ont tourné au profit particulier du propriétaire de l'exhaussement, la moitié de leur valeur doit venir en déduction du prix de cession de la mitoyenneté de l'exhaussement. (Lepage, t. 1, pag. 74 et 92; Pardessus, n° 176; Toullier, t. 3, n° 205; Desgodets, art. 194, 195, n°s 5 et 12; Delvincourt, t. 1, p. 562, 563);

3° Remarquez, au surplus que, dans le cas d'acquisition de la mitoyenneté de l'exhaussement d'un mur, l'acquéreur est tenu, sans aucune exception, aux obligations imposées à l'acquéreur de la mitoyenneté du mur lui-même, et que ses droits sont pareils aussi.

Si donc il trouve l'exhaussement trop faible pour ce qu'il en veut faire, il est libre, en remplissant toutefois les obligations mentionnées ci-dessus, § 6, 2e *distinction*, de le renforcer ou le *reconstruire* en bonne maçonnerie. Mais il doit *seul* payer les dépenses, même celles accessoires, comme celles des étaiemens chez le voisin, rétablissement des cheminées et tuyaux, raccordement de couvertures, rétablissement d'égouts ou de goutières, etc., etc. Le voisin doit, de son côté, souffrir les incommodités des travaux.—Si cependant l'exhaussement était mauvais et jugé incapable de durer encore quelques années, il devrait être reconstruit à frais communs, en suivant ce qui est dit ci-dessus, § 8, 3me *distinction*. (Lepage, t. 1, pag. 94);

4° Celui qui a acquis la mitoyenneté de l'exhaussement, peut-il ensuite faire supprimer les ouvertures de jour ou de vue que le voisin y a fait pratiquer?

La réponse à cette question se trouve renfermée dans ce que j'ai dit plus haut, MUR CONTIGU, tit. 3, chap. 1, art. 4, § 2, n° 5, *aux distinctions. Voyez* aussi ci-après § 13, n° 4.

§ 13.— *Faculté d'abandonner la mitoyenneté de l'exhaussement d'un mur mitoyen, et droit de la reprendre.*

1° Le co-propriétaire de l'exhaussement d'un mur peut s'affranchir de sa contribution aux frais d'entretien et de reconstruction de cet exhaussement, en faisant abandon de son droit de mitoyenneté. Les règles ci-dessus, § 8, sont applicables ici;

2° L'abandon de la mitoyenneté de l'exhaussement n'empêche pas que le mur qui supporte cet exhaussement reste mitoyen; l'exhaussement *seul* devient la propriété exclusive du voisin, et celui-ci peut exiger qu'à l'instant même tous les objets qui s'y trouvent appuyés ou adossés, que tous les ouvrages qui y ont été pratiqués soient détruits; mais une indemnité pour la charge est due au renonçant qui reste co-propriétaire du mur. (Code Civil, art. 656; Lepage, t. 1, p. 95);

3° Celui qui a ainsi abandonné la mitoyenneté de l'exhaussement d'un mur mitoyen, *peut toujours* en tous lieux, en tous temps et quels que soient ses motifs, rentrer dans la mitoyenneté, en remboursant au voisin l'indemnité de charge qu'il a reçue lors de son abandon, en prenant toutefois en considération le laps de temps écoulé depuis cette époque; et, de plus, il doit payer la moitié de la valeur *actuelle* de l'exhaussement, et la moitié aussi des dépenses accessoires, s'il y en a eues;

4° Cet exhaussement étant redevenu mitoyen, chacun des voisins peut en jouir en droit-soi, sans nuire à l'autre; et s'il y a été pratiqué quelques ouvertures de jour ou de vue, elles doivent, sauf convention contraire, être supprimées. — Cette règle pourrait cependant être inapplicable dans certains cas. *Voyez* à cet égard, ci-dessus, tit. 3, ch. 1. art. 4, § 2, *du Mur contigu*. (Code Civ. art 660; Lepage, t. 1, p. 95; Dalloz, jurisp. gén., t. 12, p. 41; Duranton, t. 5, n° 333, 335; 1er décembre 1813 et 5 décembre 1814, Cour de Cassation).

ART. 6. — DU MUR JOIGNANT LA VOIE PUBLIQUE.

§ Unique.

Cette partie de notre ouvrage étant amplement traitée ci-après, chap. 2, art. 3, nous devrions peut-être nous borner à y renvoyer le lecteur. Voici toutefois quelques observations :

1° Aucn mur contigu à une rue, une place, une route, un chemin quelconques, ou à tous autres terrains ou objets dépendans du domaine public ou communal, ne peut être construit, réparé, démoli ni reconstruit, sans avoir préalablement requis et ob-

tenu de l'autorité compétente la fixation de l'alignement, et une autorisation *écrite* de construire ;

2° Aucun balcon, aucune galerie ni autres saillies
sur la voie publique, ne peuvent non plus être pratiquées sans la même autorisation ;

3° Si on a obtenu l'autorisation de masquer une
andronne, cul-de-sac ou espace entre deux maisons, on ne peut ensuite surmonter ou exhausser,
même en planches ou pan de bois, la maçonnerie,
sans une autorisation spéciale ;

4° Lorsque l'autorité ordonne la démolition d'un
mur, il doit être démoli en totalité et non en partie
seulement ; le tribunal de police ne peut se dispenser d'ordonner la démolition de la totalité.

Ce sont là des règles qui doivent d'autant moins
être ignorées des entrepreneurs et des ouvriers,
qu'ils sont garants de leur exécution. *Voyez* d'ailleurs ce que j'ai dit ci-dessus, sect. 1, § 2, chap. de
l'*Entrepreneur ;* et tit. 3, chap. 1, *des Murs*, art. 4,
§ 1, n° 3 ;

5° Enfin, on ne peut obtenir permission de construire plus près de 1,000 mètres des places fortes ;
de 250 mètres des terrains militaires ; de 100 mètres
des nouveaux cimetières ; de 2 kilomètres dans le
rayon des bois et forêts ; de 8 mètres d'un chemin de
halage ; de 6 et quelquefois de 8 mètres d'un chemin
vicinal, non compris son fossé ; de 14 mètres, non
compris le fossé, d'une route royale ; et de 12 mètres, non compris le fossé, d'une route départemen-
tale.

ART. 7. — DES VOIES DE FAIT ET PRÉJUDICES ; DU
DROIT D'ACTION ET DE LA COMPÉTENCE.

1° Le propriétaire, possesseur annal, dont le mur
a été détruit, peut poursuivre l'auteur par la voie
criminelle, sans que celui-ci puisse se garantir des

CHAPITRE 1er. — Art. 7, DES VOIES DE FAIT ET PRÉJU-
DICES, etc.

peines en se prétendant propriétaire. (8 janvier et
23 décembre 1813, Cour de Cassation; S. 13, 1,
468 et 14, 1, 76);

2° L'action civile est également recevable; elle
peut même, dans l'année de la voie de fait, être portée devant le juge de paix. (Pardessus, n° 326);

3° Toutes les contestations qui peuvent naître à
l'occasion des murs et de leur mitoyenneté, sont de
la compétence des juges de paix dans les limites de
leurs attributions, ou de la compétence des tribu-
bunaux civils, ou de la compétence des tribunaux
de police et de police correctionelle, ou enfin de la
compétence administrative.

CHAPITRE II.

DES MAISONS.

Division.

ART. 1er. — *De la faculté d'en construire et des
conditions;*

ART. 2. — *Des maisons dont les différens étages
appartiennent à divers; leur entretien;*

ART. 3. — *Des maisons contigues à la voie publique.*

ART. 1. — DE LA FACULTÉ DE CONSTRUIRE ET DES
CONDITIONS.

Les grands développemens que j'ai donnés au chapitre des *Murs*, auquel chapitre les propriétaires et
ouvriers feront sagement de recourir, doivent me
dispenser d'entrer longuement en matière sur l'objet

CHAPITRE 2. — DES MAISONS, art. 1ᵉʳ.

des *Maisons* : je n'en dirai donc que ce qu'il est indispensable d'en dire.

1° Tout propriétaire de terrain a la faculté d'y construire autant de maisons qu'il lui plait; donc le propriétaire du sol doit être réputé, sauf un titre contraire, propriétaire des maisons qui s'y trouvent, ce qui le met dans l'obligation de les entretenir dans un état tel que les voisins ou les passans ne puissent pas craindre de devenir victimes de leur chûte. Pour éviter le danger, on peut s'adresser à la police locale, et même assigner le propriétaire, en suivant les formes indiquées aux art. 1754 et suiv., 2ᵐᵉ édit.; art. 1778 et suiv., 3ᵉ édit. de mon *Code des Constructions*, etc.;

2° Je viens de dire que le propriétaire d'un terrain peut y bâtir une maison : cela est sans aucune difficulté. Mais cette faculté peut être modifiée si la construction s'établit sur l'une des extrémités de ce terrain, car alors la construction pourra joindre la propriété voisine, ou bien une voie publique ou communale.

Dans l'un et l'autre cas, *aucuns travaux* ne doivent être commencés sans avoir préalablement fait régler l'alignement, soit avec le voisin, soit avec l'autorité compétente, ainsi qu'il est dit ci-dessus, chap. 1, *des Murs*, art. 4, § 1. *Voyez* aussi ci-après, art. 3, § 1;

3° Celui qui bâtit peut bien adosser sa maison au mur du voisin, sans l'y appuyer; mais le voisin pourrait ensuite démolir son mur, et il serait clos sans qu'il lui en coûtât, et s'il voulait construire, il pourrait contraindre le propriétaire de la maison à lui vendre la mitoyenneté du mur contigu. Donc il est préférable que celui qui bâtit une maison contiguë au mur de son voisin, prenne de suite la mitoyenneté de ce mur. — *Voyez* ce qui est dit à cet égard au chap. 1ᵉʳ, DU MUR, art. 4, § 4;

4° Si, après avoir acquis la mitoyenneté du mur voisin, et y avoir appuyé sa construction, le propriétaire de cette construction veut la démolir, il ne le peut sans en prévenir le voisin assez à temps pour qu'il puisse prendre ses précautions, et, de plus, il doit consolider le mur de manière que, se trouvant sans soutien de son côté, il ne puisse pas être renversé par la charge qui lui a été imposée de l'autre côté. (Merlin, *Répert.* t. 3, au mot *Démolition,* pag. 507);

5° Celui qui construit une maison ne peut établir ni entablemens, ni galeries, ni balcons, ni aucun autre ouvrage en saillie sur l'héritage voisin ou sur la voie publique, sans, dans ce dernier cas, en avoir obtenu l'autorisation *écrite* de l'autorité compétente. *Voyez* ci-après, chap. 2, art. 3. Ces saillies d'ailleurs ne peuvent dépasser le point milieu de la tête du mur mitoyen;

6° Les voisins ne peuvent pas même être gênés par des enseignes, auvents et autres saillies;

7° Enfin, on a vu ci-dessus, chap. 1, art. 5 *du Mur*, § 10, à quelles conditions le propriétaire peut, pour se dispenser de contribuer aux frais de l'entretien du mur mitoyen qui supporte sa construction, faire abandon de cette construction.

ART. 2. — DES MAISONS DONT LES DIFFÉRENS ÉTAGES APPARTIENNENT DIVISÉMENT A DIVERS ; LEUR ENTRETIEN.

1° Si les frais d'entretien sont déterminés par un contrat, ce contrat doit être suivi.

A défaut de titre ou si le titre ne s'explique pas suffisamment, ce sont les coutumes ou les réglemens qui doivent faire loi, et, à défaut encore, voici ce qui doit être pratiqué, en exécution de l'art. 664 du Code Civil.

DES GROS MURS.

Tout ce qui est ci-dessus, tit. 3, chap. 1, art. 1, § 1, n° 8, qualifié *gros mur,* est à la charge commune de tous les propriétaires, chacun en proportion de ce qu'il possède de la maison, et sans aucune distinction de la partie du mur où les travaux doivent être faits. (*Voyez* mon *Code des Constructions,* etc., 2ᵉ édit., art. 1762, ou 3ᵉ édit., art. 1786);

2° La part contributive de chacun se détermine au moyen d'une ventilation ou estimation de chaque appartement séparément, sans égard d'ailleurs aux décorations ou ornements de ces appartements, comme plafonds, lambris, parquets, etc., etc. En un mot, chaque appartement doit être estimé comme s'il était nu, et non en raison de sa valeur locative. Tel est le sentiment des auteurs.

DES TOITS, PUITS, FOSSES D'AISANCE, ALLÉES, COURS, PORTES D'ENTRÉE, POMPES ET AUTRES OBJETS DONT LA JOUISSANCE EST COMMUNE.

Il n'est pas nécessaire de dire que tout ceci étant utile aux divers propriétaires de la maison et servant à leur usage commun, doit aussi et de la même manière que les gros murs, être entretenu à frais communs. (C. Civ., 664).

DES PLANCHERS, CARREAUX ET AIRES DE CAVES.

L'entretien de ces objets est au compte personnel du propriétaire qui marche dessus. (C. Civ., 664).

DES GRENIERS.

Le grenier est couvert par le toit, et on vient de voir que l'entretien du toit est à la charge de tous. Mais si ce grenier a un plancher servant exclusivement à l'un des propriétaires, c'est à lui à l'entretenir à ses frais. (Lepage, t. 1, p. 111 ; Pardessus, n° 193 ; Paillet, sur l'art. 664 du C. Civ.).

Les PORTES, CLOISONS, FENÊTRES, VOLETS, MURS *non de refend*, mais servant simplement à la division des appartements, sont entretenus par chaque propriétaire des appartements qui en sont pourvus.

DES ESCALIERS.

1° Le propriétaire du premier étage est *seul* chargé d'entretenir l'escalier qui y conduit. Le propriétaire du second étage entretient l'escalier qui part du premier et conduit au second, et ainsi de suite. Il va sans dire que les paliers se trouvent également compris ; de même aussi, que les autres propriétaires qui dégraderaient, seraient tenu de réparer. (C. Civ., 664, 1382 et les auteurs. *Voyez* mon *Code*, 2ᵐᵉ édition, art. 1767, ou 3ᵐᵉ édition, art. 1791) ;

2° L'escalier qui conduit du rez-de-chaussée à la cave, et celui qui conduit du plus haut étage au grenier, sont à la charge des propriétaires de la cave et du grenier, chacun en ce qui le concerne. (Lepage, t. 1, p. 111 ; Favard, *Répert.*, au mot SERVITUDES, section 2, § 4, n° 9 ; Dalloz, t. 12, p. 45) ;

3° Enfin, si l'escalier était couvert d'un toit particulier, ce qui pourrait être, surtout si cet escalier était en dehors, l'entretien du toit serait à la charge de tous les propriétaires qui en retireraient utilité. (C. Civ., 664 ; Pardessus, n° 193).

DES PLAFONDS.

Les plafonds en plâtre ou en toute autre substance, sont des ornements dont l'entretien ne peut être qu'au compte de celui qui en jouit ; mais si le propriétaire de l'étage au-dessus y occasionnait quelque dégradation, il serait tenu de réparer. (Pardessus, *idem*; Lepage, t. 1, p. 110; Delvincourt, t. 1, p. 157; Solon; n° 588; C. Civ., art. 1382 et suiv.).

DES VOUTES DE CAVES.

Suivant MM. Pardessus, n° 193; Delvincourt, t. 1, p. 543, n° 4, notes; Toullier, t. 3, n° 222, et Toussaint, n° 181, la voûte d'une cave devrait, pour son entretien, être assimilée au toit, et conséquemment rester au compte de tous les propriétaires de la maison.

D'après MM. Lepage, t. 1, p. 112, et Duranton, t. 5, n° 342, l'entretien de la voûte serait au compte personnel du propriétaire du rez-de-chaussée, comme remplaçant pour lui le plancher des étages supérieurs, qui, comme on l'a vu, sont entretenus par le propriétaire qui marche dessus.

J'ai dit, art. 1771, 2me édition, et art. 1795, 3me édition de mon *Code des Constructions et de la Contiguité*, que je ne pensais pas que ces opinions fussent fondées, et je le répète ici.

Il me semble en effet qu'on ne peut pas plus assimiler la voûte d'une cave à la couverture d'une maison, qu'au plancher sur lequel marche le propriétaire d'un appartement : la couverture ou le toit sert aux divers propriétaires, et garantit la maison en entier; la voûte de cave, comme la cave elle-même n'est nullement nécessaire à l'existence de la maison. — Sans le plancher d'un étage, le propriétaire de cet étage ne pourrait s'en servir, l'habiter; sans la voûte de la cave, le propriétaire du rez-de-chaussée ne pourrait pas moins en jouir. — Et puis, ce n'est pas précisément sur la voûte que ce propriétaire marche, mais bien sur la masse de terre dont elle est couverte.

Je pense donc qu'à moins que la cave ne soit commune aux divers propriétaires de la maison, l'entretien de la voûte doit être au compte personnel du propriétaire de la cave, parce que lui seul en jouit et a intérêt à la conserver.

DES PASSAGES.

1° Les corridors et tous passages sont à la charge de ceux qui s'en servent ou en tirent servitude ;

2° S'il existe deux corps de bâtimens séparés par une cour, par exemple, dont un seul donne sur la rue, et que le propriétaire du bâtiment reculé possède un passage à l'extrémité duquel il a un portail entre les murs des voisins, ce portail étant d'ailleurs pratiqué au-dessous d'un bâtiment et au-dessus d'une cave ou d'un souterrain appartenant à deux différens propriétaires, comment les frais d'entretien seront-ils répartis ?

Ce cas peut paraître embarrassant. Toutefois, voici ce qui semble ressortir des termes de l'art. 664 du Code Civil.

Sauf convention contraire, tous ceux qui se trouvent avoir un intérêt quelconque au passage, doivent proportionnellement contribuer à l'entretien de ce passage, des murs qui le bordent et même de la voûte de la cave au-dessous, parce que, dans cette hypothèse bien différente de celle dont il est question ci-dessus, chacun jouissant du passage, contribue à ébranler, à dégrader la voûte en passant journellement au-dessus et surtout en y faisant rouler des voitures ou charrettes ;

3° Si le passage est fermé par un portail ou une porte appartenant exclusivement au propriétaire du passage, c'est à lui seul à l'entretenir; mais les réparations des murs qui reçoivent la porte ou le portail, sont au compte de tous les intéressés. (Lepage, t. 1, p. 113 et suiv.; *Desgodets*, note 23 et suiv. sur

CHAPITRE 2.— DES MAISONS, art. 2.

l'art. 187 de la *Coutume de Paris*, et notes 10 et suiv., sur l'art. 205;

4° Enfin, celui qui possède un passage au-dessus de la cave d'autrui, est tenu de paver et d'entretenir ce passage de manière à empêcher l'infiltration des eaux. (*Voyez* mon *Code*, art. 1004 et 1195, 2ᵉ édition).

5° Je ne terminerai pas cet article sans faire observer que chaque fois que des travaux *quelconques* sont projetés par le propriétaire d'un étage ou d'un appartement, ces travaux, si du moins ils peuvent se faire ressentir chez les voisins, ne peuvent être exécutés sans le consentement préalable de ces voisins, et à défaut, sans un réglement par experts, comme en matière de travaux à faire à un mur mitoyen. *Voyez* ce qui est dit ci-dessus. (*Desgodets*, note 17, sur l'art. 205; Lepage, t. 1, p. 115 et 118; Pardessus, nᵒˢ 116 et 193; Code Civil, art. 662.)

Ainsi, celui qui possède le rez-de-chaussée ne peut, sans avoir pris toutes les précautions requises, y établir de forges, de cheminées, ni changer de place celles qui y sont déjà. (Les mêmes auteurs, plus Merlin, *Répert.* au mot BATIMENS, p. 669, nᵒ 2, et Solon, nᵒ 589.)

Art. 3.— DES MAISONS CONTIGUES A UNE VOIE PUBLI-
QUE QUELCONQUE.

J'ai déjà dit quelque chose sur cette grave matière au tit. 1, ch. 1, sect. 1, de *l'Entrepreneur*, § 2, et au tit. 3, chap. 1, *des Murs*, art. 6; mais il me reste encore beaucoup à dire ici pour l'instruction des propriétaires, des entrepreneurs et des ouvriers; et pour plus de facilité, je vais diviser cet article en huit paragraphes.

Division.

§ 1er. — *Nécessité de l'alignement et de l'autorisation préalables aux travaux ; contravention et peines*

§ 2. — *Même nécessité pour entretenir et réparer le mur de face.*

§ 3. — *Même nécessité pour démolir.*

§ 4. — *Quand la police peut exiger la démolition ; premier cas, péril ; deuxième cas, travaux confortatifs.*

§ 5. — *Assujétissemens au recul et à l'avancement.*

§ 6. — *Hauteur des maisons.*

§ 7. — *Obligation de souffrir et conserver l'attache des reverbères et candélabres.*

§ 8. — *Autorisation pour planter des bornes.*

———

§ 1er. — *Nécessité de l'alignement et de l'autorisation préalable aux travaux ; contravention et peines.*

1° Aucune construction joignant immédiatement une voie publique *quelconque, en tant quelle existe déjà, car il n'en est pas ainsi de celle qui ne serait simplement que projetée,* ne peut, sous peine d'amende contre le propriétaire et l'entrepreneur, et sous peine de démolition, être entreprise ou commencée sans avoir préalablement *obtenu* de l'autorité compétente la fixation de l'alignement et une autorisation *écrite et ayant date certaine :* elle ne pourrait pas être prouvée par témoins. (*Voyez* sur cela et sur ce qui va suivre, mon *Code des Constructions et de Contiguité,* art. 1799 et suiv., 2e édit., et art. 1822 et suiv., 3e édition) ;

2° Bien que celà se trouve déjà établi ci-dessus, tit. 1, ch. 3, *de l'Entrepreneur,* sect. 1, § 1, il n'est pas hors de propos de rappeler ici, qu'alors que la voie publique dépend de la grande voirie, c'est du préfet que l'alignement et l'autorisation de bâtir doivent être requis ; que si au contraire la voie publique appartient à la petite voirie, comme les places, les rues ne faisant pas partie des grandes routes, l'alignement et l'autorisation doivent émaner du maire ;

3° Remarquez bien que, d'après la jurisprudence du Conseil d'état et de la Cour de Cassation, cette prohibition ne se borne pas aux murs, mais qu'elle s'étend aussi à toutes autres sortes de constructions, comme escalier, hangar, pans de bois, balcon, terrasse, étage supérieur, entablement et généralement toutes espèces de saillies, encore bien quelles eussent été toutes pratiquées sous les yeux du maire. (*Voyez mon Code*, aux articles ci-dessus indiqués, et art. 1843);

4° Les règles ci-dessus sont applicables au cas où les constructions auraient lieu dans l'intérieur d'une maison destinée par des plans légalement approuvés, à devenir voie publique, sauf le cas toutefois où la construction s'établirait dans un enclos non attenant à la voie publique, bien qu'il fût désigné comme pouvant en faire partie plus tard ; mais il n'en serait pas ainsi et les peines seraient applicables au propriétaire qui aurait construit derrière un mur de face sur la voie publique, et aurait ensuite démoli ce mur de face. C'est ce qui résulte d'une ordonnance royale rendue en Conseil d'état, le 9 juin 1830. *Voyez* mon *Code*, art. 1817 et suiv., 2° édition, et articles 1840 et suiv., 3° édition ;

5° Celui qui a obtenu l'autorisation de faire certains travaux désignés par un arrêté, ne peut les outre-passer sans contrevenir : par exemple, si ayant la permission de construire en *plâtre*, il construit en pierre, les peines portées par le n° 15 de l'art. 471 du Code pénal lui sont applicables. (18 août 1836,

6º Enfin, les quatre numéros qui précèdent s'appliquent aux communes rurales aux bourgs et villages, tout comme aux villes et à leurs faubourgs.

§ 2. — *Nécessité d'une autorisation pour entretenir et réparer.*

1º Aucuns travaux, même d'un simple entretien, ne peuvent être entrepris au mur contigu à une voie publique sans en avoir préalablement obtenu l'autorisation *écrite* de l'autorité compétente, à plus forte raison si les travaux sont susceptibles de consolider le mur. — Dans ce cas, la peine est tout à la fois, l'amende contre le propriétaire et l'entrepreneur, plus, la démolition des ouvrages faits en contravention; dans le premier, c'est-à-dire si les travaux ne sont pas confortatifs, ce qu'il appartient à l'autorité d'examiner, la peine se borne à l'amende. (*Voyez* mon *Code*, 2ᵉ édition, art. 1813 et suiv., et 3ᵉ édition, 1836 et suivants);

2º Aucuns motifs, tirés même de quelque cas fortuit ou de faits de malveillance ne sauraient être admis pour excuse; et, ent'autres ouvrages, la jurisprudence considère comme travaux confortatifs, la reconstruction d'un berceau de cave; le recrépissage fort et capable de consolider le mur, qu'il soit employé au rez-de-chaussée ou aux étages supérieurs, il n'importe ; l'établissement ou la réparation de toute saillie; le placement de chaînes, de tirans avec leurs ancres; le changement et reconstruction des jambages extérieurs des portes, etc., etc. (*Voyez* comme à la note précédente);

3º Un point fort intéressant sur lequel la jurisprudence a été longue à se fixer, est celui de savoir s'il pouvait être fait des réparations à une maison ne joignant pas immédiatement une voie publique *ac-*

tuelle, mais simplement projetée. — Il est maintenant sans difficulté que toutes réparations peuvent, sans autorisation préalable, être faites à une maison ainsi située, (25 janv. 1829, Cour de Cassation ; 30 déc. 1841, ordonnance en Conseil d'état.)

§ 3. — *Nécessité d'une autorisation pour démolir.*

De ce qui précède, il résulte nécessairement qu'aucuns travaux, pas même *des travaux de démolition* ne peuvent être exécutés au mur joignant immédiatement une voie publique, sans une autorisation préalable ; et il en serait ainsi de la démolition **que** l'on voudrait faire de l'exhaussement de ce mur, comme de la suppression ou réparation de balcons, galeries, entablemens et toutes autres saillies. (Traité de la police par de Lamare, pag. 351 et suiv.; Fournel, au mot *Maison*; 17 novembre 1831, Cour de Cassation.)

§ 4. — *Quand la police peut exiger la démolition.*

Premier cas. — PÉRIL.

1° Partout la sûreté publique et celle en particulier des habitants d'une maison, exige que cette maison soit entretenue de manière que sa chute prochaine ne soit pas probable. Quand il en est autrement, c'est-à-dire lorsqu'une maison sur la voie publique est *en péril*, qu'elle paraît en état de ruine, la police locale peut et doit même en ordonner, ou la consolidation ou la démolition selon qu'il en est besoin, et le propriétaire doit se conformer à l'arrêté qui est rendu à cet égard. — Il doit lui-même, sous peine d'amende, faire faire les travaux, encore bien que l'arrêté portât que, faute par lui de s'en occuper, il y sera procédé d'office et à ses frais. (*Voyez* la note de l'art. 1810 de mon *Code*, 2me édition, ou 1833, 3me édition);

2° Si la maison tombe et endommage celle qui lui

est contiguë, le propriétaire de celle-ci peut la rétablir dans le même état où elle était avant l'évènement ; mais il ne peut la consolider davantage , et si cela ne suffit pas, elle doit être démolie.

Deuxième cas. — TRAVAUX CONFORTATIFS.

1° On a vu ci-dessus, § 2, qu'aucuns travaux ne peuvent être exécutés au mur longeant la voie publique, sans en avoir préalablement obtenu l'autorisation. Faute d'avoir rempli cette formalité, la police peut, indépendamment de l'amende encourue , exiger la démolition, et le juge ne peut, sous aucun prétexte, se dispenser de l'ordonner quand elle est requise. Mais la démolition ne peut être ordonnée qu'alors seulement que les travaux sont reconnus confortatifs. (*Voy.* la note de l'art. 1813, 2ᵐᵉ édit. de mon *Code,* ou 1836, 3ᵉ édit.);

2° L'autorisation obtenue ne peut être outre-passée ni par le propriétaire , ni par son locataire dont il répond des faits. Par exemple , celui qui a obtenu la permission de blanchir, gratter, badigeonner, ne peut , sans contravention, crépir , établir quelque saillie , ou faire tous autres travaux. (19 décembre 1840 , Cour de Cassation).

§ 5. — *Obligation de reculer ou d'avancer.*

1° Ne m'occupant de cette instruction que dans l'intérêt spécial des ouvriers , bien que les propriétaires y puissent beaucoup trouver, je dois me borner à dire sous ce paragraphe que toute construction bordant une voie publique, est sujette à avancer ou à reculer, suivant les besoins publics.

Dans le cas où la construction doit avancer, le propriétaire est tenu de payer le prix du terrain public où communal dont il profite; dans le cas de recul, il lui est dû indemnité pour le terrain qu'il est contraint de laisser. Tout cela se règle administrativement ;

2° Dans l'une ou l'autre hypothèse, si en démolissant la maison qui doit avancer ou reculer, celle du voisin en souffre, le premier n'en est responsable qu'autant que les travaux auraient eu lieu sans être entourés des précautions ordinaires. (Cour royale de Bordeaux, arrêt du 23 novembre 1831 ; Dalloz, *Réperi.* p. 32, 2, 30).

§ 6. — *Hauteur des maisons.*

C'est à la police ou à l'autorité municipale qu'il appartient de déterminer l'élévation des maisons ; l'arrêté pris à cet égard doit être suivi à peine d'amende contre le propriétaire et l'entrepreneur, et en outre, à peine de démolition de la portion excédant la hauteur déterminée. (*Voy.* à cet égard les art. 1819 et suiv. de mon *Code*, 2e édit., ou art. 1842 et suiv., de la 3e édit.)

§ 7. — *Obligation de souffrir et conserver les attaches des reverbères et candélabres.*

Toute maison ou édifice bordant la voie publique, est assujétie à supporter l'attache des reverbères et candélabres. C'est une servitude d'utilité publique à laquelle personne ne peut se refuser. Les ouvriers qui travaillent au mur y assujétis, doivent les rétablir lorsqu'ils sont obligés de les déplacer momentanément. (Pardessus, n° 141).

§ 8. — *Autorisation pour planter des bornes.*

Pas même sous le prétexte d'utilité publique, un propriétaire de maison ne peut, *sans une autorisation écrite de l'autorité compétente*, planter des bornes sur une rue ou toute autre voie publique ou communale. (*Voy.* mon *Code*, art. 935 et suiv.).

CHAPITRE III.

AQUEDUCS.

§ *Unique.*

On ne peut pratiquer un aqueduc le long d'un mur, ou mitoyen ou appartenant au voisin, sans faire un contre-mur de telles dimensions que le mur ne puisse nullement en souffrir : l'entrepreneur en est garant.

Ce peut être la matière d'une expertise. Les experts alors doivent prendre en considération la qualité des matériaux employés, la nature des eaux, leur abondance et leur rapidité. (Lepage, tit. 1, pag. 162.)

———

CHAPITRE IV.

CAVES (voûtes de).

§ *Unique.*

1° Aux termes de l'art. 662 du Code Civil, aucuns ouvrages ne peuvent être appliqués ni appuyés à un mur mitoyen sans le consentement du voisin co-intéressé, ou sans avoir, à son refus, fait régler par experts les moyens à prendre pour que le nouvel ouvrage ne puisse endommager le mur ni nuire aux droits de ce voisin.

Cette disposition de la loi est applicable ici et son

CHAPITRE 4. — CAVES (voûtes de), § unique.

exécution peut être exigée dans toutes les contrées de la France ;

2° Or, lorsqu'il est question de pratiquer une voûte de cave près d'un mur mitoyen, il faut d'abord s'accorder sur l'importance, les forces, la forme et les dimensions que cette voûte devra recevoir, et se conformer ensuite à ce que prescrivent la coutume, les usages *constans et reconnus*, s'il en existe dans le lieu des travaux; faute de quoi, il faut en venir au réglement par experts si les parties ne s'accordent pas ;

3° Lorsqu'il ne s'agit que d'une petite voûte en plein cintre, appuyée sur un mur mitoyen d'une forte épaisseur et d'une grande solidité, il serait possible, dit Lepage, t. 1, pag. 164, que les experts fussent d'avis de laisser appuyer la voûte sur le mur.

Mais ce cas doit être d'autant plus rare que le poids d'une voûte quelconque pousse plus ou moins le mur: je pense donc qu'il faut faire un contre-mur suffisant ;

4° On distingue d'ailleurs deux espèces de voûtes : celle en *simple berceau*, et l'autre *d'arête en lunette*.

La première a son cintre porté vers la droite et vers la gauche; les deux extrémités étant formées par des murs qui servent de pignons.

Il est généralement admis qu'on ne peut établir une pareille voûte contre un mur mitoyen, sans faire contre-mur d'au moins 33 centimètres d'épaisseur, et construit en bonne maçonnerie. Que ce contre-mur doit être incorporé au mur et régner dans toute la partie de ce mur qui doit être garantie. Quant à la hauteur à donner au contre-mur, elle se détermine eu égard à la nature de la voûte, dont la courbe doit d'ailleurs prendre naissance sur le contre-mur qui doit être fondé assez bas pour pouvoir en soutenir le poids. (Desgodets, n°s 19 et 22, sur l'art. 191 de la *Coutume de Paris*; Lepage, t. 1, pag. 164);

CHAPITRE 4. — CAVES (voûtes de) § unique.

5° La voûte *d'arête en lunette* est cintrée des quatre côtés. — La réunion des parties cintrées forme aux quatre angles quatre arêtes qui sont saillantes. Elles se croisent et se rencontrent dans le haut en un cintre commun; chacune de ces quatre parties cintrées se nomme *lunette;*

6° Quand on pratique une voûte de cette nature près d'un mur mitoyen, on peut se dispenser de faire contre-mur; mais il faut alors construire en bonne pierre, le long du mur, deux dosserets ou pilastres en saillie, ayant une épaisseur et une largeur suffisante pour porter les pieds des deux arêtes qui se courbent des deux côtés du mur.

Si les quatre parties cintrées de la voûte avoisinaient plusieurs murs mitoyens, il en faudrait faire porter les quatre pieds sur quatre dosserets d'une force proportionnée. (Lepage, t. 1, pag. 165);

7° Il n'est pas besoin de contre-mur lorsque la voûte est fermée par un mur à l'une de ses extrémités. Dans ce cas, le mur sert simplement de pignon et ne peut être poussé par la voûte; et il en serait de même du cas où le même mur supporterait deux voûtes *adossées* vis-à-vis l'une de l'autre, car, le mur se trouverait également soutenu des deux côtés. (Desgodets, sur l'art. 191, n° 23; Lepage, tit. 1, pag. 166);

8° Lorsque, du côté du voisin, il n'existe que la masse des terres sans aucune construction, Desgodets pense que celui qui établit une voûte de cave doit faire contre-mur pour soutenir les terres : Goupy, son annotateur, décide le contraire.

En tout cas, il ne faut pas perdre de vue, ainsi que le fait observer Lepage, au lieu cité, que toujours celui qui fait construire répond des préjudices qui en résulteraient tôt ou tard pour le voisin, et que l'ouvrier en est tout aussi bien garant. (Code Civil, art. 1382 et suiv., 1792, 1797; Lepage, *idem.*)

CHAPITRE V.

DES CHEMINÉES.

Division.

§ 1er. — *Du contre-cœur.*
§ 2. — *De l'âtre:*
§ 3. — *Des jambages.*
§ 4. — *Du manteau.*
§ 5. — *Du tuyau ou corps.*
§ 6. — *De la tête ou souche et de la fumée.*
§ 7. — *De l'adossement.*
§ 8. — *De l'enfoncement ou encastrement.*
§ 9. — *De l'incendie.*
§ 10. — *De la responsabilité de l'ouvrier.*

—

§ 1er — *Du contre-cœur.*

Le contre-cœur est une espèce de contre-mur en briques que l'on adosse au mur pour le garantir du feu, et que les réglemens de police défendent d'incorporer. — L'incorporation ne doit jamais avoir lieu, pas même dans le cas où le mur appartient exclusivement à celui qui fait faire la cheminée, surtout si ce mur est susceptible de devenir mitoyen.

La maçonnerie du contre-cœur doit avoir 162 millimètres au moins d'épaisseur et s'étendre dans toute la largeur du fond de la cheminée jusqu'à la hauteur du manteau, et y arriver en perdant, par degré et insensiblement de son épaisseur, de manière qu'il cesse d'exister sans que la retraite soit marquée.

Presque partout maintenant on remplace très-efficacement la maçonnerie du contre-cœur par une plaque en fer fondu que l'on applique au mur et à le toucher, mais il faut avoir soin de couler du plâtre entre la plaque et le mur de manière à ne laisser aucun vide. (Desgodets et Goupy, nº 1, sur l'art. 189; Lepage, t. 1, p. 145 et suiv.; Pardessus, nº 172; Solon, nº 256.)

§. 2. — *De l'âtre.*

L'âtre d'une cheminée est l'endroit sur lequel on fait le feu.

Cette partie essentielle d'une cheminée doit être construite avec tout le soin possible, afin d'éviter l'incendie. Cela intéresse la sûreté publique, et plusieurs réglemens, toujours en vigueur, défendent, sous des peines assez sévères, de poser l'âtre d'une cheminée sur le plancher ou sur des pièces de bois, quelque épaisseur de maçonnerie que l'on puisse mettre entre deux.

Les travaux doivent être pratiqués en se conformant à la coutume ou à l'usage local, c'est du moins ce qui semble résulter des dispositions de l'art. 674 du C. C.; mais partout l'intérêt public est le même, aussi les auteurs modernes s'accordent-ils avec les anciens sur ce point de pratique, savoir, que l'âtre d'une cheminée n'est praticable qu'alors que l'ouvrier fait une enchevêtrure à la charpente du plancher. Ce vide, que l'on appelle *treillis,* doit être rempli en maçonnerie.

L'enchevêtrure, ou ce qui est la même chose, le chassis de charpente, doit avoir, de dedans en dedans, une largeur plus considérable que celle du manteau de la cheminée. Suivant l'architecte Toussaint (*Code de la propriété,* nº 1826), qui se conforme en cela à une ordonnance à la date du 26 janvier 1672, l'enchevêtrure au droit de l'âtre doit être espacée de un mètre 33 centimètres (4 pieds) au moins, et le chevêtre doit laisser un mètre (3 pieds) de vide; et

CHAPITRE 5.— DES CHEMINÉES, § 2.

pour tous les passages de tuyaux en saillie sur les murs, un mètre 33 centimètres aussi de longueur, et 43 centimètres (16 pouces) de largeur.

Il est de règle d'ailleurs que la largeur du treillis doit se trouver telle, que, du contre-cœur au chevêtre il y ait environ un mètre, selon la profondeur de la cheminée. (Desgodets et Goupy, n° 1, sur l'art. 189; Lepage, t. 1, p. 145 et suiv.; Merlin, *Répert.*, au mot *Cheminée;* Toullier, t 3, n° 331; Paillet, sur l'art. 674 du Code Civil; Dalloz, t. 12, pag. 55; Solon, art. 256.)

§ 3. — Des jambages.

1° On appelle *jambages*, deux pierres de taille que l'on met de bout ; l'une d'un côté de la cheminée, l'autre de l'autre côté. Ces jambages ont pour destination de fermer le bas de la cheminée et d'en supporter le manteau.

L'un des bouts de ces pierres doit poser sur la maçonnerie qui remplit le vide du treillis, en observant de laisser 162 millimètres entre le chassis de charpente et chaque jambage.

§ 4. — Du manteau.

Personne n'ignore que la pierre qui forme le dessus d'une cheminée se nomme *manteau.*

Or, cette pierre qui, aux termes des réglements de police, ne peut, *sous peine d'amende,* être remplacée par une pièce de bois, doit poser, par ses deux bouts, sur les jambages dont il vient d'être parlé. — Un chassis dont les branches *en fer et non en bois,* aussi sous peine d'amende contre l'ouvrier, sont scellées dans le mur. (Desgodets, n° 12, sur l'art 189; Lepage, t. 1, p. 145 et suiv.; Merlin, *Répert* au mot *Cheminée ;* ordonnance du 1.er septembre 1779.)

CHAPITRE 5.— DES CHEMINÉES.

§ 5. — *Du tuyau ou corps.*

1° On nomme *tuyau* ou *corps* d'une cheminée le conduit par où la fumée doit s'échapper. — Ce conduit part du manteau et va jusqu'au-dessus du faîte ou des combles de la maison ;

2° Le tuyau présente autant d'importance que l'âtre d'une cheminée, et sa construction exige, comme celle de l'âtre, de sérieuses précautions ; je vais les indiquer ;

3° Aux termes d'une ordonnance à la date du 1er Septembre 1779, rapportée par l'architecte Toussaint, dans son *Code de la Propriété*, t. 2, n° 1825, le tuyau d'une cheminée doit toujours avoir 81 centimètres (2 pieds 6 pouces) de longueur, c'est-à-dire d'étendue, sur 27 centimètres (10 pouces) de profondeur, ou au moins 73 centimètres (27 pouces) de longueur dans les petits appartements.

Mais, continue cet architecte, s'il ne s'agit que de réparer un ancien bâtiment, et qu'on veuille éviter la reconstruction des planchers, on peut ne donner alors que 65 centimètres (2 pieds) de longueur au tuyau. En tout cas, il doit *toujours* y avoir 16 centimètres (6 pouces) d'épaisseur de plâtre contre les bois de chaque côté, c'est-à-dire 97 centimètres (3 pieds) entre les deux solives ;

4° Les architectes et les auteurs s'accordent aussi et reconnaissent qu'il est dans les règles de l'art que toutes les languettes de cheminée soient pigeonnées de plâtre pur, et qu'elles aient 81 millim. au moins d'épaisseur avec leurs enduits du dedans et du dehors.—Que, de même, il faut avoir soin de mettre des fantons de fer de distance d'environ 406 millimètres (15 pouces) de l'un à l'autre sur la hauteur, tant pour les faces que pour les côtés, pour lier les languettes ensemble et avec le mur contre lequel le tuyau est adossé.

CHAPITRE 5. — DES CHEMINÉES, § 5.

(Desgodets, n° 12, sur l'art. 189; Lepage, t. 1,
p. 145 et suiv.; Merlin, au mot CHEMINÉE; Toussaint, t. 2, n° 1826; ordonn. du 26 Janvier 1672);

5° On doit laisser une distance de 108 millim.
au moins entre le tuyau de cheminée et les pièces de
bois des combles qui portent dans le mur où le tuyau
est monté. Mais s'il n'est pas possible de laisser
cette distance de 108 millimètres, l'ouvrier doit, à
peine d'amende, recouvrir les pièces de bois par 162
millimètres de maçonnerie, et pour la faire tenir, des
chevilles de fer doivent être enfoncées dans le bois
de manière qu'il en reste 162 millimètres en dehors.
Tout cela tient à la tranquillité publique et doit être
exécuté, quoique le voisin consentirait à ce que le
contraire fut pratiqué. (Merlin, *Répert.*, au mot CHE-
MINÉE; Desgodets, art. 189; Lepage, t. 1, p. 145
et suiv.);

6° Un réglement de police du 21 Janvier 1672,
défend expressément et sous de fortes peines, d'appliquer un tuyau de cheminée à un pan de bois ou
cloison en planche, même en faisant contre-mur de
16 à 20 centimètres d'épaisseur, encore bien que le
voisin le permit. *Voyez* toutefois, ci-après, § 7;
(Toussaint, t. 1, n° 980);

7° Celui qui achète le droit d'adosser un tuyau de
cheminée au mur de son voisin, doit, sauf convention contraire, le monter verticalement, sans pouvoir le dévoyer, en observant toujours le *pied d'aile*
de 33 centimètres de chaque côté. *Voyez* ci-dessus,
chap. 1er, art. 4, *du Mur contigu*, § 4; (C. Civ.,
art. 662; Lepage, t. 1, p. 88);

8° Enfin, dans le cas où l'un des co-propriétaires
d'un mur mitoyen exhausse ce mur, il est tenu, s'il
en est besoin, de remonter, aussi à ses frais, les
tuyaux des cheminées que le voisin y avait adossés.
Voyez ci-dessus, chap. 1er, art. 5, § 9, n° 4; (Code
civil, art. 1382; Pardessus, n° 174).

CHAPITRE 5.— DES CHEMINÉES.

§ 6. — *De la tête ou souche, et de la fumée.*

1° On nomme tête ou souche la partie du tuyau d'une cheminée qui s'élève au-dessus du toit de la maison ;

2° La tête d'une cheminée doit être montée de manière que la fumée qui en sort ne puisse pas *habituellement* incommoder les voisins.

En règle générale, la tête d'une cheminée adossée à un mur de clôture ordinaire doit être montée à deux mètres du faîte de la maison, si cela est nécessaire, et reculée à deux mètres au moins des fenêtres des voisins ; et il en faut agir ainsi à l'égard du tuyau d'un fournil ou forge en appentis ou à deux égoûts que l'on veut établir dans une cour commune, ou bien encore dans une cour séparée des maisons voisines par un simple mur de clôture ordinaire. Tel est d'ailleurs le sentiment de Desgodets, nos 13 et 14, sur l'article 189 de la *Coutume*, et Lepage, t. 1, p. 145 et suiv.;

3° Celui qui monte une tête ou souche de cheminée sur un mur mitoyen, doit une indemnité pour la charge. (Desgodets et Goupy, n° 10, sur l'art. 197);

4° Je viens de dire, n° 2, que les voisins ne sont point obligés de souffrir l'incommodité de la fumée qui sort de la cheminée d'autrui. Mais il ne faudrait pas trop étendre cette règle : elle ne serait point applicable, et les dispositions de l'art. 1382 du Code Civil ne sauraient être utilement invoquées, si, loin de pénétrer *habituellement* dans les appartements de ces voisins, la fumée n'y serait portée qu'accidentellement, comme dans les temps d'orage. (Solon, n° 258).

Mais le boulanger dont le four laisse échapper par son tuyau une fumée noire et épaisse mêlée de par-

CHAPITRE 5.—D ES CHEMINÉES, § 6.

celles de charbon enflammé qui s'introduit chez le voisin et y dégrade les appartements ou les meubles, peut être actionné en dommages-intérêts par ce voisin, encore bien que, pour la construction du four, la police ait été appelée, et que les règles de l'art aient d'ailleurs été suivies. C'est ce qui a été jugé par la Cour royale de Bordeaux, le 30 Janvier 1839, en conformité des articles 1382 et suiv. du Code Civil.

§ 7. — De l'adossement.

1° Pour adosser une cheminée à un mur il faut indispensablement, ou être propriétaire de ce mur, ou en avoir au moins la mitoyenneté.

Mais, on a vu plus haut, chap. 1er, art. 5, § 9, que le voisin d'un mur qui le joint immédiatement, peut contraindre le propriétaire de ce mur à lui céder la mitoyenneté de la portion dont il a besoin.

Or, celui qui veut adosser une cheminée au mur du voisin, doit préalablement acheter l'emplacement qui devra être occupé par la cheminée, y compris le pied d'aile. Puis, il peut construire, avec le consentement du propriétaire, ou après réglement par experts ; et s'il se rencontre des poutres ou solives dans le mur, elles peuvent être rognées ou réduites à l'ébauchoir. (C. Civ., art. 661, 662, 674 ; Pardessus, nos 156, 172 ; Delvincourt, t. 1, p. 559 ; Desgodets, sur l'article 189 ; Lepage, t. 1, p. 145 et suivantes) ;

2° J'ai dit ci-dessus, § 5, n° 6, qu'il est défendu d'appliquer ou adosser une cheminée à un pan de bois, etc.; il est donc inutile de le redire ici.

Cependant, disent Desgodets et Goupy (n° 8 sur l'article 189 de la Coutume), s'il y avait nécessité absolue, on pourrait pratiquer ainsi : on laisserait 162 millim. de vide (le tour du chat) entre la boiserie, et un bon et solide contre-mur d'au moins 162 millim. d'épaisseur s'il s'agissait d'une cheminée ordinaire, et d'au moins 244 millimètres s'il s'agissait de toute autre cheminée où on fait habituellement de grands feux.

Dans tous les cas, le vide ou tour du chat devrait exister dans toute l'élévation de la cheminée, depuis l'âtre jusqu'à la souche.

S'il est indispensable d'établir la cheminée sur le lieu même de la boiserie, dans ce cas, on peut couper cette boiserie du haut au bas, dans une longueur qui, à droite et à gauche, excède de 162 millim. au moins la largeur de la cheminée. On remplit le vide par une maçonnerie en moellons ou en briques; puis, on y applique le contre-mur ou contre-cœur, et on monte ainsi la cheminée.

§ 8. — *De l'enfoncement ou encastrement.*

1° Une cheminée ne peut ni ne doit être *enfoncée* ou encastrée dans un mur mitoyen; ceci est assurément sans aucune difficulté; tous les hommes de l'art le savent et le reconnaissent, et la prohibition existe tout aussi bien pour les lieux où les coutumes permettaient l'encastrement, que pour ceux où il était défendu. (Lepage, t. 1, p. 147 et suiv.; Pardessus, n° 172);

2° Mais en faut-il dire autant lorsque le propriétaire exclusif d'un mur contigu à l'héritage voisin veut y pratiquer une cheminée?

En général, les architectes considèrent comme très vicieuse la méthode d'encastrer les cheminées dans toute espèce de mur, et ils ont d'autant mieux raison, que même un mur de refend peut devenir mur mitoyen par l'effet du partage ou de la division de la maison.

Mais je reviens à la question :

CHAPITRE 5.— DES CHEMINÉES, § 8.

Suivant M. Pardessus, n° 172, si la cheminée a été enfoncée par le propriétaire du mur, et surtout dans un lieu où la coutume le permettait, le voisin qui prend ensuite la mitoyenneté de ce mur ne peut, sauf convention contraire, en exiger le recul, parce qu'il a dû acquérir la mitoyenneté du mur dans l'état où il se trouvait.

M. Lepage, t. 1, p. 150, pense au contraire que le propriétaire d'un mur contigu, sachant bien que ce mur peut devenir mitoyen à la première requisition du voisin, commet une faute en y enclavant une cheminée, et il conclut de là, que, surtout dans les lieux où les coutumes défendaient l'enfoncement, celui qui achète la mitoyenneté du mur est en droit d'exiger le recul.

En donnant un peu d'extension à ce que j'ai écrit dans mon *Code* (2me édition, art. 150 et 151), je pense que ces deux opinions peuvent se concilier, en ce sens que celle de M. Pardessus pourrait prévaloir dans les lieux où l'enfoncement était en usage et permis, et que l'opinion de M. Lepage devrait l'emporter dans les autres lieux; car, avoir encastré, ou *encastrer maintenant*, c'est avoir commis, ou c'est commettre aujourd'hui une contravention qu'aucun laps de temps ne peut couvrir, attendu surtout que la sécurité publique y est intéressée;

3° Dans le cas où le propriétaire d'une maison aurait enfoncé une cheminée dans un mur de refend, le recul de cette cheminée ne pourrait être exigé, ni par l'un des co-partageants, ni par son acquéreur, car il y a là une sorte de volonté du père de famille, qui, sauf convention contraire, doit être respectée. — Si cependant le mur tombait et restait trente ans sans être relevé, la cheminée ne pourrait pas être rétablie *dans ce mur* comme par le passé; elle ne pourrait qu'y être *adossée*. (C. Civ., 665; Lepage,

t. 1, p. 150 et suiv.; Pardessus, nᵒˢ 172, 201; Delvincourt, t. 1, p. 402; Toullier, t. 3, nᵒ 333; Favard, sect. 2, § 4, nᵒ 14; Dalloz, t. 12, p. 53).

§ 9. — *De l'incendie.*

1ᵒ Partout la police doit exercer la plus sérieuse surveillance, soit à l'égard de la construction des cheminées, soit à l'égard de leur entretien et ramonage; aussi les propriétaires et locataires sont ils tenus de souffrir les visites des agents de police, sous les peines portées au Code pénal;

2ᵒ Les propriétaires et locataires sont tenus, sous peine d'une amende de un franc à cinq francs, d'entretenir les cheminées de manière à ne pas faire craindre l'incendie. — Cette pénalité ne fait aucun préjudice aux réparations civiles, quand il y a lieu. (Loi du 28 Septembre 1791, tit. 2, art. 9; Code pénal, art. 471, nᵒ 1; C. Civ., art. 1382 et suiv.);

3ᵒ Si une cheminée se trouve construite, contrairement à ce que les réglements ou les arrêtés municipaux prescrivent, la police peut en exiger la démolition, avec amende de la valeur de trois journées de travail, ou d'un emprisonnement de trois jours contre l'entrepreneur ou l'ouvrier; et dans ce cas, le propriétaire peut aussi obtenir des dommages-intérêts contre lui. (Loi du 28 Septembre 1791, déjà citée; C. pénal, art. 471, nᵒ 5, et art. 474; C. civil, art. 1382);

4ᵒ Les ouvriers, plus spécialement que les autres citoyens, sont tenus de courir au lieu de l'incendie, sitôt qu'ils s'en aperçoivent ou en sont informés. (Ordonn. du 10 Fév. 1735, art. 2. — *Dictionnaire de Fréminville*).

§ 10. — *Responsabilité de l'ouvrier.*

Indépendamment de tout ce que j'ai déjà dit dans

divers lieux de cet ouvrage, sur la responsabilité des ouvriers, je crois utile de leur rappeler ici :

1° Qu'il leur est défendu, sous peine d'amende et de répondre civilement de tous évènements, de traverser une cheminée ou son tuyau par une pièce de bois quelconque, de même que d'établir des paniers en bois ou osier sur les têtes ou souches comme préservatifs de la fumée. (Réglements de police des 21 Janvier 1672, 10 Novembre 1781, renouvellés en Janvier 1808; Lepage, t. 1, p. 145 et suiv.; Merlin, *Répert.*, au mot CHEMINÉES);

2° Que s'il se découvre quelque vice dans la construction d'une cheminée, ils en sont garants pendant longues années ;

3° Que tout ce qui intéresse la tranquillité publique doit être exécuté, même dans le cas où le voisin autoriserait une pratique contraire. (Delvincourt, t. 2, p. 402 aux notes; Pardessus, n° 201; Dalloz, t. 12, p. 53).

———

CHAPITRE VI.

DES CITERNES.

§ Unique.

1° Une *citerne* est un trou creusé dans le sol, dont les parois sont glaisées ou revêtues d'un conduit en ciment, et le fond aussi glaisé, pavé et recouvert de sable. (Toussaint, n° 966);

2° La citerne a pour destination de recevoir et

conserver les eaux de pluie, et elle est soumise aux mêmes règles que les puits;

3° La citerne peut donc, tout comme un puits, être placée aussi près que l'on veut de l'héritage voisin, mais en faisant bon et suffisant contre-mur. (*Voyez* ci-après, chap. 19, des PUITS); et elle diffère en cela des *cloaques, puisards, égouts*, etc., etc., ainsi qu'on peut le voir ci-après, chap. 10;

4° Bien que les murs et contre-murs aient été solidement conditionnés, si le voisin éprouve quelque préjudice par l'infiltration des eaux, il a droit à une indemnité qui, selon les circonstances, peut être réversible sur l'entrepreneur. (*Desgodets*, n° 10, sur l'art. 217; Toussaint, n° 966; Merlin, *Répert.*, t. 2, au mot *Citerne*, 361; Code Civil, art. 544, 1382 et suiv., 1793, 1797);

5° Il est défendu d'établir une citerne particulière sur la voie publique, *même avec l'autorisation du maire*, s'il existe déjà un arrêté municipal qui le défend, car le maire ne peut dispenser un citoyen en particlier, de l'exécution d'un réglement obligatoire pour tous. (Arrêt de la Cour de Cassation, du 29 mai 1835, rapporté par les annales de la législation, t. 2, pag. 326);

CHAPITRE VII.

DES CLOAQUES, ÉGOUTS, PUISARDS, &.

§ Unique.

1° On peut appeler *cloaque* tout trou, fosse, puisard et fossé même, dont la destination est de rece-

CHAPITRE 7.— DES CLOAQUES, etc., § unique.

voir les eaux des cours, des maisons, etc. On les nomme *cloaques*, parce que les eaux y croupissent, c'est pourquoi ils doivent être entourés de murs en maçonnerie, et, de plus, être à certaine distance de l'héritage, bâti ou non, des voisins;

2° Cette distance se détermine par les coutumes ou les usages des lieux, et, aux termes de l'art. 217 de la *Coutume de Paris*, elle doit être de deux mètres (6 pieds);

3° Un puisard peut être creusé jusqu'à l'eau vive, s'il n'en résulte pas d'inconvénient pour les puits faits et à faire des voisins;

4° On ne peut convertir un puits en cloaque, si ce puits ne se trouve pas à la distance ci-dessus indiquée;

5° Les fossés, mares et autres trous où *les eaux* croupissent, exigent les mêmes précautions et distances. (*Voyez* sur tout cela, mon *Code*, 2ᵉ et 3ᵉ éditions, articles 1156 et suiv.)

CHAPITRE VIII.

DU CONTRE-MUR.

Division.

§ 1ᵉʳ. — *Ce que c'est qu'un contre-mur; — quand il peut être exigé; — ses dimensions.*

§ 2. — *De l'incorporation du contre-mur; — quand doit elle avoir lieu.*

§ 3. — *Quand un contre-mur est indispensable.*

CHAPITRE 8.— DU CONTRE-MUR.

§ 1ᵉʳ. — *Ce que c'est qu'un contre-mur ; — quand il peut être exigé ; — ses dimensions.*

1° On appelle *contre-mur* un petit mur d'une certaine hauteur, que l'on applique additionnellement à un mur plus élevé, dans l'objet de le garantir, de le préserver, de le conserver et même de le soutenir;

2° Le voisin contigu ne peut exiger que celui qui fait une construction ou une entreprise quelconque, à la proximité de son héritage, fasse contre-mur, que dans le seul cas où une distance propre à garantir cet héritage de tous préjudices résultant de la nouvelle entreprise, n'existe pas. (Code Civil, art. 674);

3° Les dimensions à donner à un contre-mur doivent être proprortionnées à l'objet de sa destination. Il faut, à cet égard, se conformer à ce que prescrivent les coutumes, et à défaut, les usages constants et reconnus de chaque lieu. — Au surplus, il est généralement reçu qu'un contre-mur, dans les cas ordinaires, est suffisamment proportionné, lorsque, construit en bonne maçonnerie, on lui donne 217 millimètres d'épaisseur, 2 mètres de fondements, et une élévation propre à séparer le mur qu'il s'agit de garantir et l'entreprise nouvelle. (Lepage, t. 1, p 122 et suiv.; Pardessus, n. 171 et 200).

§ 2. — *De l'incorporation du contre-mur ; — quand doit elle avoir lieu.*

D'après l'enseignement de Desgodets (art. 188 et 191, *Coutume de Paris*), suivi par M. Fournel, Merlin et Pardessus, dans aucun cas, le contre-mur ne devrait être incorporé au mur, par la raison que le mur ou contre-mur venant à avoir besoin de réparations, il faut pouvoir les faire à l'un sans endommager l'autre.

CHAPITRE 8.— DU CONTRE-MUR, § 2.

Ce sentiment doit être suivi dans tous les cas où il ne s'agit que de garantir ou préserver le mur de quelques infiltrations; mais, s'il s'agit de le soutenir ou fortifier, il en devrait être autrement; et, s'il était possible de construire le mur et le contre-mur en même temps, on pratiquerait plus solidement en les liant ensemble par un seul corps de maçonnerie, ayant l'épaisseur totale requise pour le mur et le contre-mur. Au surplus, on doit encore ici pratiquer suivant la coutume ou l'usage du lieu. (Lepage, t. 1, p. 129; Toussaint, *Code de la propriété*, n. 984).

§ 3. — *Quand un contre-mur est indispensable.*

1° Le contre-mur est commandé dans l'intérêt du voisin immédiat, lequel peut en dispenser, *par écrit*, le constructeur, chaque fois que l'entreprise ne peut compromettre que ses propres intérêts, comme lorsqu'il ne s'agit que d'adosser au mur des objets mobiles, tels que des fers, terres, pierres, etc., non susceptibles de compromettre la sûreté publique, et selon d'ailleurs que les lieux se trouvent situés. Mais il n'en serait pas ainsi, et la dispense du voisin immédiat n'autoriserait pas l'absence du contre-mur, s'il s'agissait d'adosser au mur, des pailles, bois, fumiers, salpêtres, et toutes autres matières corrosives, comme magasin de salaisons, morues;

2° En règle générale, il doit être fait contre-mur chaque fois qu'il s'agit d'appuyer ou d'adosser à un mur, des objets de la nature de ceux que je viens de décrire, de même aussi lorsqu'il s'agit de faire des cheminées, forges, fours, fourneaux, puits, citernes, fosses d'aisance, caves, écuries, étables, bergeries, parcs, aqueducs, etc., etc.; de même encore lorsqu'il s'agit d'élever un mur entre deux héritages qui ne sont pas de niveau, ainsi que je l'ai dit ci-dessus, tit. 3, chap. 1, § 8, 4ᵉ distinction. *Voyez* d'ailleurs aux différentes sortes de constructions dont il est question ci-après;

3° Remarquez qu'il est d'autant plus utile de faire, dans tous les cas ci-dessus, *un bon et solide contre-mur*, que dans le cas même où il a eu lieu, le propriétaire qui l'a fait établir, et l'entrepreneur ou l'ouvrier n'en sont pas moins garans, envers le voisin, de tous les préjudices qu'il éprouverait, résultant de la nouvelle entreprise. Telles sont les dispositions de la loi, et tel est aussi le sentiment unanime des auteurs. (*Voyez* mon *Code*, art. 166.)

CHAPITRE IX.

DES DÉMOLITIONS.

Démolir, c'est abattre, détruire une maison, un mur, une construction quelconque.

Division.

§ 1ᵉʳ. — *Conditions.*
§ 2. — *Obligation de prévenir le maire, pour l'extraction du salpêtre.*
§ 3. — *Droits de la police.*

---

§ 1ᵉʳ. — *Conditions.*

1° Pour avoir le droit de démolir l'une ou l'autre de ces constructions, il faut en être propriétaire ou tout au moins en avoir la co-propriété;

CHAPITRE 9.— DES DÉMOLITIONS, § 1er.

2° Mais le co-propriétaire d'un mur mitoyen ne peut faire démolir ce mur que dans certains cas et après avoir obtenu le consentement du voisin, ou une autorisation de justice ; l'entrepreneur ou l'ouvrier en est garant. (*Voyez* ci-dessus, chap. du *Mur mitoyen;*

3° Les cas de démolition d'un mur mitoyen sont, en tout, semblables à ceux de réparation et de reconstruction, que j'ai détaillés sous le même chapitre ; on peut y recourir ;

4° Les murs de face et les murs de refend ne peuvent être démolis que jusqu'à 162 millimètres des murs mitoyens auxquels ils tiennent ; il faut au moins laisser toutes les pierres et les moellons qui y forment liaison. (Merlin , *Répert.*, t. 3 , au mot DÉMOLITION, pag. 508).

§ 2. — *Obligation de prévenir le maire , pour l'extraction du salpêtre.*

Un décret, à la date du 13 fructidor an 5 et une loi du 10 mai 1813, défendent toute démolition, sans avoir préalablement prévenu le maire dix jours avant de commencer les travaux, pour que le salpêtrier puisse extraire les matières salpêtrées qui pourraient se trouver dans la construction à démolir. Les dix jours expirés, les travaux peuvent être pratiqués sans danger.

§ 3. — *Droits de la police.*

1° Si la démolition est ordonnée par la police, elle doit être exécutée en *totalité* et non pas seulement en partie en conservant certaines portions de la construction qui sembleraient suffisamment solides. (*Voyez* à cet égard mon *Code*, note sur l'art. 176);

2° Aucune construction bordant une voie publique, ne peut être démolie sans en avoir préalablement obtenu l'autorisation de l'autorité compétente. *Voy*. ci-dessus, art. 3, chap. 1, des *Murs*, et chap. 2, des *Maisons*, art 3.

CHAPITRE X.

DES DISTANCES A OBSERVER EN CONSTRUISANT.

§ *Unique*.

1° En matière de construction, le mot *distance* s'entend de *l'intervalle* qui doit être laissé entre un objet construit et un objet à construire, ou bien encore entre deux objets à construire;

2° Le terrain intermédiaire ou de distance, doit être fourni par celui qui construit l'objet qui nécessite ce recul, et, selon la destination de cette construction, l'intervalle doit être plus ou moins large et laissé libre de manière à y pouvoir passer en cas d'évènement. On suit, à cet égard, la coutume ou les réglemens locaux, et, à défaut, suivant **M. Merlin**, (*Répertoire*, t. 3, au mot *Contre-mur*) la coutume de Paris doit faire loi dans toute la France. En tout cas, ce pourrait être l'objet d'une décision des hommes de l'art, sauf toutefois ce qui se trouve déterminé par les lois, les réglemens de police, la jurisprudence du Conseil d'état et de la Cour de Cassation, en ce qui concerne principalement les établissemens dangereux, insalubres et incommodes. *(Voyez* ci-après, chap. 13);

17

CHAPITRE 10. — DES DISTANCES A OBSERVER EN CONSTRUISANT, § unique.

3° Mais, dans un grand nombre de cas très-connus des hommes de l'art, il n'est besoin de laisser aucune distance lorsque l'on fait bon et solide contre-mur ; il en est ainsi, par exemple, de la construction d'une fosse d'aisances, d'un puits, d'une citerne, d'une étable ou écurie, etc., etc. (C. C. art. 674.) ;

4° De l'obligation imposée par la loi de laisser la distance prescrite et de faire contre-mur, résulte, pour le voisin contigu, le droit de surveillance ; celui de s'opposer à la continuation des travaux, si les distances et contre-mur ne sont pas observés, et de demander la démolition des ouvrages, s'ils sont terminés, et ce, encore bien qu'aucun évènement ne soit arrivé. (*Voyez* les notes des art. 213 et 214 de mon *Code des Constructions,* etc.) ;

5° Si, malgré les distance et le contre-mur, les nouveaux ouvrages, eussent-ils même été exécutés au vu et su du voisin, lui occasionnent quelque préjudice par la suite, le propriétaire doit l'indemniser, sauf sa garantie, contre l'ouvrier, s'il y a lieu. (Lepage, t. 1. p. 124 ; Pardessus, n° 201 ; Code Civ., art. 1382, 1386.)

CHAPITRE XI.

DES ÉCURIES, ÉTABLES, BERGERIES, PARCS, &.

§ Unique.

1° Les écuries sont des lieux où l'on tient les chevaux ;

CHAPITRE 11. — DES ÉCURIES, etc., § unique.

2° On tient ordinairement les écuries propres, et, alors, peu de précautions sont nécessaires pour garantir les murs mitoyens du mauvais effet des matières qui s'y trouvent ; un contre-mur ne serait pas rigoureusement nécessaire si l'écurie était bien pavée, vidée et balayée chaque jour ;

3° Mais il n'en serait pas ainsi, et les mêmes précautions devraient être prises pour une écurie comme pour les étables, bergeries, parcs et autres lieux où l'on renferme les bœufs, brebis, porcs et autres animaux, si on laissait séjourner le fumier dans cette écurie.

Dans ce cas, il faudrait, pour l'écurie tout comme pour l'étable, bergerie, etc., un bon et solide contre-mur, non incorporé au mur, qu'il soit déjà mitoyen, ou qu'il soit susceptible de le devenir ;

4° La construction et les dimensions de ce contre-mur sont déterminées par l'usage local, ou, en tout cas, par experts ;

5° Suivant Desgodets, Lepage et Toussaint, n° 942, le contre-mur doit préserver tous les murs déjà mitoyens, et ceux qui peuvent le devenir par la suite. Il doit avoir 22 centimètres (8 pouces) d'épaisseur, et plus s'il en est besoin. Il doit être construit en bons moellons, hourdé de mortier, chaux et sable. Il doit être monté jusqu'à la hauteur de la mangeoire, et il doit être fondé assez bas pour pouvoir garantir les murs de l'infiltration des eaux et urines. — Au surplus, c'est aux hommes de l'art à décider sur tous ces points, et l'ouvrier est d'autant plus intéressé à bien faire, que, dans le cas même où il a pris toutes les précautions et observé tous les règlemens, il est néanmoins garant des évènemens résultant de ses travaux.

CHAPITRE XII.

ÉGOUTS DES TOITS.

Division.

§ 1er — *De l'égout des toits, pris comme propriété.*
§ 2. — *L'égout des toits, pris comme servitude.*
§ 3. — *De l'égout des toits, pris sur la voie publique; Conditions.*

---

§ 1er.—*De l'égout des toits, pris comme propriété.*

1° Lorsque le propriétaire d'un terrain y fait élever une construction quelconque, près de l'héritage de son voisin, et que, entre cet héritage et sa construction, il laisse un espace de son terrain pour recevoir l'égout des toits de cette construction, c'est le cas de dire que le droit d'égout ne peut lui être contesté puisqu'il ne cesse pas d'être propriétaire du terrain de l'égout;

2° Mais il faut que l'espace laissé en dehors du mur en regard du voisin, soit assez large, et conditionné de manière à empêcher les eaux pluviales fournies par le toit de nuire à ce voisin;

3° La largeur de l'espace se détermine par l'usage des lieux. On la tient assez généralement pour suffisante lorsqu'elle est portée au double de l'avancement du toit. Au surplus, cet objet doit, en cas de difficulté, être soumis à une expertise; et les experts décident en même temps s'il est nécessaire que le terrain d'égout soit établi en pente, et s'il doit être pavé pour préserver la propriété voisine.

(Desgodets, n° 14, sur l'art. 210 ; Delvincourt, sur l'art. 681 du Code Civ.);

4° Quand celui qui fait bâtir prend tout son terrain, l'ouvrier doit se garder de porter l'égout du toit sur le voisin : il en est responsable. L'égout, dans ce cas, doit être pris sur le propriétaire lui-même, ou sur la voie publique, en observant les réglements de police, mais jamais sur le voisin, je le répète, pas même au moyen d'une dalle, noue, canal ou autre conduit en saillie sur l'héritage de celui-ci, si cet héritage n'y est pas assujéti à titre de servitude. Tel est la volonté de la loi et tel est le sentiment unanime des auteurs;

5° Les deux héritages peuvent se trouver séparés par un mur mitoyen. Dans ce cas, s'il y a nécessité pour les voisins ou pour l'un d'eux de faire écouler les eaux des combles par ce côté, il pourra être établi sur la sommité de ce mur une noue, un godet, ou autre construction non saillante pour recueillir les eaux des gouttières et les verser dans un tuyau destiné à les conduire sur l'héritage du propriétaire de la construction, ou sur une voie publique, si rien ne s'y oppose;

6° Sur tout ce qui précède, on peut voir les articles 1393 et suiv. et leurs notes, de mon *Code des Constructions et de la Contiguité.*

§ 2.— *De l'égout des toits, pris comme servitude.*

1° Le droit de faire couler les eaux des combles d'une construction sur le voisin, ne peut résulter que d'une convention, c'est-à-dire d'un contrat, ou de la destination du père de famille, ou encore de la prescription de trente ans.

Or, un ouvrier se compromettrait essentiellement si, sur l'invitation du propriétaire qui l'emploie, il établissait le toit de l'édifice qu'il construit, de manière à en diriger les eaux pluviales sur l'héritage du voisin, sans s'être assuré, avant tout, que cet héritage y est réellement assujéti. — **Au** surplus, les ouvriers doivent savoir qu'il leur est défendu, sur leur responsabilité, de construire un mur joignant immédiatement la propriété voisine et de n'y établir aucun ouvrage en saillie sans le consentement préalable du propriétaire voisin. En se rappelant ce principe, on ne peut courir de risque, car le refus de consentement de ce propriétaire, doit, pour l'ouvrier, équivaloir à une opposition, opposition qu'il doit respecter jusqu'à ce que la difficulté ait été levée;

2° Lorsque l'héritage d'un voisin est incontestablement assujéti à l'égout du toit de l'autre, cette servitude ne peut pas être aggravée, c'est-à-dire qu'elle ne doit pas être rendue plus nuisible ni plus incommode, par quelque changement dans la disposition des lieux : par exemple, le propriétaire du droit d'égout ne pourrait faire nouvellement entourer son toit par des gouttières laissant échapper les eaux *en masse* par un godet ou un tuyau; ni augmenter la surface de son toit; ni augmenter la masse des eaux en admettant nouvellement celles des toits voisins sur le sien; ni supprimer les gouttières et laisser couler l'eau par toute l'étendue du toit; ni changer l'endroit par où les eaux passent habituellement; ni allonger l'égout ou le changer de place; ni baisser les gouttières, parce que la chute de l'eau produit alors plus d'effet; et, par la raison contraire, les gouttières peuvent être élevées;

3° On doit comprendre toutefois, qu'aucune de ces prohibitions n'existerait s'il ne pouvait en résulter aucun préjudice pour l'héritage assujéti à la servitude de l'égout. (*Voy.* sur tout cela art. 1397 et suiv. de mon *Code* précité);

4° Bien que l'un des voisins soit assujéti à recevoir les eaux des toits de l'autre, il n'en peut pas moins acheter la mitoyenneté du mur qui supporte ce toit ; mais, sauf convention contraire, il doit respecter la servitude d'égout. C'est-à-dire que s'il veut construire sur ce mur, il le peut sans doute, mais en laissant subsister l'égout, ou bien en lui donnant une direction telle, que les eaux, *au même endroit*, tombent toujours, et comme par le passé, sur son héritage bâti ou non bâti. — Il a d'ailleurs été jugé par la Cour royale de Bordeaux, le 1ᵉʳ février 1839, que celui qui est tenu à l'égout du toit voisin peut, au lieu de recevoir les eaux découlant de chaque tuile, les recueillir toutes, à ses frais, au moyen d'une dalle placée en saillie du toit supérieur, pour les reverser ensuite sur la voie publique. (*Voy.* les notes des art. 1407 et 1408 de mon *Code* précité);

5° Les eaux pluviales qui tombent sur le chaperon d'un mur mitoyen doivent être reçues par chacun des voisins : le chaperon est assimilé à l'égout d'un toit. Mais l'un des co-propriétaires peut, par convention, être obligé de recevoir *seul* l'égout du mur mitoyen, et, dans ce cas, il ne peut s'opposer à ce que le mur soit exhaussé, sous le prétexte que la servitude d'en recevoir les eaux s'en trouverait aggravée, si toutefois celui qui exhausse n'augmente pas la masse des eaux au moyen de la pente qu'il donnerait à ses constructions nouvelles. (Sirey, t. 7, 2ᵉ partie, pag. 188 ; Lepage, t. 1, pag. 211);

6° Le co-propriétaire d'un mur mitoyen ne peut établir de gouttières en saillie sur le voisin, même en faisant couder les gouttières de manière à reverser l'eau sur son propre héritage. (Pardessus, n° 171).

§ 3.— *De l'égout des toits, pris sur la voie publique ; conditions.*

On a sans doute la faculté de faire écouler les eaux

CHAPITRE 12.— ÉGOUT DES TOITS, § 3.

de ses toits sur la voie publique, je l'ai déjà dit; mais lorsque quelque réglement défend de faciliter cet écoulement à l'aide de godets, l'ouvrier qui y contrevient est punissable. Dans ce cas, il faut établir un tuyau qui prenne les eaux des gouttières pour les conduire le long du mur jusque sur le sol public. Pour ne pas se trouver en faute, on doit s'en entendre avec l'autorité dès l'instant où on demande l'autorisation de construire ou réparer. (Lepage, t. 1, p. 210).

CHAPITRE XIII.

DES ÉTABLISSEMENTS DANGEREUX, INSALUBRES ET INCOMMODES.

§ *Unique.* — *A quoi s'applique ce chapitre; — Précautions à prendre.*

1° Cette importante matière est soigneusement traitée dans le *Code des Constructions et de la Contiguité* : chaque classe de ces établissemens forme un tableau facile et séparé. Les tableaux se trouvent sous les articles 1434 et suivans de cet ouvrage, auquel je ne puis qu'engager à recourir, attendu que le cadre étroit de l'instruction que j'offre maintenant au propriétaire qui fait bâtir, aux architectes, entrepreneurs et ouvriers, ne me permet que de simples indications;

2° Tous les fours généralement quelconques, excepté ceux à cuire le pain et les pâtisseries, sont rangés dans la classe des établissemens dangereux,

CHAPITRE 13.— DES ÉTABLISSEMENTS DANGEREUX, etc.,
§ unique.

ou insalubres, ou incommodes. Or, leur établissement exige des précautions et des distances plus ou
moins grandes selon leur importance et leur objet,
et les ouvriers pourraient se compromettre s'ils en-
treprenaient ces sortes de constructions sans connaître ou se faire expliquer les principes du droit et
de la jurisprudence, sur ces matières ;

3° Ce qui vient d'être dit, s'applique aussi aux
forges à fondre le fer pour mettre en barre ; aux
fourneaux à cuire les porcelaines, à fondre les mé-
taux, etc., etc.

CHAPITRE XIV.

FONDATIONS ET FONDEMENTS.

§ *Unique.* — *Proportion à leur donner.*

1° Les fondations d'une construction doivent être
proportionnées à sa nature, à l'usage auquel elle est
destinée, à la qualité des matériaux et à celle du terrain. — Dans tous les cas, les fondations d'un mur
doivent toujours être portées jusque sur le *bon et
solide fonds*, et l'ouvrier ne doit pas oublier à cet
égard, qu'il est garant du vice de ce fonds. (Desgodets, n° 22, sur l'art. 194 de la *Cout.;* Fournel, au
mot FONDATIONS);

2° Le propriétaire et l'ouvrier qui portent les fondations d'un mur plus bas que celles du mur contigu
du voisin, sont responsables du préjudice qui pour-

CHAPITRE 14. — FONDATIONS ET FONDEMENTS,
§ unique.

rait en résulter. (C. Civ., art. 1382 et suiv.; Fournel, déjà cité);

3° On a vu au chapitre des murs contigus et des murs mitoyens, que les fondations de ces murs peuvent être augmentées et reprises sous œuvre, en remplissant les formalités voulues par la loi. On peut revoir ces chapitres, et, au besoin, mon *Code des Constructions*, art. 321 et suiv.

———

CHAPITRE XV.

FORGES, FOURS ET FOURNEAUX.

Division.

§ 1er — *Des précautions à prendre; des distances et contre-mur.*

§ 2. — *Des fournaux potagers ou de cuisine.*

§ 3. — *Des préjudices et indemnités, et de la responsabilité de l'ouvrier.*

§ 4. — *Cas de démolition.*

§ 5. — *De la fumée; préjudices.*

———

§ 1er — *Des précautions à prendre; des distances et contre-mur.*

1° Il ne sera question ici que des forges de maréchaux, forgerons, serruriers, taillandiers, orfèvres, etc., etc.; des fours des boulangers, pâtissiers, cuisiniers, etc., etc., et des fourneaux des cuisines ordinaires, que l'on nomme fourneaux potagers.

CHAPITRE 15.— FORGES, FOURS ET FOURNEAUX, § 1ᵉʳ.

Ces forges, fours et fourneaux ne sont point compris par la loi au nombre des établissemens dangereux, ou insalubres, ou incommodes, mais leur construction exige cependant les précautions que je vais expliquer;

2° Aux termes de l'art. 674 du Code Civil, aucune de ces sortes de constructions ne peut être pratiquée qu'en se conformant à ce que prescrivent les réglemens ou les usages particuliers à chaque lieu;

3° Or, un grand nombre de coutumes exigent, et distance, et contre-mur entre l'établissement et le mur contigu, que ce mur soit mitoyen ou non, et je dois m'empresser de dire que la sécurité publique y entre pour beaucoup; d'où dérive, pour les propriétaires et locataires de ces établissements, l'obligation de souffrir chez eux l'introduction des agens de police, afin de s'assurer de leur état, et d'en provoquer, soit la réparation, soit la démolition, s'il en est besoin. (Loi du 6 octobre 1791, tit. 2, art. 9);

4° Lorsque, ni coutume, ni réglement, ni usage local ne détermine précisément les précautions qui doivent être prises, on peut recourir à l'usage du lieu le plus voisin, ou bien employer l'intervention d'experts, gens de l'art. On adopte assez généralement, (c'est aussi le sentiment unanime des auteurs) les précautions prescrites par l'art. 190 de la *Coutume de Paris*.

Ainsi, entre la forge, le four ou le fourneau, sauf le fourneau potager ordinaire, et le mur mitoyen ou appartenant au voisin, il faut rigoureusement faire contre-mur d'une épaisseur de 33 centimètres (1 pied), en bonne maçonnerie régnant dans toute la longueur et la hauteur de la forge, du four ou du fourneau dont il forme le contre-cœur.

De plus, il doit être laissé, entre le mur et le nouvel établissement, une distance ou un espace *vide* d'au moins 16 centimètres (6 pouces) que l'on nomme *tour du chat*. Cet espace ne doit être fermé ni par le haut ni par ses extrémités ; il sert à l'introduction de l'air et à garantir le mur des atteintes de la chaleur.

Il a cependant été jugé par la Cour royale de Riom, le 14 novembre 1842, (S. Devil. 43, 2, 7) que, ni l'espace du tour du chat, ni le contre-mur ne sauraient être exigés par le voisin, alors que le mur dans lequel le four s'enfonce immédiatement, offre aux regards des experts une épaisseur suffisante pour empêcher ce four de nuire au voisin.

Je ne pense pas que cet arrêt puisse servir de base à la jurisprudence sur un point aussi sérieux, et je n'engage pas du tout les propriétaires et les ouvriers à le suivre.

Telle que soit l'épaisseur d'un mur, le feu, l'excessive chaleur, s'il la reçoit immédiatement, le dessèche, le ruine promptement ; donc l'isolement du four est tout aussi indispensable que l'isolement d'une forge et d'un fourneau ;

5° Il est tout simple d'ailleurs, que, plus le feu doit être *habituellement ardent*, et plus les précautions doivent être prises, minutieusement même, si je peux m'exprimer ainsi. Par exemple, s'il s'agit d'un *four* à cuire la porcelaine, ou de tout autre établissement exigeant un feu considérable, le *tour du chat* doit avoir une largeur d'au moins 33 centimètres (1 pied), afin qu'on puisse s'y introduire au besoin. (Lepage, t. 1, p. 154 et suiv.; Toussaint, n° 976);

6° Les règles à suivre pour l'établissement de l'âtre et du tuyau des forges, des fours et des fourneaux, sont les mêmes que celles indiquées ci-dessus au chapitre des cheminées : on peut y recourir. Il y a cependant cette différence, que le tuyau d'une forge, d'un four ou d'un fourneau doit indispensablement être isolé des murs, et construit , soit en briques sur leur plat, soit en fonte ou en cuivre, de manière à rassurer les voisins et la police. Ces précautions doivent être prises, même dans le cas où le mur contigu appartient au propriétaire du nouvel établissement, si du moins sa maison n'est pas isolée. (Lepage et Toussaint, aux lieux cités; Pardessus, n. 199; 29 janvier 1829, 28 mai et 16 décembre 1836, Cour de Cassation).

§ 2. — *Des fourneaux potagers ou de cuisine.*

1° Ici, il faut distinguer, s'il s'agit de la construction du fourneau d'un cuisinier, d'un rôtisseur, d'un restaurateur, etc., etc., les précautions indiquées ci-dessus devraient être prises, attendu que le feu qu'on y fait est considérable et presque habituel.

Mais il n'en est pas de même du fourneau potager de la cuisine d'un particulier. Un tel fourneau peut s'établir contre le mur mitoyen, sans même pratiquer de contre-mur. D'ailleurs les trous où on met la braise sont assez éloignés du mur pour que celui-ci soit suffisamment préservé. (*Voyez* les autorités que j'ai déjà citées);

2° S'il était absolument besoin de pratiquer un fourneau potager contre une cloison en bois, même de l'établir sur la place tenue par cette cloison, cela pourrait aussi être pratiqué en se conformant à ce que j'ai dit plus haut au chap. 8 des *Cheminées*, § 7, n° 2.

§ 3. — *Des préjudices et indemnités, et de la responsabilité de l'ouvrier.*

1° Malgré que toutes les précautions aient été prises, le propriétaire du nouvel établissement n'en est pas moins tenu à indemniser le voisin de tous les préjudices qu'il éprouverait à l'occasion de cette construction. (Code Civ., 1382; Toussaint, n° 976.;

CHAPITRE 15. — FORGES, FOURS ET FOURNEAUX, § 3.

2° Quant à la responsabilité de l'ouvrier, elle est écrite dans toutes les lois et dans tous les auteurs; et la jurisprudence est unanime sur ce point, savoir, que cette responsabilité ne cesse pas d'avoir lieu dans le cas même où l'ouvrier s'excuserait sur l'autorisation qu'il aurait reçue du propriétaire de mettre les règles dont il vient d'être parlé à l'écart.

§ 4. — *Cas où la démolition des ouvrages peut être requise et ordonnée.*

1° Encore bien que le voisin eût permis, par un contrat, la construction d'un four, d'une forge ou d'un fourneau, avec dispense d'isolement et de contre-mur, la démolition de l'ouvrage n'en pourrait pas moins être ordonnée, soit sur la demande de l'autorité locale, soit à la réquisition du voisin lui-même, car une parcille convention serait illicite et nulle. (Code Civil, art. 1131, 1133; Pardessus, n° 231; arrêt du parlement de Paris, du 5 novembre 1780; *Gazette des Tribunaux*, t. 10, p. 225.);

2° Le propriétaire de la partie haute d'une maison pourrait, pour peu qu'il en souffrit, exiger la démolition de la forge que le propriétaire de la partie basse de cette maison y aurait établie sans lui avoir demandé son consentement. (Desgodets, n° 21, sur l'art. 187; Merlin, *Répert*. au mot *Bâtimens*, pag. 669, n° 2; Solon, n° 589.);

3° Les forges destinées à la fabrication d'enclumes et d'essieux ne peuvent être, je crois, établies sans permission de la police. En tous cas, elles sont sujettes à la démolition sur la demande des voisins, si l'isolement et le contre-mur n'ont pas été observés lors de leur construction. (Ordonnances royales des 26 juillet et 5 décembre 1826.);

4° Enfin, la démolition doit être ordonnée sur la demande des voisins, lorsque le four, la forge ou le

CHAPITRE 15. — FORGES, FOURS ET FOURNEAUX, § 4.

fourneau nuit évidemment à ceux-ci ou à l'un d'eux, et que les règles ci-dessus n'ont point été observées. Il importe peu d'ailleurs qu'il existe ou qu'il n'existe pas de coutume, de réglement ou d'usage qui prescrive la pratique de ces règles. (29 janvier 1829, 28 mai et 16 décembre 1836, Cour de Cassation.)

§ 5. — *De la fumée; préjudices.*

1° La fumée d'un fourneau potager ou de cuisine qui se répand par fois chez le voisin est un inconvénient dû au voisinage, et, à moins que ce voisin n'en soit habituellement et très sérieusement incommodé, il doit être tenu de le souffrir. Tel est l'opinion unanime des auteurs, suivie d'ailleurs par la Cour royale de Bordeaux, suivant son arrêt du 9 Mai 1823, rapporté par M. Dalloz, R. P., 25, 2, 45;

2° Mais il n'en est pas tout-à-fait ainsi de la fumée sortant des forges, des fours et des fourneaux. *Voy.* les règles qui se trouvent sous le chap. 5, DES CHEMINÉES, § 6, nos 2 et 4.

CHAPITRE XVI.

DES FOSSES D'AISANCES.

Division.

§ 1er. — *Ce que c'est ; obligation d'en établir et précautions à prendre.*

§ 2. — *Principes de leurs constructions. —* **Du** *tuyau de chute.*

CHAPITRE 16. — DES FOSSES D'AISANCES.

§ 3. — *Des ouvrages intermédiaires.*
§ 4. — *Des ventouses.*
§ 5. — *Des réparations ; de la répartition des frais.*
§ 6. — *Curage. — Vidange.*
§ 7. — *Des préjudices et indemnités. — De la responsabilité de l'ouvrier.*

———

§ 1ᵉʳ. — *Ce que c'est qu'une fosse d'aisances.*

1° Une fosse d'aisances est une sorte de construction pratiquée dans une maison pour y satisfaire les besoins naturels.

Le lieu où se trouve cette construction, est, selon chaque pays, nommé *fosse d'aisances, aisances, lieux* (les), *commodités, cabinet, latrines, privés,* etc.;

2° Il existe, pour la ville de Paris, un décret à la date du 10 Mars 1809, et une ordonnance royale rendue le 24 Septembre 1819, qui, renouvellant en cela l'art. 193 de la *Coutume de Paris,* obligent chaque propriétaire de maison à y avoir des fosses d'aisances proportionnées au nombre d'habitants de la maison, et qui déterminent en même temps le mode de construction de ces fosses.

Ce décret et cette ordonnance, dont j'ai rappelé les principales dispositions dans mon *Code des Constructions et de la Contiguïté*, art. 344 et suiv., peuvent sans doute devenir exécutoires dans les villes de province, mais il faudrait pour cela que l'exécution en fut *légalement ordonnée ;* jusque là, le décret et l'ordonnance précités restent dans leur spécialité, et les fosses d'aisances continuent à être régies comme par le passé, c'est-à-dire par les anciennes coutumes, les réglements ou les usages constants et reconnus de chaque lieu. Si la coutume, le réglement, l'usage sont insuffisants, il faut suivre ce que prescrit la *Coutume de Paris,* ou bien faire régler

CHAPITRE 16. — DES FOSSES D'AISANCES, § 1er.

par experts. (C. Civ., article 674 ; Lepage, t. 1, p. 136);

3° On peut avoir besoin de pratiquer une fosse d'aisances à la proximité du terrain non bâti du voisin, et ce cas ne peut, nulle part, offrir de grandes difficultés : un contre-mur en bonne maçonnerie, de hauteur et d'épaisseur suffisantes pour soutenir les terres du voisin et les garantir en même temps de l'infiltration des eaux et des matières détrempées, doit, indépendamment de la bonne construction de l'ensemble de la fosse, suffire aux exigences, soit du voisin, soit de la police ;

4° Mais il arrive presque toujours que la fosse d'aisances qu'un propriétaire veut faire pratiquer, doit se trouver adossée à un mur, ou mitoyen, ou appartenant au voisin ; ou bien encore, que cette nouvelle fosse doit être placée à joindre celle, plus ancienne, du voisin, ou à joindre le puits, la citerne, la cave de ce voisin. Dans ces divers cas, c'est encore l'usage du lieu qui doit être suivi, ainsi qu'on va le voir aux paragraphes suivants.

§ 2. — *Principes à suivre pour la construction d'une fosse d'aisance.*

1° Il ne doit pas suffire à l'ouvrier, pour se mettre à couvert de la garantie à laquelle il est soumis, de se conformer strictement à ce que prescrit l'usage du lieu où il travaille ; il faut encore qu'il travaille solidement et de manière que les matières que la fosse est destinée à recevoir, ne puissent, en aucune manière, s'en échapper et nuire au voisin ou au propriétaire lui-même.

Or, la maçonnerie des quatre côtés de la fosse doit être tellement soignée qu'on la puisse dire *impénétrable*, quelles que soient d'ailleurs son épaisseur et la nature des matériaux y employés. (Lepage, t. 1, p. 137);

18

CHAPITRE 16. — DES FOSSES D'AISANCES, § 2.

2° Quant au fond de la fosse, on conçoit toute l'importance qu'il y a à le bien maçonner, afin d'éviter les infiltrations chez le voisin. — Suivant les meilleurs architectes et les auteurs, il est fort mal de se borner à mettre un lit de glaise sur le fond de la fosse. Cette glaise ne se lie pas assez aux quatre murs de la fosse pour empêcher les matières de pénétrer par dessous. Il faut donc pratiquer, ainsi que l'indique Goupy, annotateur de Desgodets (note 3, sur l'art. 191 de la *Coutume de Paris*), c'est-à-dire mettre sur le terrain de la fosse un massif de 33 centimètres (1 pied) d'épaisseur en bons moellons posés sur leur lit, bien liaisonnés et bien maçonnés avec mortier ou plâtre pur. Sur ce massif on étend du sable jusqu'à une élévation de 112 millimètres (4 à 5 pouces), et on pave là-dessus en grès ou autres bonnes pierres posées à bain de mortier de chaux et ciment, et on a soin de former les revers du pavé du côté du mur voisin ou mitoyen pour diriger les eaux du côté opposé. (Lepage, t. 1, p. 137);

3° Il est également bien recommandé par les architectes et les auteurs, de se dispenser, autant que possible, de creuser le fond d'une fosse d'aisances jusqu'à l'eau vive, afin d'éviter l'infiltration de ces eaux alors corrompues, sur la propriété voisine, et quelquefois même dans les puits. Mais s'il était impossible de ne pas trouver l'eau, il faudrait alors l'épuiser pendant la construction, et trouver les moyens d'établir un fonds solide, et on lui donnerait assez d'épaisseur pour que les eaux n'y puissent pas pénétrer *(Idem)*;

4° Enfin, la construction d'une fosse d'aisances, dans toutes ses parties, doit être telle, que les matières s'y trouvent renfermées comme dans un pot, pour me servir des expressions mêmes des architectes et des auteurs.

§ 3. — *Des ouvrages intermédiaires.*

1° La bonne et solide construction de la fosse elle-même ne suffit pas aux sanitaires exigences des lois locales et à la sécurité des voisins ; il faut encore que des ouvrages séparatifs viennent assurer en quelque sorte que l'établissement de cette fosse ne portera pas préjudice à la propriété voisine.

Ainsi, toutes les coutumes en général prescrivent un contre-mur entre la fosse et l'héritage du voisin ; seulement elles diffèrent sur l'épaisseur à donner à ce contre-mur. L'ouvrier doit donc, avant de commencer son entreprise, s'assurer des prescriptions de la loi locale sous l'empire de laquelle il va travailler ;

2° Le cadre de cet ouvrage est trop limité pour que j'y puisse rapporter ce que la coutume, le règlement ou l'usage de chaque lieu exige ; je dois donc me borner à rappeler quelques dispositions de la *Coutume de Paris*, qui, pour les contrées dépourvues de statuts, doit former le droit commun.

1ʳᵉ HYPOTHÈSE.— *Près d'un mur séparatif ou de clôture.*

Aux termes de l'art. 191 de cette *Coutume*, et conformément à ce qu'ont écrit MM. Desgodets, (n° 2); Fournel, Lepage, t. 1, p. 138 et suiv.; Toussaint, Pardessus et autres auteurs, s'il s'agit d'établir une fosse d'aisance à la proximité d'un mur, soit que ce mur appartienne au voisin, soit qu'il se trouve déjà mitoyen, soit que, appartenant exclusivement au propriétaire de la fosse, il puisse être rendu mitoyen, il faut faire un contre-mur de bonne construction, avec les meilleurs matériaux du pays, ayant 33 cen-

CHAPITRE 16.— FOSSES D'AISANCES, § 3.

timètres (un pied) d'épaisseur au moins. Cela suffit en effet lorsqu'il n'y a de l'autre côté du mur, n'y puits, ni citerne, ni fontaine, ni cave.

La longueur de ce contre-mur doit être telle que les eaux de la fosse ne puissent pas, en filtrant à travers les terres, arriver au mur par les extrémités du contre-mur. Le plus certain, ajoute M. Lepage, est d'entourer la fosse par le contre-mur, de manière à ne laisser aucun passage aux matières.

Goupy, sur Desgodets (au lieu déjà cité); Lepage (t. 1, p. 140); Toussaint (n° 987), pensent que le contre-mur, lorsque le tuyau de la fosse (montant quelquefois au dernier étage), est purement en maçonnerie, doit être monté, non pas seulement jusqu'au niveau du terrain, mais bien jusqu'à la hauteur du tuyau.

On peut se dispenser de pratiquer ainsi lorsque le tuyau est en grès, en terre cuite, en métal ou en fonte de fer, si du moins ce tuyau est enveloppé d'une chemise de plâtre ou de bon mortier de 41 millimètres au moins d'épaisseur; s'il est isolé; s'il existe entre la chemise du tuyau et le mur un espace vide, non fermé par les côtés; si le mur lui-même est solidement enduit vis-à-vis du tuyau; ce qui peut se faire aux frais du propriétaire de la fosse, *avec le consentement du voisin toutefois.*

Goupy enseigne aussi que l'espace vide entre la chemise et le tuyau peut être masqué lorsque le mur est d'une construction bien pleine et bien compacte;

3° On reconnaît tout l'avantage qu'il y a à incorporer le contre-mur au mur : l'un et l'autre en sont mieux conservés. Lors donc que le mur et le contre-mur se construisent au même moment, on fait bien de le pratiquer ainsi et il ne peut point y avoir de difficulté.

Mais l'incorporation serait sans doute moins facile dans le cas où le mur existerait déjà. Au surplus, les hommes de l'art savent, ou doivent savoir, qu'il ne peut être touché à un mur mitoyen, et encore moins au mur contigu du voisin, sans le consentement de celui-ci ; or, ce serait le cas de s'entendre avec ce voisin sur les moyens à employer pour l'incorporation du contre-mur au mur déjà construit. (Lepage, t. 1, p. 137).

2me HYPOTHÈSE. — *Près d'un puits, ou d'une citerne, ou d'une fontaine, ou d'une cave.*

4° J'ai déjà dit, il ne faut pas l'oublier, que tout ce qui se rapporte directement et indirectement même à la construction d'une fosse d'aisances, doit être réglé par la loi locale, ou par l'art. 191 de la *Coutume de Paris*, ou par des experts.

Ainsi, lorsque l'un des voisins a besoin d'adosser une fosse d'aisance au puits, ou à la citerne, ou à la fontaine, ou à la cave de l'autre voisin, c'est d'abord le statut local qu'il faut consulter. — En tout cas, il est certain que, *partout*, les précautions les plus grandes doivent être observées lorsqu'il s'agit de placer ainsi une fosse d'aisances.

La *Coutume de Paris*, art. 191, exige une maçonnerie séparative, de 1 mètre 32 centimètres (4 pieds) dans le cas dont je m'occupe. — Mais, ainsi que le fait justement observer M. Lepage, t. 1, p. 141, pour bien se fixer sur ce qui doit être pratiqué, il faut se pénétrer des distinctions suivantes :

1° Près du mur mitoyen, les deux voisins construisent simultanément (au même moment) l'un un puits, ou une citerne, ou une fontaine, ou une cave, et l'autre voisin une fosse d'aisances ; 2° le mur, les puits, la citerne, la fontaine, la cave existent déjà et le voisin veut nouvellement adosser une fosse d'aisances ; 3° le mur et la fosse d'aisances existent, et le voisin veut adosser un puits, une citerne, une fontaine, ou faire une cave ; 4° enfin, il s'agit de la construction de deux fosses d'aisances séparées par un mur mitoyen.

PREMIÈRE DISTINCTION.

Dans ce premier cas, les deux contre-murs pourraient facilement être incorporés au mur, et cela serait assurément très efficace. En tout cas, suivant l'art. 191 de la *Coutume de Paris*, le voisin qui construirait le puits, la citerne, la fontaine ou la cave ne serait tenu de donner que 33 centimètres (1 pied) d'épaisseur à son contre-mur, tandis que le propriétaire de la fosse devrait donner au sien assez d'épaisseur pour que, réuni au mur et à l'autre contre-mur, il se trouve, entre la fosse d'aisances et le nouvel établissement du voisin, soit puits, citerne, etc., une maçonnerie de 1 mètre 32 centimètres (4 pieds). — Si, par exemple, le contre-mur du puits ayant 33 centimètres (1 pied), le mur séparatif n'avait aussi que 33 centimètres d'épaisseur, l'épaisseur du contre-mur de la fosse devrait être de 66 centimètres (2 pieds).

Mais si, par extraordinaire, le mur de séparation avait 82 centimètres (deux pieds et demi) d'épaisseur, le contre-mur de part et d'autre n'en devrait pas moins avoir 33 centimètres (1 pied) chacun, parce qu'ils ont pour destination de garantir le mur d'un côté et de l'autre. (Lepage, t. 1, p. 142).

DEUXIÈME DISTINCTION.

Le mur, le puits, la citerne, etc. existent déjà, et le voisin veut pratiquer une fosse d'aisances.

Dans cette hypothèse, les constructions qui se

trouvent déjà d'un côté du mur ont nécessairement leur contre-mur; or, celui qui veut pratiquer la fosse doit donner au sien une épaisseur telle qu'entre sa fosse et la construction du voisin, il se trouve une maçonnerie de 1 mètre 32 centimètres (4 pieds) d'épaisseur, sans cependant que, dans aucun cas, l'épaisseur du contre-mur de la fosse puisse être moindre de 33 centimètres (1 pied); Lepage, t. 1, p. 142.

TROISIÈME DISTINCTION.

Le mur et la fosse existent déjà, et le voisin veut y adosser un puits, une citerne, une fontaine ou une cave.

Ici, suivant Desgodets, sur l'art. 191, n⁰ 12, celui qui fait la nouvelle construction (le puits) n'est tenu de donner que 33 centimètres (1 pied) d'épaisseur à son contre-mur, et si ensuite, entre le puits et la fosse d'aisance, une maçonnerie de 1 mètre 32 centimètres (4 pieds) d'épaisseur ne se rencontre pas, c'est au propriétaire de la fosse à y suppléer.

Goupy, annotateur de Desgodets, et M. Lepage, (t. 1, p. 142) repoussent, avec raison je crois, cette opinion. — Si en effet l'épaisseur du contre-mur a été observée lors de la construction de la fosse, il a évidemment été satisfait à l'exigence de la loi locale, qui, comme on peut s'en assurer, a établi une différence remarquable entre l'épaisseur à donner au contre-mur lorsque la fosse joint un mur *nu*, c'est-à-dire sans construction de l'autre côté, et lors au contraire qu'il y existe déjà un puits.

Il faut du reste que la fosse et son contre-mur soient d'une bonne et efficace construction : voilà assurément l'essentiel. Telle que puisse être l'épaisseur de la maçonnerie de l'une ou de l'autre, si les matières n'y restent pas, si elles s'en échappent et pénètrent jusqu'au mur de séparation, le voisin a le droit de s'en plaindre et d'exiger des réparations solides, et, en cas d'insuffisance, la suppression de la fosse.

QUATRIÈME DISTINCTION.

Cas où il s'agit d'adosser deux fosses d'aisances l'une à l'autre.

Entre deux fosses d'aisances, l'une à un voisin et l'autre à l'autre voisin, il faut une épaisseur de maçonnerie telle que les deux héritages soient également préservés.

Comme dans les autres cas expliqués ci-dessus, cette maçonnerie se règle par les lois locales : la *Coutume de Paris* veut 1 mètre (3 pieds) d'épaisseur, non compris les retraites des empatements de la fondation du mur mitoyen quand il en existe. (Desgodets, n° 27, sur l'art. 191).

Or, chaque voisin doit fournir 50 centimètres (1 pied et demi), et il n'est pas besoin de dire que, si, entre les deux fosses il existe un mur mitoyen, l'épaisseur de ce mur doit être comprise dans le mètre; sans cependant qu'en lui supposant une épaisseur excédant 33 centimètres (1 pied), le contre-mur de chaque fosse puisse avoir moins de 33 centimètres (1 pied) d'épaisseur, attendu qu'il a pour destination expressse de garantir le mur.

§ 4. — *Des ventouses.*

Pour diminuer la mauvaise odeur des cabinets d'aisances, on y introduit l'air au moyen de ventouses.

Ces ventouses ne peuvent être ouvertes sur le

voisin, même quand le mur de séparation est mitoyen ; et, dans le cas où il en existe chez le propriétaire de la fosse, le voisin peut, s'il en est réellement incommodé, en raison de ce qu'elles se trouvent trop près de lui, exiger que leur direction soit changée. (Lepage, t. 1, p. 141).

§ 5. — *Des réparations ; de la répartition des frais.*

1° Lorsque deux fosses d'aisances sont séparées par un mur, il est facile à concevoir que, quelle que soit la bonne maçonnerie des contre-murs et des fosses elles-mêmes, le temps et la force des matières corrosives doivent en venir à bout : il s'agit donc de réparer ; mais dans quelles proportions ?

D'abord, et c'est la règle générale, chaque propriétaire de fosse doit en réparer le contre-mur, et quant au mur séparatif, s'il est mitoyen, la réparation s'en fait à frais communs. S'il appartient à l'un des voisins, c'est à celui-ci à l'entretenir, sauf à lui à recourir contre l'autre voisin, pour être indemnisé du dommage qu'aurait éprouvé son mur par l'infiltration des matières ;

2° Mais il n'est pas toujours aisé de reconnaître celle des deux fosses qui a occasionné le préjudice éprouvé par le mur séparatif, mitoyen ou non. — Toutefois, M. Lepage (t. 1, p. 139) enseigne, d'après Goupy, sur la note 8 de Desgodets, art. 191 de la *Coutume*, que l'état dans lequel chaque contre-mur se trouve doit diriger. Par exemple, si le contre-mur d'une des fosses est sain, tandis que le contre-mur de l'autre fosse est imprégné de matières, de même aussi le mur, le dommage vient évidemment de ce dernier côté, et c'est au possesseur de ce côté à supporter *seul* les frais de réparations. — Quand les deux contre-murs sont également pénétrés de matières, et qu'on ne peut décider par quel côté vient le mal, les frais de réparations du mur mitoyen sont au compte commun des deux voisins, et ceux du mur appartenant exclusivement à l'un d'eux, au compte personnel de celui-ci;

3° Lorsque les deux fosses ne sont pas au même niveau, lorsque l'une est basse et l'autre haute, et que les matières de celle-ci coulent dans la première, il y a lieu de penser que ce sont les matières de la fosse la moins creuse qui ont endommagé le mur. Au surplus, ce cas, comme tous les autres, doit faire le sujet d'un examen très attentif de la part d'ouvriers expérimentés. (Lepage, tome 1, p. 139);

4° Il arrive souvent dans les villes, que deux cabinets d'aisances se trouvant adossés au mur mitoyen de deux maisons, versent les matières dans un seul canal souterrain qui lui-même va se vider dans un autre canal public. — Ce cas n'a été prévu par aucun auteur.

Si le premier de ces canaux s'engorge, s'il a besoin d'être vidé, même d'être réparé; si son mauvais état occasionne le refoulement des matières d'une manière nuisible, soit au mur séparatif, soit aux appartements des voisins, comment les frais de curage et de réparations seront-ils répartis? par qui le dommage sera-t-il réparé?

Ces deux questions doivent tout naturellement se résoudre, ce me semble, par les principes généraux des servitudes et de la propriété.

Et d'abord, le droit d'écouler les matières de sa fosse ou de son tuyau dans le canal d'autrui, ne peut assurément pas exister à titre de servitude *légale*, et bien moins encore à titre de servitude naturelle. Or, ce droit ne peut dériver que de celui de la propriété ou tout au moins de la co-propriété du canal, ou bien encore de la création d'une servitude convenue et stipulée par un contrat ; car, il faut bien le reconnaître, il ne pourrait s'établir, ni sur la prescription de trente ans, ni sur la destination du père de famille, parce qu'il manque des caractères de continuité et d'apparence voulus par la loi.

Dans l'hypothèse, il faut donc, en l'absence de tout titre, que des experts suffisamment éclairés commencent par reconnaître la situation réelle du canal ; qu'ils s'assurent si ce canal est directement placé sous le mur mitoyen, ou bien s'il est creusé en totalité dans le terrain de l'un des voisins.

Dans le premier cas, le canal serait tout aussi bien présumé mitoyen que le mur même, et les réparations et curage devraient se faire à frais communs. Quant aux dégradations du mur et autres préjudices arrivés par le refoulement des matières, chaque voisin serait tenu de les supporter de son côté, à moins qu'il ne fût prouvé que le mal provint d'un seul côté, auquel cas, le propriétaire de ce côté serait tenu à indemniser le voisin.

Si au lieu de se trouver sous le mur mitoyen, le canal avait été pratiqué en dehors et en totalité dans le terrain de l'un des voisins, l'autre voisin, qui en tirerait servitude, serait tenu, s'il n'était déchargé de cette obligation par un titre, de l'entretenir, de le réparer de le curer à ses frais, et de réparer les préjudices occasionnés au débiteur de cette servitude, par le défaut d'entretien.

Je dois ajouter toutefois, que, si le propriétaire du canal assujéti à la servitude, en tirait utilité, s'il s'en servait aussi pour la vidange de ses cabinets d'aisances, tous les frais d'entretien, de réparations et de curage devraient être supportés en commun, sans égard au nombre de personnes habitant les deux maisons.

CHAPITRE 16. — DES FOSSES D'AISANCES.

§ 6. — *Curage. — Vidange.*

1° Quand une fosse d'aisances est tellement pleine qu'elle répand une mauvaise odeur, elle doit être vidée. La police et les voisins même peuvent y contraindre le propriétaire, et celui-ci ne peut la combler qu'après l'avoir complètement vidée. Desgodets, art. 218 de la *Coutume*, note 15; Fournel, v° FOSSE D'AISANCE; Lepage, t. 1, p. 145;

2° A moins d'une création de servitude nomément stipulée, la vidange d'une fosse d'aisances ne peut se faire en passant chez le voisin. Desgodets, même article, n° 8;

3° C'est pendant la nuit que la vidange peut se faire, et les matières doivent être portées hors de ville. Desgodets, n°s 2, 4, 5;

4° Les frais et les incommodités de la vidange d'une fosse d'aisances commune à plusieurs personnes, sont supportés en commun, sans égard à la différence du nombre des personnes qui habitent les maisons tirant servitude de la même fosse. Desgodets, sur l'article 218, n°s 6, 7, 9, 10, 11 et 12; Pothier, *(Société)*, n° 228; Pardessus, n° 198.

§ 7 — *Des préjudices et indemnités. — De la responsabilité de l'ouvrier.*

1° J'ai dit bien des fois déjà qu'on ne doit appuyer aucun ouvrage à un mur mitoyen, sans avoir préalablement obtenu le consentement du co-propriétaire, et, à défaut, un réglement par experts.

Mais, ni le consentement du voisin, ni le réglement par experts, ni une autorisation judiciaire, ne peut dispenser de réparer le dommage occasionné, soit par les travaux de construction d'une fosse d'aisance, soit par l'excavation, soit par l'infiltration des matières, et, dans tous les cas, l'ouvrier en est responsable, encore bien qu'il ait pris toutes précautions, et qu'il ait ponctuellement suivi les prescriptions de la loi locale, et celles aussi de la prudence. — Le voisin n'est pas même tenu d'attendre que le mal soit arrivé pour exiger qu'il y soit remédié; son droit à cet égard existe dès le moment où sa propriété ou le mur dont il a la mitoyenneté sont menacés. — Il y a plus encore, le préjudice devrait être réparé, le voisin pourrait exiger les réparations de la fosse, et même sa suppression, si cela devenait indispensable, dans le cas où les travaux auraient été exécutés sous ses yeux, à moins qu'il ne fût lui-même ou architecte, ou ouvrier entrepreneur, et encore qu'il eût permis de s'écarter des règles ordinaires. Ici l'ordre public est intéressé, et une pareille condescendance ne serait rien devant la loi et les réglements de police. (Lepage, t. 1, p. 137 et 143; Fournel, t. 2, p. 11 et suiv.; Desgodets et Goupy, sur l'article 207 de la *Coutume;* Toussaint, n° 1883).

CHAPITRE XVII.

DES JAMBES ET CHAINES DE PIERRE.

Si je ne m'occupais de cette petite instruction que pour l'usage des hommes de l'art déjà pratiques, je ne devrais assurément pas les entretenir de l'objet de ce chapitre, objet qu'ils connaissent beaucoup mieux que moi. — Mais j'écris pour tout le monde, et conséquemment pour les ouvriers et pour les apprentis qui savent peu ou qui ne savent pas du tout ; or, si entre dans la tâche que je me suis imposée, de leur faire connaître ce que disent leurs grands maîtres Desgolets et Goupy, sur l'article 217 de la *Coutume de Paris*, à l'occasion des jambes de pierre.

1° *Les jambes de pierre* sont des pierres de taille que l'on pose dans les murs, et qui ont pour destination ordinaire de supporter les poutres et autres pièces de bois de la construction ;

2° Les jambes sont : ou boutisses, ou étrières, ou parpaignes. — Desgodets (n° 2, sur ledit article) prétend que les jambes et les chaines de pierre sont la même chose. Goupy, son annotateur, le conteste, et les raisons qu'il en donne me décident à penser comme lui ;

3° Les jambes *boutisses* font liaison, par leur tête et de chaque côté, dans les murs de face de deux maisons voisines ; leur queue fait liaison par le derrière, dans le mur mitoyen.

Les jambes *étrières* forment le mur et tableau ou pied droit de baie de part et d'autre, aux deux côtés de la tête, et font le parpaing du mur mitoyen, par leur queue. Chaque assise de ces jambes doit être d'une seule pièce, et former harpe alternativement de 65 centimètres (2 pieds) et 48 centimètres (18 pouces) dans le mur en retour.

Les jambes *parpaignes* sont celles dont toutes les assises font le parpaing du mur, c'est-à-dire toute son épaisseur ; ce qui doit toujours exister quand le mur est peu épais. (Fournel, t. 2, p. 11 et suiv ; Toussaint, n° 1883) ;

4° Sous l'ancienne législation, les ouvriers étaient tenus, sous peine d'amende, de mettre des jambes sous poutres à tout mur de séparation. Cette méthode n'est pas de rigueur aujourd'hui : on pratique selon les localités, et le fait de nécessité doit être porté

CHAPITRE 17. — DES JAMBES ET CHAINES DE PIERRE.

à la décision des hommes de l'art. (*Voyez* ci-après le chap. 18, DES POUTRES ET SOLIVES, n° 4).

Dans les campagnes, où les bâtiments ne sont pas très élevés, on remplace les jambes de pierre de taille par de bons moellons gisants, à chaux et sable ou à plâtre, et un quartier de pierre ou libage qui fait le parpaing du mur à la dernière assise qui reçoit la portée de la poutre ;

5° Quand un mur a beaucoup d'épaisseur, on peut se dispenser de mettre des jambes sous poutres. On fait alors une chaîne d'épaisseur suffisante pour porter la poutre ;

6° Dans tous les cas où le mur est faible et sans épaisseur, et que les poutres ont une grande portée, on fortifie les jambes par des dosserets de 55 à 80 mill. (2 ou 3 pouces) de saillie au-delà de l'épaisseur du mur. Cette saillie se prend du côté de celui qui construit, ou des deux côtés, si les deux voisins ont également besoin de cette plus forte épaisseur ;

7° Les jambes et les chaines de pierre se posent ordinairement sur la fondation du rez-de-chaussée et ne descendent pas plus bas ;

8° Les jambes sous poutres des celliers, magasins, etc., doivent être de toute l'épaisseur des murs, si ces murs sont un peu épais.

Mais aux celliers des campagnes, on se borne à mettre sous les poutres des matières suffisantes pour les porter, ou des corbeaux de pierre portant 224 millimètres (7 à 8 pouces) de saillie, et dont la queue fait toute l'épaisseur des murs ;

9° Lorsque l'on construit une maison à plusieurs étages, il faut éviter de mettre les poutres des étages supérieurs hors de l'aplomb de celles des étages inférieurs ; car, si les poutres des différents étages sont aplomb les unes au-dessus des autres, il ne faut alors qu'une jambe de pierre de taille de

CHAPITRE 17. — DES JAMBES ET CHAINES DE PIERRE.

fond; tandis que dans le cas contraire, c'est-à-dire si les poutres sont hors d'aplomb, il faut à chaque poutre une jambe de pierre de taille, qui commence dès le dessus de l'empatement de la fondation;

10° Aux pannes et combles qui portent les solives des planchers des greniers et galetas, il n'y faut de jambe de pierre de taille que dans le cas où la pièce de bois porte les deux bouts de deux travées de solives;

11° On doit mettre des jambes de pierre dans le mur mitoyen sous la portée des liernes dans lesquelles deux travées de solives sont assemblées à tenons et mortaises; et il en faut faire de même sous les poitreaux qui portent dans le mur mitoyen, s'il y a un vide considérable entre les murs où ils portent et celui qui est sous le poitrail;

12° Quand, sous une poutre, il se rencontre une cloison *de fond*, les jambes de pierre peuvent être négligées, même dans le cas où, entre la cloison et le mur sur lequel la poutre doit porter, il se trouve un vide de 1 mètre 33 centimètres (3 à 4 pieds);

13° Lorsque les poutres qui portent des planchers, comme aussi les poitreaux ou linteaux des grands passages de portes cochères qui soutiennent des murs ou des cloisons en pan de bois de charpente par dessus ont leur portée dans le mur mitoyen, il faut absolument mettre des jambes par assises de pierre de taille. On ne pourrait pas les remplacer par des poteaux de bois, ni par des pierres debout placées dans l'épaisseur du mur mitoyen;

14° Toutes les pierres des assises des jambes que l'on met dans les murs mitoyens, doivent porter le parpaing du mur, et chaque assise doit être d'une seule pièce. Les plus petites doivent avoir de largeur ou tête au moins la grandeur du dessous de la poutre ou du poitrail qu'elles soutiennent; les plus grandes

TITRE III.— DES CONSTRUCTIONS.

CHAPITRE 17. — DES JAMBES ET CHAINES DE PIERRE.

doivent excéder au moins de 112 millimètres (4 pouces) de liaison de chaque côté;

15° Les jambes sous poutre par assises de pierre de taille se mettent en construisant et même après.

Dans le premier cas, le voisin auquel ces jambes ne servent pas, n'est pas tenu de payer sa part de leur valeur; il ne supporte, de cet endroit du mur qui lui est mitoyen, que proportionnellement à tout le reste de ce mur, sans égard à la plus value donnée par les jambes de pierre.

Si les jambes se placent après la construction du mur, tous les frais, même ceux d'étaiement et de rétablissement chez le voisin, sont au compte de celui qui fait faire les travaux;

16° Les jambes *boutisses* et les jambes *étrières* doivent régner depuis l'empatement du dessus de la fondation, jusque sous les poitreaux ou les premiers planchers. S'il se trouve des baies de portes cintrées aux côtés de la jambe de pierre, cette jambe sera *étrière* jusqu'au-dessous des impostes des cintres, et le surplus au-dessus sera *jambe boutisse* au restant de la hauteur;

17° Les jambes *étrières* doivent être faites avec de grands quartiers de pierre de taille; chaque assise d'une seule pièce, en liaison les unes sur les autres par leur queue dans le corps du mur mitoyen au derrière. — Les plus courtes ne doivent pas avoir moins de 1 mètre 33 centimètres (4 pieds) de long, et les plus longues doivent avoir au moins 1 mètre 48 centimètres (4 pieds et demi), à compter du parement de leur tête jusqu'à l'extrémité de leur queue, et, en outre, la largeur de leur tête, compris les tableaux des pieds droits de chaque côté;

18° Quant aux jambes *boutisses,* il n'est pas nécessaire que toutes les assises fassent queue dans le

CHAPITRE 17. — DES JAMBES ET CHAINES DE PIERRE.

mur; il suffit qu'entre deux assises il y en ait une qui jette harpe. Les ancres et les tirants de fer que l'on met à chaque étage retiennent suffisamment les jambes boutisses et les empêchent de surplomber.

CHAPITRE XVIII.

DES POUTRES ET SOLIVES.

Suivant l'art. 657 du C. Civ., celui qui a la mitoyenneté d'un mur peut y enfoncer des poutres et solives jusqu'à 56 millimètres (2 pouces) près. — Ceci a besoin des explications suivantes :

1° Aux termes de l'art. 662 du même Code, aucun enfoncement ne peut être pratiqué dans le corps d'un mur mitoyen, sans le consentement du copropriétaire, ou, à défaut, sans avoir fait procéder à un réglement par experts. — Cet article 662 n'admet aucune exception; donc le voisin qui veut enfoncer des poutres ou des solives dans le mur dont il n'a que la mitoyenneté, doit, à peine de dommages-intérêts et de démolition même, se conformer aux exigences de l'art. 662 que je viens de citer;

2° Les poutres et les solives peuvent être enfoncées dans toute l'épaisseur du mur, à l'exception de 56 millimètres (2 pouces) seulement du côté du voisin. — Pour faciliter les travaux, le mur peut même être percé d'outre-en-outre, à la charge de remplir, aussitôt que possible, les 56 millimètres (2 pouces) qui doivent être laissés, en maçonnerie et de manière que le bout de la poutre ou de la solive ne paraisse pas du côté du voisin ;

3° Si déjà l'un des co-propriétaires avait usé du droit dont je viens de parler ; s'il avait enfoncé des poutres dans l'épaisseur du mur, moins 56 millimètres, ou bien, s'il existait du côté de ce voisin, une cheminée, un placard ou tout autre enfoncement dont l'existence dut être conservée par titre ou par une autre cause légale, et si le co-propriétaire voulait ensuite enfoncer ses poutres ou ses solives dans le même mur et au même endroit de l'établissement primitif, qu'est-ce qui devrait être pratiqué ?

Dans le cas où des poutres ou des solives occuperaient déjà la place, l'ouvrier ne pourrait pas les lever, mais il devrait les rogner jusqu'à la moitié de l'épaisseur du mur *seulement,* en se servant d'un *ébauchoir ;* l'article 657 du C. Civ. le dit textuellement.

Dans le cas où il y aurait ou cheminée, ou placard de l'autre côté du mur, ce mur ne pourrait non plus être percé d'outre-en-outre pour le placement des poutres ou solives; lesquelles poutres ou solives ne pourraient d'ailleurs être portées, alors, que jusqu'à la moitié de l'épaisseur du mur. — Tout ce qui précède dérive des termes de la loi même, et est d'ailleurs conforme au sentiment unanime des auteurs. *(Voyez* la note de l'art. 2349, 2ᵐᵉ édition de mon *Code,* ou 2261, 3ᵐᵉ édition);

4° Suivant plusieurs coutumes et principalement celle de Paris, les ouvriers étaient tenus, sous peine d'amende, de ne poser aucune poutre sans l'appuyer sur une jambe ou chaîne de pierre, ou sur corbeau de pierre de taille.

Le Code Civil ne s'explique point à cet égard. Toutefois, l'article 674 renvoyant aux usages des lieux, je pense, avec M. Lepage (t. 1, p. 63), que si les voisins ne s'accordent pas sur la manière de poser les poutres, et que le statut local ne s'en explique pas, il en faut venir à un réglement par experts. (*Voyez* ce qui est dit ci-dessus, chap. 17, DES JAMBES DE PIERRE, n° 4).

CHAPITRE XIX.

DES PUITS.

Personne n'ignore qu'un puits est un trou creusé de main d'homme pour obtenir l'eau qui se trouve dans la terre.

Ces trous sont entouré d'une maçonnerie qui leur est propre ; leur établissement, leur entretien et leur curage exigent des précautions que les ouvriers doivent connaître, et dont je vais les entretenir.

Division.

§ 1er. — *De l'entreprise du creusement d'un puits, et des règles de sa construction.*

§ 2. — *Des réparations, du curage et des précautions à prendre.*

§ 3. — *Des préjudices et indemnités, et de la responsabilité de l'ouvrier.*

§ 4. — *Des objets et du trésor trouvés.*

----

§ 1er. — *De l'entreprise du creusement d'un puits, et des règles de sa construction.*

1° Avant de terminer le marché d'entreprise du

creusement et de la construction d'un puits, il faut que l'ouvrier visite attentivement le lieu où le propriétaire se propose de faire cet établissement.

Si le puits doit être ouvert en dedans des limites de l'héritage de ce propriétaire, il ne peut y avoir alors aucune difficulté à craindre de la part de la police, ni de la part d'aucun voisin, car tout propriétaire peut, sauf convention contraire, pratiquer un puits dans son héritage, sans s'inquiéter si cette entreprise nuira au puits ou à la fontaine d'autrui. Ainsi, le puits pourra, dans ce cas, avoir telle largeur, telle profondeur qu'il plaira au propriétaire, ou que les circonstances exigeront ; et la maçonnerie intérieure pourra aussi être exécutée suivant les conventions faites entre le propriétaire et l'entrepreneur. (Code Civil, art. 544 ; Lepage, t. 1, p. 126, 127 ; Paillet, sur l'art. 544 du Code Civil ; Merlin, *Répert.*, t. 4, p. 361 ; Fournel, au mot PUITS ; Pardessus, n° 13, p. 40) ;

2° Mais si le puits doit être pratiqué sur l'une des extrémités de l'héritage de celui qui veut le faire construire, il faut tout d'abord s'assurer du voisinage et de la contiguïté du terrain.

Si, par exemple, ce terrain joint immédiatement une voie publique, les travaux ne peuvent être commencés, sous peine d'amende et de démolition contre le propriétaire et l'entrepreneur, sans avoir préalablement obtenu de l'autorité compétente, la fixation de l'alignement et la permission *écrite* de creuser et construire, parce qu'il en est de la construction d'un puits comme de toutes autres sortes de constructions. (*Voyez* ci-dessus, tit. 3, chap. 1, art. 6, *Du mur joignant une voie publique.*

S'il s'agit de pratiquer le puits à une certaine proximité d'un cimetière établi hors les maisons d'habitation, il faut s'assurer de la distance qui

CHAPITRE 19.— DES PUITS, § 1er.

existe entre ce cimetière et le lieu même où on se propose de creuser le puits : si cette distance est moindre de cent mètres, le puits ne peut être pratiqué, et, en le faisant, l'ouvrier se compromettrait. (Décret du 7 Mars 1810; Pardessus, n° 141; *Journal du Palais*, t. 10, 2me partie, p. 509);

3° Quel que soit le lieu de l'établissement d'un puits, ce puits doit être surmonté d'une margelle en pierre, ou de barreaux avec un appui en fer, afin d'éviter les accidents. — Toutefois, les puits situés dans des marais, doivent être entourés d'un mur en maçonnerie ou en terre, de 1 mètre (3 pieds) de haut, et ce mur doit se trouver à 1 mètre au moins en avant du puits; le tout, sous peine d'amende. (Ordonnance du 24 Pluviôse 1802; Toussaint, n° 1830; C. pénal, art. 484);

4° Presque toujours le puits qu'un propriétaire veut faire creuser doit être attenant à sa maison ou autre bâtiment, et presque toujours aussi, placé sur l'une des extrémités de l'héritage : ce puits doit joindre la propriété du voisin ou n'en être séparé que par un mur.

Je vais, dans les divisions suivantes, examiner les différents cas qui peuvent se présenter.

PREMIÈRE DIVISION.

Les deux terrains contigus sont également non bâtis.

1° Dans ce cas, celui qui le premier creuse un puits doit d'abord faire déterminer l'alignement avec le voisin, et ensuite pratiquer la maçonnerie conformément à l'usage du lieu, et, à défaut d'usage constant et reconnu, d'après un réglement par experts. Toujours est-il que cette maçonnerie, bien qu'elle puisse n'avoir que moitié de l'épaisseur à observer entre deux puits en regard l'un de l'autre,

CHAPITRE 19.— DES PUITS, § 1er.

doit être suffisante pour retenir les terres du voisin, et éviter les infiltrations de l'eau chez celui-ci;

2° S'il plait ensuite au voisin d'adosser un puits au premier, il le peut sans doute, mais à la charge par lui de compléter la maçonnerie qui, suivant la coutume ou l'usage, doit indispensablement se trouver entre deux puits, sans toutefois que ce complément puisse excéder la moitié de l'épaisseur de cette maçonnerie. Si donc la moitié de l'épaisseur voulue n'avait pas été donnée lors de l'établissement du premier puits, le propriétaire de ce puits pourrait être contraint à y suppléer, car il a dû prévoir qu'un autre puits pourrait être adossé à celui qu'il faisait faire. (Lepage, t. 1, p. 131 ; Solon, n° 252);

3° On conçoit que, dans cette hypothèse, l'un des voisins, avec le consentement de l'autre, ou, à défaut, après réglement par experts (Code Civil, art. 662), peut, ou les deux ensemble peuvent construire un mur au-dessus de la maçonnerie qui sépare les deux puits. Dans les villes et leurs faubourgs, l'un des voisins peut même contraindre l'autre à le faire faire à frais communs jusqu'à hauteur de clôture; et, en tous lieux, celui qui n'y a pas contribué, peut rendre cette clôture commune. Il faudrait, dans ces cas, appliquer ce qui est dit ci-dessus, tit. 3, chap. 1, art. 4, MUR CONTIGU, § 4.

DEUXIÈME DIVISION.

Les héritages sont séparés par un mur auquel l'un des voisins veut adosser un puits; ce mur appartient à l'autre voisin, ou bien il est mitoyen.

1° Ici, comme dans tous les autres cas, celui qui veut établir le puits doit d'abord s'accorder avec le voisin, ou obtenir contradictoirement un réglement par experts, sur les moyens à prendre pour ne pas nuire au mur;

CHAPITRE 19.— DES PUITS, § 1er.

2° Quant au mode de construction, il doit être conforme, en tous points, à ce qui est ordonné par la coutume du lieu, les réglements ou l'usage constant et reconnu. S'il n'en existe pas, il faut encore un réglement par experts, si toutefois les deux voisins ne s'accordent pas;

3° En tous cas, il faut un contre-mur pour garantir le mur, et suivant plusieurs coutumes et plusieurs bons architectes, ce contre-mur doit être fondé plus bas que le sol du puits; il doit être monté au niveau du terrain sur lequel on marche pour puiser; sa longueur doit être telle qu'on ne puisse pas craindre l'infiltration de l'eau au-delà de ses extrémités. — Le plus sûr, dit M. Lepage (t. 1, p. 128), est de faire le contre-mur circulairement, selon la circonférence du puits;

4° Quant à l'épaisseur du contre-mur, elle varie selon les coutumes, les réglements ou les usages. — Aux termes de la *Coutume de Paris*, cette épaisseur doit être de 33 centimètres (1 pied) au moins;

5° Suivant Goupy, sur Desgodets, et contre ce qu'avait écrit celui-ci (note 1re, sur l'art. 191), le contre-mur devrait être incorporé au mur. *Voyez*, à cet égard, ce qui est dit ci-dessus, tit. 3, chap. 16, DES FOSSES D'AISANCES, § 3, n° 3.

TROISIÈME DIVISION.

Le mur séparatif appartient à celui qui fait creuser le puits.

Les auteurs pensent que ce propriétaire doit prendre tout autant de précautions que si le mur était déjà mitoyen, car il peut le devenir, et, dans ce cas, l'acquéreur de la mitoyenneté pourrait ensuite le contraindre à faire la maçonnerie intermédiaire, prescrite par la loi locale. Il est donc prudent de faire cette maçonnerie en construisant le puits; et

CHAPITRE 19. — DES PUITS, § 1er.

celui qui le fait faire doit d'autant moins s'en dispenser, que si, sans rendre le mur mitoyen, le voisin faisait chez lui des caves qui fussent ensuite atteintes par les eaux de son puits, il pourrait être contraint à faire les ouvrages nécessaires, même à réparer le préjudice. (Lepage, t. 1, p. 138).

QUATRIÈME DIVISION.

L'un des voisins a déjà un puits, une citerne, une fontaine, ou une cave, ou une fosse d'aisances, et l'autre voisin veut y adosser un puits.

1° Dans l'hypothèse de cette quatrième division, s'il n'existe pas de mur séparatif, il faut se conformer à ce qui est dit ci-dessus, *première division,* n° 2.,— Si les deux héritages sont séparés par un mur, c'est alors le cas de ce qui vient d'être dit, *deuxième division ;*

2° Mais, si le voisin avait déjà une fosse d'aisances, on comprend qu'alors les précautions devraient être plus grandes, et ce serait le cas de recourir à ce qui est expliqué plus haut, chap. 16, DES FOSSES D'AISANCES, § 3, n° 1 et suiv., et surtout *troisième cas ;*

4° Il faudrait voir au n° 4 du même paragraphe, si la construction du voisin était une cave.

§ 2. — *Des réparations, du curage, et des précautions à prendre.*

ART. 1er. — *Des réparations.*

1° L'ouvrier appelé à réparer ou à approfondir un puits qu'il n'a pas lui-même construit, n'est pas assujéti à la garantie de dix ans dont parlent les art. 1788, 1792 et 2270 du C. Civ., car la réparation d'un puits et même son approfondissement ne peuvent pas être pris comme gros ouvrages, dans le sens de la loi ;

2° Disons-le toutefois, le propriétaire aurait, pendant dix ans au moins, droit de recourir contre l'ouvrier, si, pour la confection des travaux, cet ouvrier s'était écarté des règles de l'art, et que cette infraction eût eu quelques préjudices pour résultat. (C. Civ., art. 1382; Lepage, t. 1, p. 134).

ART. 2. — *Du curage et des précautions à prendre.*

1° Lorsqu'il s'agit de nétoyer ou de curer un puits, de le sonder, de l'approfondir, l'ouvrier qui s'en charge ne doit commencer les travaux, du moins à Paris (ordonnance du 24 Pluviôse 1802), qu'après en avoir fait sa déclaration au préfet de police ;

2° Les cureurs ne doivent jamais descendre dans les puits, sans être ceints d'une bridage dont l'extrémité est tenue par un ouvrier placé à l'extérieur. (Toussaint, n° 1830) ;

3° Les plus grandes précautions doivent être prises, lorsqu'il s'agit de curer un puits soupçonné de méphitisme ou exhalaisons malfaisantes. La descente d'un homme dans un pareil puits, doit être précédée de la permission du préfet de police, à Paris, et de celle du maire, dans les autres lieux. — De plus, les épreuves de la lanterne, épreuves que j'ai décrites aux art. 605 et suivants de mon *Code*, et qu'il serait trop long de répéter ici, doivent être faites ; et si, malgré ces précautions il mésarrivait à l'ouvrier descendu, les travaux devraient être suspendus, et il en faudrait *de suite* faire déclaration au commissaire de police ou au maire. (Toussaint, n° 1830).

§ 3. — *Des préjudices et indemnités, et de la responsabilité de l'ouvrier.*

1° Malgré que, pour l'établissement d'un puits,

toutes les précautions aient été prises, et que, pour les travaux de sa construction, l'ouvrier se soit conformé au vœu de la loi locale, ou à la détermination d'experts, approuvée même en jugement, le propriétaire n'en est pas moins tenu de réparer les accidents et le préjudice que le puits occasionnerait, parce que les accidents survenus prouvent nécessairement que les précautions prises étaient insuffisantes, ou que les travaux ont été mal faits. (Code Civil, art. 1382 et suiv.; Lepage, t. 1, p. 129 et 134. — Tous les auteurs sont d'ailleurs de ce sentiment);

2° Mais l'entrepreneur ou l'ouvrier est responsable, pendant dix ans, je l'ai déjà dit, et il ne peut se dispenser de garantir le propriétaire de toutes les indemnités auxquelles celui-ci serait tenu envers le voisin, qu'en prouvant que, sous aucun rapport, les accidents survenus ne peuvent lui être imputés. (C. Civ., art. 1788, 1792, 2270; Lepage, au lieu cité);

3° Le propriétaire peut aussi prétendre à des indemnités contre l'entrepreneur, soit en raison du préjudice qu'il éprouverait par les malfaçons, soit en raison de ce que l'ouvrier n'aurait pas mis le puits en état de fournir l'eau qu'il devait procurer. — Voici quelques règles à cet égard.

S'il y a un marché écrit, et que le contrat détermine la quantité d'eau qui devra être donnée au puits, il ne pourra y avoir de difficulté; le contrat doit être exécuté à peine de dommages-intérêts. (C. Civ., art. 1142 et suivants).

Si le contrat ne s'explique pas sur la quantité d'eau, ou s'il n'existe pas de contrat, l'ouvrier est simplement tenu de mettre le puits à une profondeur satisfaisante, et il ne peut répondre de la quantité d'eau qui y viendra.

CHAPITRE 19. — DES PUITS, § 3.

Si la convention porte que le puits sera creusé jusqu'à *telle profondeur*, l'ouvrier qui a mis le puits à cette profondeur a rempli son obligation ; qu'il vienne ou qu'il ne vienne pas d'eau, il doit être payé. (Lepage, t. 1, p. 135).

S'il a été convenu que le puits serait creusé jusqu'à ce qu'il y vînt une quantité d'eau suffisante, suivant Desgodets et Goupy (n° 16, sur l'art. 191, *Coutumes de Paris*) les travaux ayant lieu en hiver, le puits doit être creusé aussi bas que les eaux le permettent, sans que l'ouvrier puisse être tenu de garantir ce qui pourra en résulter dans la saison où les eaux devront être basses. — Si les travaux se font en été, l'obligation de l'ouvrier sera remplie lorsqu'il aura obtenu 1 mètre (3 pieds) d'eau au-dessus du rouet, pourvu que cette eau ne provienne pas simplement de *pleurs* ou *semis*, mais bien de source ou d'une grande nappe d'eaux souterraines.

§ 4. — *Des objets et du trésor trouvés dans un puits en y travaillant.*

Les ouvriers qui trouvent, dans un puits, quelques objets propres à donner l'idée d'un crime commis ou d'un délit, doivent, à peine de punition corporelle, en informer *de suite* la police ou le maire.

S'ils trouvent un trésor, la moitié leur est acquise, et ils doivent, à peine de punition aussi, rendre l'autre moitié au propriétaire du puits à qui cette moitié appartient. (C. Civ., art. 716 ; C. pén., 379). *Voyez* ci-dessus, tit. 1, chap. 4, DES OUVRIERS, sect. 2, § 3.

TITRE IV.

DU TOUR D'ÉCHELLE,

ET DES

OUVERTURES DE JOUR OU DE VUE.

CHAPITRE Ier.

DU TOUR D'ÉCHELLE.

§ 1er.

1°. — On appèle tour d'échelle l'espace de terrain nécessaire à l'appui des échelles dont les ouvriers ont besoin lorsqu'il s'agit de travailler au haut d'un mur ou à la toiture d'un édifice.

On donne assez généralement à cet espace une largeur d'un mètre (3 pieds) au moins. Dans tous les cas, cette largeur doit être telle que l'échelle soit assez bien assujétie pour que les ouvriers puissent y monter sans danger.

2°. — Lorsque l'édifice, tel qu'il soit, joint une voie publique ou communale, les échelles se posent sur la voie publique ou communale, après autorisation toutefois *(voyez* ci-dessus, tit. 3, chap. 1er. art. 6, DU MUR; et surtout, chap. 2, art. 3, DES MAISONS SUR LA VOIE PUBLIQUE), sans pour cela que le propriétaire de la construction puisse précisément prétendre au droit de *tour d'échelle,* parce que les avantages qu'un particulier retire de son voisinage avec la voie publique ou communale, ne constitue jamais qu'un droit fort précaire pour lui.

§ 1er.

3°. — Il suit de là que le droit du tour d'échelle n'existe qu'alors qu'il y a contiguité de deux propriétés privées.

Ce droit peut résulter de l'assujétissement du fonds voisin ; et, dans ce cas, c'est une servitude discontinue et non apparente qui ne peut être exigée qu'à l'aide d'un titre, et l'ouvrier doit se garder d'entrer sur le terrain du voisin sans avoir préalablement vu le titre ou obtenu la permission de ce voisin ;

Le droit de tour d'échelle peut aussi résulter de ce qu'en construisant le mur, le propriétaire a laissé en dehors tout le terrain nécessaire à l'appui des échelles.

Mais comme le propriétaire qui fait construire à la proximité de l'héritage de son voisin, est présumé, jusqu'à preuve contraire, prendre tout son terrain, on conçoit que la présomption reste en faveur du voisin ; et si ce propriétaire n'a pas eu la précaution de faire contradictoirement constater, par un acte ou un jugement, que le terrain du tour d'échelle a par lui été laissé, le voisin peut s'en dire propriétaire, et actionner, si les ouvriers s'y introduisent ;

Il faut dire toutefois que, si, en l'absence d'un titre, le propriétaire du mur avait exclusivement joui du terrain, à titre de propriétaire, pendant un temps suffisant pour prescrire, la prescription remplacerait le titre ;

Bien plus, la simple possession annale prévaudrait si elle était appuyée par quelques ouvrages apparents faits par le propriétaire du mur sur le terrain du tour d'échelle, comme s'il y avait construit ou pavé ; comme s'il s'en était servi pour lieu de dépôt ; comme s'il en avait fermé les extrémités par des murs ou des portes. — Tel est le sentiment unanime des auteurs

§ 2.

1° Le propriétaire du terrain de tour d'é-
chelle peut être tenu de lui donner la pente de
son côté, et même de le paver, si surtout ce
terrain joint immédiatement quelque construction
appartenant au voisin. (Pardessus, n° 213; Lepage,
t. 1, p. 255; Desgodets, n° 14, sur l'art. 210).

2° Lorsqu'en construisant un mur, l'un des voisins a laissé le terrain de tour d'échelle joignant
l'héritage de l'autre voisin, celui-ci ne peut, en aucune manière, se servir de ce terrain. Si donc il lui
plait de faire élever un mur sur l'extrémité de son
fonds, il ne lui est pas loisible d'introduire les ouvriers sur le terrain du tour d'échelle. — Il ne peut
pas non plus contraindre le voisin à lui céder la mitoyenneté de son mur, puisque ce mur ne joint pas
immédiatement son héritage dont il est séparé par
le terrain du tour d'échelle. Mais si les deux fonds
étaient situés dans une ville ou son faubourg, il
pourrait contraindre le propriétaire de l'échellage à
contribuer à l'édification d'un mur de clôture;

3° Remarquez aussi que, dans le cas où le voisin
du terrain d'échellage ferait construire un mur contigu à ce terrain, le propriétaire de celui-ci pourrait acheter la mitoyenneté de ce mur et agrandir sa
maison de tout le terrain du tour d'échelle, si toutefois ce terrain ne se trouvait pas grevé de quelque
servitude, ce qui se prouverait, selon le cas, ou par
titre, ou par la prescription, ou par la destination
du père de famille.

4° Lorsqu'un mur mitoyen a besoin d'être reconstruit ou réparé, il est fort clair que chaque
co-propriétaire est tenu de fournir, de son côté, la
facilité aux ouvriers de circuler librement, de
déposer les matériaux et de placer les échelles; il
y a dans ce cas nécessité pour les deux voisins, les
travaux fussent-ils même plus nécessaires à l'un

§ 2.

qu'à l'autre co-propriétaire, car ils ont le même intérêt à conserver le mur.

Observations.

Enfin, si quelques cas de ce titre 4 pouvaient embarrasser, on pourrait voir mon *Code des Constructions et de la Contiguité*, au mot PASSAGE, TOUR D'ÉCHELLE, 2me édition, art. 2199 et suiv., ou 3me édition, art. 2112 et suiv.

CHAPITRE II.

DES OUVERTURES DE JOUR OU DE VUE.

Le mot *vue* est employé ici pour rappeler les différentes ouvertures que l'on peut pratiquer d'outre-en-outre dans un mur pour obtenir simplement ou du jour, ou de l'air ou une vue quelconque. Cette matière se trouve amplement traitée ci-dessus, tit. 3, chap. 1er, DES MURS; au besoin, on peut y recourir.

FIN.